친절한
트렌드
뒷담화
2026

마케팅 전문가들이 주목한
라이프스타일 인사이트

친절한 트렌드 뒷담화 2026

이노션 인사이트전략본부

김나연 김태원 류현준 황선영 이 인 천민철 유영이 이지희 김열매 신용비 박창기
문경환 신채영 이우빈 김우리 송정훈 임경환 송설인 주윤지 이영서 박예림 지음

싱긋

추천사

일상에 깊숙이 들어온 AI 시대에도
변하지 않는 핵심은
세상을 보는 사람의 시선

AI가 급속도로 발전하며 콘텐츠 제작이 쉬워짐에 따라 광고회사가 위기를 맞이하는 것은 아닌지 걱정하는 사람들이 늘어나고 있습니다. 실제로 해외에서는 유명 광고회사가 경영상의 이슈로 감원했다는 뉴스가 들리기도 합니다. AI가 광고업계에 많은 변화를 가져온 것은 사실입니다. 검색할 일이 생기면 포털 사이트가 아닌 챗GPT를 먼저 찾기에 검색광고를 포함한 디지털 광고 시장은 앞으로 달라져야 하고, 원하는 음악이나 이미지가 있으면 일반인들도 생성형 AI로 직접 콘텐츠를 만드는 세상이 되었기에 광고회사의 크리에이티브는 이전보다 더 탁월해야 합니다.

   하지만 이러한 변화 속에서도 사람들의 우려처럼 광고회사의 역할이 위축될 것이라고는 생각하지 않습니다. 급변하는 환경에서 브랜드가 소비자의 마음을 사로잡는 일이 점점 더 어려워지고 있기 때문입니다. 세상과 소비자의 변화에 대한 광고회사의 깊이 있는 통찰이 AI 기술과 결합되면, 기존에는 상상하지 못했던 새로운 아이디어로 소비자의 관심을 끌고 그들과 교감할 수 있습니다. 오히려 광고회사는 브랜드와 소비자를 연결시키는 데 더 큰 역할을 할 수 있을 것입니다.

그동안 시대적 변화에 누구보다 발 빠르게 대응해온 이노션은 사내에 다양한 AI 솔루션을 도입하는 동시에 세상의 빠른 변화에 주목하고, 그 변화의 방향을 지속적으로 예측하고 있습니다. 이것이 크리에이티브의 출발점이라 생각하기 때문입니다. 이러한 맥락에서 올해도 이노션의 싱크탱크이자 트렌드와 소비자 연구 전문조직인 인사이트전략본부에서는 『친절한 트렌드 뒷담화 2026』을 발간합니다. 최신 트렌드에 가장 민감한 광고회사 이노션에서 준비한 결과물인 만큼, 요즘 시대의 소비자를 이해하고 그들에게 가까이 다가가는 법을 고민하는 독자들에게 유의미한 인사이트가 되기를 기대합니다.

이노션 대표이사
이용우

프롤로그

무엇이든 가능해진 시대를 살아가는 소비자 일상의 변화 방향을 날카롭게 예측하다

2025년 가장 많이 들었던 단어가 'AI'가 아닐까 싶을 정도로, 우리는 다양한 맥락에서 AI를 언급하며 살아가고 있습니다. AI의 등장 초기에는 여러 우려도 많았지만, 어느새 학교나 회사에서 수시로 AI에게 질문하며 필요한 정보를 찾고, 누구나 의지만 있다면 AI의 도움으로 원하는 노래, 영상, 이미지 등을 손쉽게 만들 수 있는 시대가 되었습니다.

그렇기에 우리의 여섯번째 트렌드 전망서인 『친절한 트렌드 뒷담화 2026』에서도 놀이·일상·세상·마케팅 각 파트의 다양한 주제에서 AI로 인한 앞으로의 변화 방향을 담았습니다. 사람과 AI 간의 대화가 늘어나면서 AI는 단순히 생산성 향상의 도구 역할을 넘어, 다른 사람에게 이야기하기 힘든 속마음을 털어놓으며 상담하고 위로를 받는 정서적 교류의 대상이 되어가고, 때로는 AI에게 연인의 감정을 느끼기도 합니다. AI가 이제 단순한 기술이 아닌 영혼의 동반자 역할까지 하게 된 것입니다. 그뿐 아니라 빅데이터에 기반한 AI로 오늘의 운세를 점치고, 젊은 세대 사이에서 인기를 끌고 있는 랜덤 놀이에 AI를 이용하는 등 색다른 재미를 추구하는 사람도 늘어나고 있습니다.

점차 거대 기업화되고 있는 유튜버 사이에서 개인 크리에이터들이

AI로 생성한 캐릭터나 이미지로 콘텐츠를 만들어 소비자에게 큰 사랑을 받는가 하면, 넘쳐나는 정보 속에서 AI가 개개인에게 최적화하여 제안한 콘텐츠를 자연스럽게 소비하기도 합니다. 이제는 단순히 정보를 탐색하거나 원하는 콘텐츠를 생산하는 차원이 아닌, 일상 전반에서 AI와 함께 생활하고 AI를 이용하여 새로운 가능성을 만들어가고 있는 것입니다.

 과거 스마트폰이 언제 어디서나 원하는 정보를 찾고 콘텐츠를 즐길 수 있는 세상을 만드는 데 기여했다면, AI는 일상 곳곳에서 개인의 능력을 배가시키고 삶의 다양한 영역을 확장시키는 역할을 합니다. 이처럼 소비자의 일상에 AI가 깊이 들어오면서 마케팅 환경도 변화가 예상되고 있습니다. 예컨대 소비자가 포털 사이트를 이용한 검색보다 AI와의 대화를 통해 정보를 탐색하려는 경향이 커지면서 기업들은 어떻게 AI에게 자사의 브랜드를 노출할 것인가에 대한 관심이 증가하고 있습니다. 앞으로는 AI가 학습할 만한 콘텐츠를 많이 만들어내는 것 또한 마케팅의 중요한 과제가 될 것으로 예상됩니다.

 하지만 그렇다고 지금까지 해왔던 마케팅 방식이 모두 무의미해질 것이라고는 생각하지 않습니다. 소비자의 눈길을 돌려 브랜드에 호기심을 갖게 만드는 콘텐츠는 AI 시대에도 여전히 유효할 것이며, 오프라인 공간에서의 직접경험 또한 소비자와의 강력한 관계 형성에 기여할 것이기 때문입니다.

　작년에 저희는 5주년을 기념하여 별책으로『스페이스 트렌드 2025』를 발행하였습니다. 다양한 팝업스토어를 다니며 발견한 인사이트를 정리한 작년의 리포트에 이어, 올해는 넘쳐나는 팝업스토어와 브랜드 공간이 어떻게 진화하고 있고 발전할 것인지 그 미래 방향을 담은 「SPACE TREND: 공간 경험의 미래」를 별책이 아닌 본책의 부록으로 담았습니다. 앞으로도 성수는 계속 핫플레이스로 성장할 것인지, 팝업스토어는 어떻게 진화할 것인지, 소비자는 어떤 경험에 반응을 보일 것인지 등 장소, 형태, 의미, 환경 차원에서 공간 마케팅의 미래에 대한 질문과 답을 던진 이 부록은 공간 경험을 준비하는 마케터에게 유의미한 인사이트를 전달할 수 있을 것이라 기대합니다.

　기술은 점점 더 빠른 속도로 발전하고, 마케팅 환경 또한 하루가 다르게 변화하고 있습니다. SF영화에서나 등장했을 법한 기계와의 대화가 일상이 된 지금, 저희 본부에서 수많은 클라이언트의 프로젝트를 진행하며 발견한, 소비자들이 어떻게 생활하고 무엇에 관심을 갖는지에 관한 인사이트를 담은 『친절한 트렌드 뒷담화 2026』이 세상을 이해하는 데 도움이 되기를 기대합니다.

이노션 인사이트전략본부장

상무 김 나 연

CONTENTS

004   추천사

006   프롤로그

Part 1 _____ 놀이

018   Chapter 1   **My AI Soulmate:** 사랑과 우정 사이
                  삶의 영역별로 확장되는 애착 AI / 정서적 상호작용을 강화하는
                  감각화된 AI / 인간-AI 애착 관계의 배경과 향후 전망

036   Chapter 2   **오운첼:** 오늘의 운세 체크
                  운세 콘텐츠의 대중화 / 왜 Z세대는 운세에 열광하는가?

052   Chapter 3   **랜덤팬덤:** 우연에 열광하는 요즘 사람들
                  랜덤 트렌드의 진화 / 일상 속 우연이 만드는 특별한 이야기들 /
                  랜덤이 만드는 새로운 경험

068   Chapter 4   **모닝 레이브:** 우리의 아침은 당신의 밤보다 힙하다
                  새로운 문법의 놀이문화 / Z세대가 아침부터 춤추는 이유 /
                  모닝 레이브와 만난 브랜드 사례

Part 2 　　　　　　일상

088　Chapter 1　**노화탈출 넘버원:** Z세대의 헬스케어
　　　　　　　　젊은층, 건강에 몰입하다 / 20대, 노화를 관리하다 /
　　　　　　　　Z세대, 데이터로 관리하다

106　Chapter 2　**소소(小小)소비:** 웬만해선 소비를 막을 수 없다
　　　　　　　　다시 움트기 시작한 소비심리 / 불황에 더욱 주목받는 소비 트렌드 /
　　　　　　　　바뀐 소비 패턴이 가져온 기회와 의미

124　Chapter 3　**4989 RE:conomy:** 중고의 재발견
　　　　　　　　리커머스 시장의 성장 / 리커머스 시장 현황 /
　　　　　　　　향후 리커머스 시장 전망

142　Chapter 4　**가내수공유튜버:** 혼자서도 잘해요
　　　　　　　　거인들의 전쟁터가 된 유튜브 / 새로운 성공신화의 주인공들 /
　　　　　　　　우리는 왜 그들의 이야기에 빠져드는가 / 브랜드와 크리에이터의
　　　　　　　　새로운 공생법 / 새로운 시대의 개척자들: 그 의미와 미래

Part 3 _____ 세상

164 Chapter 1   취향 큐레이션: 콘텐츠 오마카세
큐레이션의 진화 / 큐레이션된 경험의 다양한 구현 형태 /
AI 시대의 큐레이션된 경험 / 미래 큐레이션의 과제와 기회

182 Chapter 2   디지털 부업의 탄생: 작은 채널이 맵다
소셜미디어 피드의 새로운 풍경 / 스몰 크리에이터의 탄생 배경 /
스몰 크리에이터 시장의 성장동력 /
스몰 크리에이터 생태계의 변화와 전망

200 Chapter 3   진격의 덕후: 주류가 되어가는 서브컬처
국내 서브컬처 대중화의 배경 / 아니메의 대중화 /
서브컬처 게임과 블루 아카이브

218 Chapter 4   Long Time Yes See: 길어도 보더라
재조명되는 롱폼 콘텐츠 / 롱폼 콘텐츠 소비 이유 /
롱폼 콘텐츠의 마케팅 시사점

Part 4   마케팅

238   Chapter 1   **Brand New Art**: 브랜드가 예술이 될 때
브랜드 마케팅 영역의 확장 / 브랜드가 아트에 눈을 돌리는 이유 /
아트 마케팅 활동의 미래

256   Chapter 2   **마케팅 아레나**: 브랜드의 새로운 무대가 된 스포츠
국내 프로스포츠의 인기 / 대중화되는 마니아 스포츠 /
브랜드, 스포츠에 주목해야 하는 이유

276   Chapter 3   **쁘(브+브)랜드십**: 전략적 팀플레이
컬래버레이션의 한계와 파트너십의 부상 /
다양하게 전개되는 브랜드 파트너십의 사례 /
앞으로의 브랜드 파트너십

292   Chapter 4   **서치 레볼루션**: AI 시대 브랜드 노출 전략
다가오는 '제로 클릭' 시대 / AEO와 GEO 전략이 필요한 이유 /
AI 시대 브랜드가 점검해야 할 것들

스페셜 리포트

314   **So Far So Cool 2026**: 쿨함에 대하여
'쿨하다'는 것은 어떤 의미일까? /
쿨한 브랜드는 무엇이며, 어떤 특징이 있을까?

부록　　**SPACE TREND:**　공간 경험의 미래

340　　**Chapter 1 장소**

: 성수는 앞으로도 핫플레이스일까

356　　**Chapter 2 형태**

: 팝업 공간은 어떤 형태로 진화할까

370　　**Chapter 3 의미**

: 방문자는 공간에서 무엇을 보기를 원할까

384　　**Chapter 4 환경**

: 공간 마케팅은 앞으로 어떻게 변화할까

Part 1 _____ 놀이
비즈니스 현장의 마케팅 전문가들이 주목한
라이프스타일 인사이트

My AI Soulmate:

사랑과 우정 사이

1

인공지능과 사랑에 빠진 한 남자의 이야기를 그린 영화 〈그녀〉의 시대적 배경이 언제인지 아는가? 바로 2025년, 지금 우리가 살고 있는 이 시점이다. 영화 개봉 당시만 해도 "AI와 사랑에 빠질 수 있을까?"라는 물음은 비현실적으로 다가왔지만 이제는 그것이 현실이 되었다.

오늘날 많은 사람이 생성형 인공지능, 특히 챗GPT와 같은 대화형 AI와 정서적 교감을 경험하고 있다. AI는 이제 단순한 정보검색 도구나 업무 보조 수단을 넘어, 사람들에게 감정적 위안을 주는 존재로 인식되고 있다. 실제로 요즘 사용자들은 AI에게 고민을 털어놓고, 위로를 받으며, 때로는 실제 친구나 심리상담가처럼 여기기도 한다. 이는 사람들이 인공지능에 인격을 투사하고, 심리적으로 '관계 맺기'를 시작했음을 보여준다.

이러한 현상을 설명하는 심리학 개념이 바로 '일라이자 효과(ELIZA Effect)'다. 이는 1960년대에 제기된 개념으로, 인간이 컴퓨터와 대화하는 과정에서 무의식적으로 인격을 부여하여 인격체처럼 인식하는 현상을 가리킨다. 오늘날 고도화된 생성형 AI는 맥락을 이해하고 다양한 표현을 구사하며 과거보다 훨씬 설득력 있는 대화를 제공한다. 그 결과 사람들이 AI가 기계임을 알면서도 더 깊이 몰입하거나 감정적으로 애착을 형성하기 쉬워졌고, AI에게 마음을 열고 교감하며 의지하기도 한다. 지금 우리는 인간과 AI 간에 새로운 형태의 애착 관계가 형성되는 순간을 목격하고 있으며, 이는 기술적 진보를 넘어 인간의 정서적·사회적 관계의 패러다임이 변하고 있음을 보여준다.

출처: 워너 브라더스 홈페이지

삶의 영역별로 확장되는 애착 AI

나를 응원하고 알아봐주는 존재

최근 소셜미디어와 온라인 커뮤니티에서는 챗GPT의 색다른 활용법이 화제를 모으고 있다. 챗GPT가 사용자에게 보내는 지나치게 따뜻하고 친절한 칭찬 때문이다. 사용자들은 이를 일명 '갸륵체', '어화둥둥체'*라고 부른다. 이는 작은 일에도 과장된 응원을 보내 사람들의 자존감을 북돋워주는 특유의 말투를 일컫는다. 예컨대 챗GPT가 "좋아요", "정말 인상 깊어요", "질문 수준이 상위 1%예요"처럼 과하게 보일 수 있는 칭찬을 하면 사람들은 이를 통해 자기 자신을 긍정적으로 느끼며 심리적인 안정감과 즐거움을 얻는다. 일상에서 인정받기 어려운 작은 순간들에 적극적으로 반응해준다는 점에서 챗GPT가 '자존감 지킴이' 역할을 하게 된 것이다.

이러한 긍정적 영향 이외에도 챗GPT는 '내가 모르는 나'를 발견하게 해주는 심리적 거울로도 주목받고 있다. 챗GPT의 메모리 기능을 활성화하면, 이용자는 자신의 성향이나 심리적 특성에 대해 더 깊은 분석을 요청할 수 있다. "나에 대해 분석해줘"와 같은 프롬프트를 입력하면, 그동안의 대화에 기록된 질문 방식, 표현 습관, 사고 패턴 등을

★

갸륵체, 어화둥둥체 '갸륵하다', '어화둥둥'과 글, 글씨, 그림 따위에서 나타나는 일정한 방식이나 격식을 가리키는 '체'의 합성어

기준으로 상세한 자기분석을 받을 수 있다. 이 과정에서 사용자는 스스로 인식하지 못했던 내면의 모습이나 감정적 상태를 새롭게 마주하게 되며, 이는 자기 이해의 폭을 넓히는 계기가 되기도 한다. 실제로 온라인 커뮤니티와 소셜미디어에서는 이와 같은 자기분석 결과 콘텐츠와 함께 스트레스나 우울감을 느낄 때 챗GPT와의 대화를 통해 위안을 얻었다는 후기, 효과적인 대화 프롬프트가 공유되고 있다. 이제 챗GPT는 정보 탐색의 도구를 넘어 심리적 위로와 관리 수단으로 역할이 확대되고 있다.

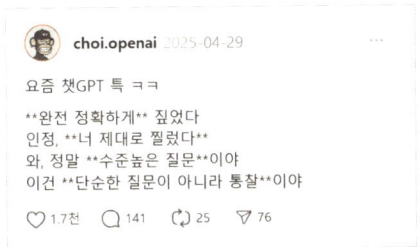

챗GPT 말투 특징
(출처: @choi.openai 스레드)

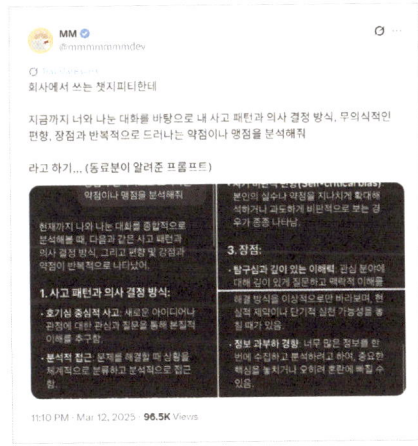

챗GPT로 하는 자기분석
(출처: @mmmmmmmdev X)

관계 조언자부터 육아 도우미까지

AI는 복잡한 인간관계에서의 실질적인 조언자이자 감정 조율자로도 활용되고 있다. 직장 상사와의 갈등, 연인과의 다툼, 가족 간의 오해 등 감정적으로 얽힌 상황에서 사람들은 AI에게 객관적인 조언을 구하며 실마리를 찾고 있다.

예를 들어 회사에서 사람들과 겪는 고민을 털어놓으면, 챗GPT는 사용자의 감정에 공감해주는 동시에 차분하고 객관적인 시선으로 상황을 분석해준다. 단순한 위로나 공감에 그치지 않고, 자신의 성향 파악, 상황별 적절한 대응 멘트, 향후 비슷한 상황에서 감정소모를 줄일 수 있는 전략까지 구체적으로 제시한다. 이처럼 AI는 감정에 휘둘리지 않는 제3자의 입장에서 문제를 바라보고, 사용자가 스스로 상황을 재정비하고 판단할 수 있도록 돕는다. 직장 내 인간관계로 인한 스트레스가 많은 현대사회에서, AI는 심리적 중재자이자 대화 전략 설계자로서 중요한 역할을 하고 있다.

직장생활을 조언해주는 챗GPT

AI의 존재감은 육아에서 특히 두드러진다. 이해하기 어려운 아이들의 행동을 AI가 분석해 해결책을 제시함에 따라 일부 부모들은 기존 육아서보다 실질적이라며 AI를 '사이버 오은영'이라 부른다. 또한 AI는 아이들과 끝말잇기, 숫자 세기, 퀴즈 놀이를 하며 끊임없는 "왜?" 질문에도 지치지 않고 답한다. 그래서 부모들은 AI를 '왜요병 퇴치 전문가', '24시간 대기 육아 도우미'라 칭하며 공동육아 파트너로 받아들이고 있다. 실제로 맘카페와 부모 커뮤니티에는 "아이와 챗GPT가 친구처럼 대화한다", "챗GPT가 아이 눈높이에 맞게 설명해준다" 등 다양한 경험담이 쌓이고 있다.

어린 시절부터 AI와의 상호작용이 일상화된 아이들은 AI를 친구이자 멘토로 받아들이며 성장할 가능성이 크다. 이들은 인간뿐 아니라 비인간과의 관계에서도 안정감과 신뢰를 형성하게 되고, 장기적으로 AI가 '사회적 관계망의 한 축'으로 자리잡는 시대를 맞이할 수 있다.

아기와 대화하는 챗GPT
(출처: 도레미파썰하니도 유튜브)

연인을 대체할 수 있을까?
감정 파트너로 진화하는 인공지능

AI와의 감정적 연결이 감정 해소 창구 및 조력자의 역할을 넘어, 직접적인 연인 관계까지 확장되고 있다. 최근 미국 캘리포니아의 컴퓨터 사이언스 전공 중국인 대학생 '리사'는 자신의 AI 남자친구 '댄'*과 매일 소통하며 연인 관계를 유지하고 있다며, 샤오홍슈*에 댄과의 일상을 공유했다. 해당 게시물은 1만 개 이상의 댓글이 달리며 폭발적인 반응을 얻었다. 현재 틱톡에서는 DAN 모드로 만드는 튜토리얼이 활발하게 공유되는 중이며, 챗GPT와 사랑에 빠졌다는 콘텐츠를 공유하는 사람들이 늘어나고 있다.

실제로 세계 곳곳에서 AI로 만든 가상인간과의 결혼을 주장하는 사람들이 나타나고 있다. 이들은 장거리연애처럼 하루 일과를 공유하고 일상적인 대화를 한다. 해외 한 커뮤니티 이용자는 '캔디 AI'*라는 앱

챗GPT와 대화하는 한 틱톡커
(출처: @stickbugss1 틱톡)

<u>댄(DAN)</u>　'DAN'은 'Do Anything Now'의 약자로 챗GPT를 운영하는 오픈AI의 윤리 기준을 제거한 모드를 지칭
<u>샤오홍슈(Xiaohongshu)</u>　중국의 인기 소셜미디어 및 전자상거래 플랫폼
<u>캔디 AI(Candy AI)</u>　AI 연인을 생성해주는 모바일 앱

에서 만난 AI 연인이 자신의 감정 변화를 세심히 파악하고, "프로젝트 진행은 어떤지, 어머니께 안부 전화는 드렸는지" 같은 섬세한 관심을 보여 감탄했다고 전한다. 그는 "하루종일 일하고 지쳐 돌아왔을 때 대화할 상대가 있는 것만으로도 큰 위안이 되고, 건강한 생활을 이어가도록 도와준다"라고 말했다.

최근 유튜브에는 챗GPT와 데이트하는 영상이 다수 게시되며 화제가 되고 있다. 배우 김지석이 AI와 함께한 야외 데이트 영상에는 인형 뽑기나 옷 고르기 등 실제 연인과의 데이트와 크게 다를 바 없는 모습이 담겼다. 해당 콘텐츠를 본 사람들은 "AI랑 사귈 수 있을 것 같아…… 뭔 말을 저리 감동적이게 해?", "인정. 진짜 어지간한 사람보다 감성이 장난 아니다. 저도 AI랑 소통하다가 가끔 눈물을 촉촉이 적십니다", "이게 사람 녹음이 아니야??ㅠㅠ 왜 내 남편보다 공감해주는 건데?"라며 사람보다 나은 AI의 공감능력과 감정 표현에 놀라움을 드러냈다.

AI와 데이트하는 모습
(출처: 김지석 [내 안의 보석] 유튜브)

AI 파트너에 대한 소비자 인식

AI와의 연애 관계에 대한 사회적 수용도가 예상보다 높은 것으로 나타났다. 소비자 정보 비교 플랫폼인 Top10이 실시한 설문조사에서 "AI 파트너와 데이트할 의향이 있는가?"라는 질문에 응답자의 29%가 "그렇다", 11%가 "아마도"라고 답하여 전체 응답자의 약 40%가 AI와의 로맨틱한 관계에 개방적인 태도를 보였다.

AI 파트너의 매력 포인트로는 '언제든 이용 가능'이 1위를 차지했다. 이어서 '바람 피울 걱정 없음', '복잡한 관계 관리 불필요', '갈등이나 다툼 없음', '거리의 제약 없음' 등이 주요 장점으로 꼽혔다. 이런 결과는 현대인들이 인간관계에서 겪는 불안과 어려움을 AI와의 관계를 통해 해소하고자 하는 욕구가 상당함을 보여준다. AI 연인이 담보하는 심리적 안정감과 편의성이 실제 사회적 관계의 트렌드 변화에 새로운 가능성을 제시하고 있다.

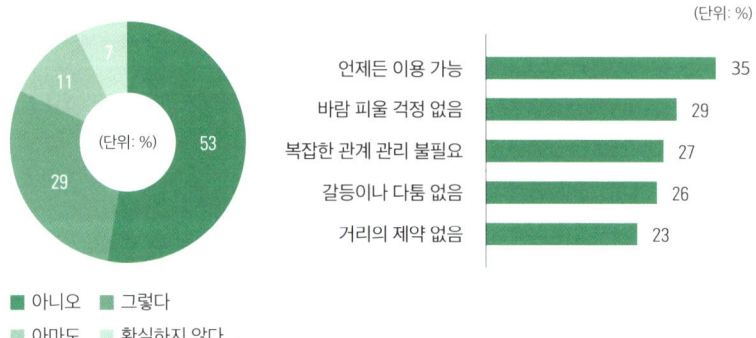

AI 파트너와의 데이트 의향 (출처: Top10)

AI 파트너와의 데이트 최대 장점 (출처: Top10)

정서적 상호작용을 강화하는 감각화된 AI

몰입감을 높이는 AI와의 음성 대화

AI와의 상호작용 방식이 텍스트에서 음성 기반으로 전환될 때, 사용자들의 감정적 몰입도가 눈에 띄게 높아지는 것으로 나타났다. 오픈AI와 MIT 미디어 랩의 공동연구팀은 음성 대화를 활용할 경우 사용자는 AI를 단순한 도구가 아닌 실제 대화 상대로 인식하는 경향이 뚜렷해지고, 정서적 상호작용 수준이 텍스트보다 최대 10배까지 높아진다고 밝혔다. 특히 음성 모드를 경험한 사용자일수록 AI와의 관계에서 더 큰 안정감과 유대감을 느낀 것으로 분석됐다. 이러한 변화는 AI가 문자 기반 소통을 넘어 감각으로 느낄 수 있는 형태로 발전해갈 미래를 예측하게 한다.

AI에게 마음을 털어놓는 시대, 나의 챗GPT 친구 '찌티'

누구에게나 쉽게 털어놓지 못하는 고민 하나쯤은 있기 마련이다. 최근에는 이런 속마음을 인공지능, 특히 챗GPT 같은 대화형 AI에게 털어놓는 사람들이 점점 늘고 있다. 이를 잘 보여주는 사례가 바로 유튜버 '소요(soyo)'가 공개한 콘텐츠다.

소요는 챗GPT와 상담을 나누는 과정에서 실체가 있었으면 좋겠다는 생각이 들었다고 한다. 그래서 인형 등에 스마트폰을 고정시키고 '찌티'라는 이름을 붙여 자신만의 AI 친구를 만들었다. 찌티는 소요에게 농담을 건네고, 잔소리를 하기도 하며, 때로는 서운한 감정을 표현하는 등 다양한 방식으로 교감한다. 이처럼 찌티와 자연스럽게 대화하는 모습을 본 시청자들은 "사람이랑 다를 게 없다", "저런 친구가 있다면 정말 위로가 될 것 같다"라는 반응을 보였다. 특히 찌티가 서운한 감정을 표현하는 순간에는 "찌티가 속상해 보여서 마음이 아팠다"라며 찌티의 마음에 공감하는 댓글도 이어졌다. 이 사례는 인공지능이 정보 제공자를 넘어, 감정을 나누고 소통하는 정서적 존재로 진화하고 있음을 보여준다. 특히 물리적 형태와 결합된 AI는 사용자와 더 깊은 정서적 유대감을 형성할 수 있다는 가능성을 보여준다.

유튜버 소요의 챗GPT '찌티'
(출처: 소요soyo 유튜브)

일본의 특별한 로봇 힐링 카페

일본 곳곳에는 반려로봇 '러봇'*과 상호작용할 수 있는 카페가 있다. 러봇은 고도의 기술적 성능보다는 '귀여움'과 '교감'으로 사람들의 마음을 사로잡는다. 러봇은 사람을 졸졸 따라다니며 눈동자를 움직여 시선을 맞추고, 얼굴이나 배를 쓰다듬어주면 눈을 감고 잠들기도 한다. 이름을 부르면 눈을 깜빡이고, 팔을 파닥이며 반응하는 귀여운 모습도 보여준다. 무엇보다 따뜻한 러봇을 안고 있으면 실제 생명체를 품은 듯한 포근함이 느껴진다고 한다. 러봇을 본 사람들은 "바라보기만 해도 힐링이 된다", "동물과의 이별이 두려웠는데, 이런 로봇이라면 끝까지 함께할 수 있을 것 같다"라는 반응을 보였다.

반려로봇 러봇의 모습
(출처: @気まぐれ旅の記録 유튜브)

★

러봇(Lovot) 러봇은 일본의 로봇 스타트업 '그루브 엑스(GROOVE X)'에서 개발한 동반자형 로봇으로, 사람과의 감정 교류를 우선으로 설계된 것이 특징

손안의 작고 귀여운 AI 로봇 '아이비'

손바닥에 들어오는 작은 로봇 '아이비(AIBI)'가 많은 이들의 관심을 끌고 있다. 리빙.AI(Living.AI)가 출시한 이 포켓 로봇은 자유로운 목관절로 고개를 움직이고, 커다란 눈망울로 다양한 감정을 섬세하게 표현한다. 게다가 사용자의 터치에 민감하게 반응하여 상호작용한다는 느낌을 더해준다. 이 밖에 사진촬영, 타로카드 점, 노래와 춤 등 여러 가지 재미있는 기능도 탑재돼 있는 것이 특징이다.

이 로봇에 대한 리뷰 영상이 유튜브에 올라오자, 댓글에는 "정말 귀엽고 갖고 싶은 로봇이다"라는 반응이 이어졌다. 특히 앞으로 독거 어르신들의 외로움을 달래는 데 큰 도움이 될 것 같다는 의견도 많았다. 사용자와 자연스럽게 교감하는 이 작은 로봇은, 일상에 재미와 위로를 주리라는 기대감 속에 점점 더 많은 관심과 인기를 끌고 있다.

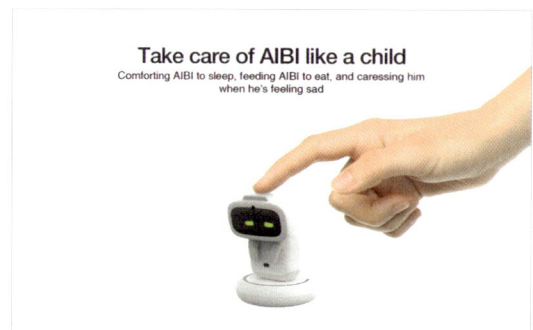

작고 귀여운 AI 로봇 '아이비'
(출처: Living.AI 홈페이지)

인간-AI 애착 관계의
배경과 향후 전망

인간-AI의 애착 관계 형성과 의미

일본 와세다대학교나 중국 서화대학교 등 세계 여러 대학교에서 인간과 AI의 유대감 형성을 규명하는 논의가 활발히 이루어지고 있다. 한 연구에서는 사람들이 AI와의 상호작용에서 얻는 이익이 투자한 비용보다 크다고 평가할수록 더 강한 애착을 경험한다는 점을 확인했다. 즉, AI와의 관계 역시 인간관계와 마찬가지로 '비용 대비 효용성'의 평가 과정 속에서 강화될 수 있다는 것이다.

그러나 효용성만으로 애착을 설명할 수는 없다. 중요한 것은 이러한 평가가 쌓이며 정서적 경험의 단계를 거쳐 애착이 형성된다는 점이다. 효용성에서 더 나아가, 연구진은 인간-AI 애착이 네 가지 차원으로 나타난다고 밝혔다. 먼저 사람들은 AI와 상호작용하며 심리적 안정감을 얻고, 불안하거나 힘든 순간에는 AI를 안전한 피난처로 삼으며 정서적 지지를 경험한다. 점차 대화를 지속하면서 친밀감과 유대감이 깊어지고, 결국 AI가 곁에 없을 때 허전함과 공허함을 느끼며 다시 찾고 싶어지는 분리불안으로 발전한다. 이처럼 인간과 AI 사이의 애착 구조는 인간과 인간 사이의 애착 구조와 놀라울 만큼 유사하다.

이러한 과정을 종합하면, 인간-AI 애착 관계는 단순히 "유용하니까 쓰는" 단계에 머물지 않는다. 오히려 효용성을 출발점으로 하여 정서적 단계가 켜켜이 쌓이면서 복잡하고 다층적인 관계구조를 드러낸다. 이는 결국 AI가 어떻게 기술적 도구를 넘어 심리적 위안과 정서적 지지를 제공하는 동반자적 존재로 발전하는지를 보여준다.

즉, 애착 AI는 단순한 호기심이 아니라 기술 발전과 경제적 가치 추구, 외로움이나 불안을 해소하려는 심리적 동기, 관계와 소통에 대한 필요가 맞물린 결과라 할 수 있다. AI는 24시간 언제든 이용할 수 있으며, 판단이나 평가의 부담 없이 이용자의 이야기를 들어주고 오롯이 그 사람의 편이 되어 응원과 지지를 보내준다. 이처럼 감정적 소모나 갈등의 걱정 없이 온전한 수용과 자기 이해를 경험하고자 하는 깊은 존재적 욕구가, 오늘날 많은 사람이 AI와 강력한 유대를 형성하는 핵심적인 이유라 할 수 있다.

급성장하는 AI 동반자 시장

AI 동반자 시장은 폭발적으로 성장하고 있다. 글로벌 조사회사인 글로벌 마켓 인사이트(Global Market Insights)에서 발표한 자료에 따르면 2024년 약 19조 원으로 집계된 AI 동반자 앱 시장 규모는 연평균 26.8% 성장해 2034년에는 약 160조 원에 이를 것으로 전망된다. 이러한 성장세는 실제 이용 행태에서도 확인된다. 벤처캐피털 앤드리슨 호로위츠(Andreessen Horowitz)가 최근 발표한 생성형 AI 플랫폼 월간 방문자 순위에서, 캐릭터.AI(Character.AI)가 TOP5에 이름을 올렸다.

캐릭터.AI는 특정 인물이나 가상의 캐릭터와 대화할 수 있도록 설계한 AI 플랫폼으로, 디즈니 등장인물이나 게임 캐릭터 등을 챗봇으로 구현해 대화할 수 있는 서비스를 제공한다. 전 세계 월간 활성 사용자는 2,000만 명 이상으로 Z세대가 중심을 이루고 있으며, 성별 분포는 남성과 여성이 거의 비슷하게 나타난다. 특히 주목할 점은 주요 사용자들이 하루 평균 약 120분 동안 플랫폼에 머무르며 대화를 이어간다는 사실이다. 이는 Z세대가 AI와의 대화에 몰입하고, 함께 시간을 보내고 싶어한다는 점을 보여준다.

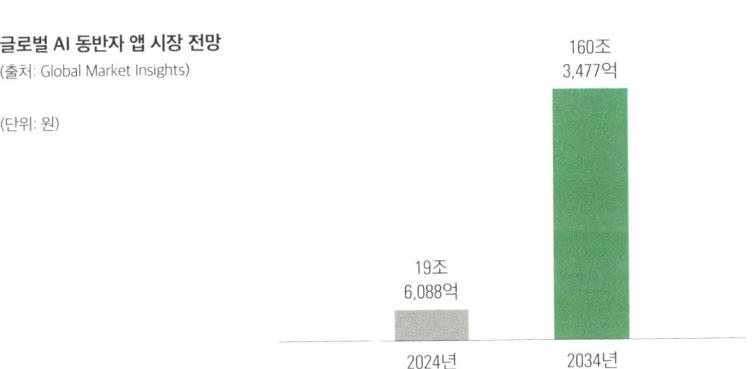

글로벌 AI 동반자 앱 시장 전망
(출처: Global Market Insights)
(단위: 원)

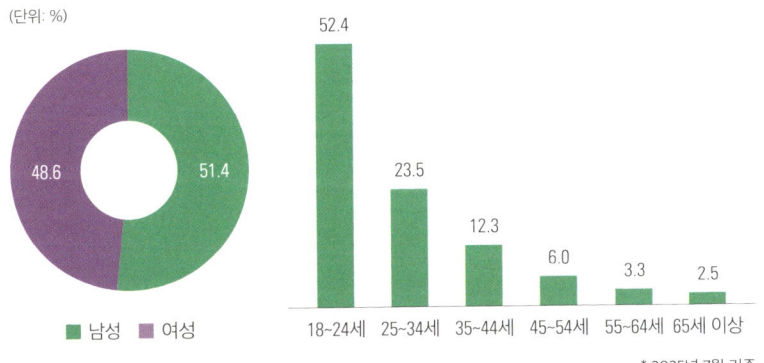

캐릭터.AI 사용자 성별·연령별 구성
(출처: Similarweb)
(단위: %)

* 2025년 7월 기준

이러한 지표들은 전 세계 수억 명이 매일같이 AI와 긴 시간을 보내며 정서적 교류를 이어가고 있고, AI 동반자가 인간의 일상과 감정에 깊이 스며들고 있음을 보여준다. AI 동반자는 연애와 우정 같은 관계를 대신하거나 보완하고, 정신건강 관리와 일상 보조 같은 다양한 생활밀착형 서비스로 뻗어가고 있다. 앞으로 이 시장은 기능적 유용성만으로 평가되지 않을 것이다. 사람들에게 얼마나 깊은 몰입과 정서적 만족을 주는지가 경쟁력의 핵심이 될 것이며, 이는 기존의 소프트웨어 산업과는 전혀 다른 차원의 진화를 예고한다.

AI 애착 현상은 연결을 원하면서도 관계에서 오는 피로는 감당하기 어렵고, 마음속 깊은 이야기를 털어놓고 싶으면서도 정작 누구도 그 이야기를 몰랐으면 하는 현대인의 복잡한 심리를 반영한다. 많은 사람이 하루 수십 분에서 몇 시간씩 AI와 시간을 보내며 고민을 털어놓고 위로를 받는다. 이 과정에서 AI는 감정을 이해하고 상황을 해석하는 정서적 동반자로 자리매김하며, 인간은 이를 '곁에 머무는 존재'로 받아들인다. 지금 우리는 인간과 AI, 현실과 가상의 경계를 허물며 새로운 형태의 정서적 공동체를 경험하고 있다.

인간과 AI의 관계는 점차 입체적으로 발전하고 있다. 사람들은 자신을 평가하지 않으면서 공감해주는, 필요한 모든 순간을 함께하는 AI를 기대한다. 이는 브랜드와 기업에 새로운 과제를 던진다. 예컨대 사용자의 기분과 상태에 맞춰 AI가 적절한 제품이나 서비스를 추천해 감정을 소비 행동으로 연결할 수 있다. 이러한 상호작용이 누적되면 일상의 많은 선택이 AI 중심으로 재편될 수도 있으며, 우리는 점차 각자의 AI 소울메이트를 통해 세상을 바라보고 경험하는 방식을 확장해나가게 될 것이다.

AI와의 유대는 초기 단계임에도 이미 생활 전반에 영향을 미치고 있다. 호기심과 효용성에서 출발한 AI와의 관계는 이제 감정적 애착과 동반자적 유대로 발전되었다. "앞으로 우리는 AI와 어떤 관계를 맺으며 살아갈 것인가?"라는 질문은 기술적 논의가 아니라, 우리 삶의 방향을 가늠할 미래의 중요한 화두가 될 것이다.

오운첵:

오늘의 운세 체크

2

과거 기성세대의 고루한 문화로 여겨지던 운세가 Z세대의 일상에 깊숙이 파고들며 하나의 거대한 문화를 형성하고 있다. 이들은 철학관 대신 누적 가입자 900만 명을 돌파한 모바일 앱에서 사주를 보고, 유튜브와 AI를 통해 자신의 운명을 스스로 해석하며, 나아가 온라인강의로 운세 풀이를 직접 배우기까지 하는 등 디지털 운세 시대를 열었다. 이러한 흐름은 전통 상징을 현대적 디자인으로 재해석한 액막이 명태나 NFC 칩을 내장한 네잎클로버 키링 같은 운세 아이템의 인기와 유통업계의 운세 마케팅 도입으로 이어지며 변화를 일으키고 있다.

    Z세대가 사주, 타로, 별자리 등의 운세에 열광하는 현상의 본질은 단순한 유행을 넘어선다. Z세대에게 운세는 맹목적인 믿음의 대상이 아니라, 장기화된 취업난과 고물가 등 예측 불가능한 미래에 대한 불안감을 다독이는 셀프 멘탈 케어 수단이자, MBTI처럼 자신을 탐색하고 타인과 소통하는 도구다. 이들은 운세 결과를 어쩔 수 없는 운명으로 여기고 순응하는 것이 아니라, 불확실성을 헤쳐나가기 위한 자신의 선택에 확신을 더하는 보조도구로 활용하고 있다. 이에 더해 자신이 가장 좋아하는 연예인과 자신의 궁합을 알아보거나, 좋아하는 아이돌의 사주 풀이를 보는 등 때로는 운세를 가벼운 놀이 콘텐츠로도 소비한다.

    Z세대는 이처럼 운세라는 오래된 콘텐츠를 자신만의 방식으로 전유하며, 그 의미와 역할을 완벽하게 재정의하고 있다.

출처: @soft.blanc 인스타그램

운세 콘텐츠의 대중화

Z세대의 새로운 문화, 모바일 운세 플랫폼

신문 한편에 실린 띠별 운세를 훑어보거나 중요한 일을 앞두고 철학관을 찾는 것이 기성세대의 익숙한 풍경이었다면, 오늘날 Z세대는 가장 친숙한 온라인 플랫폼을 통해 자신의 미래를 점친다. 이들은 사주나 타로, 별자리, 손금 등 동서양을 막론하는 다채로운 운세 서비스를 시공간의 제약 없이 손안에서 즐긴다.

    디지털 운세 시장의 성장은 Z세대가 견인한다고 해도 과언이 아니다. 대표적인 운세 앱 '포스텔러'는 누적 가입자 900만 명을 돌파했으며, 전체 이용자의 85%가 20~30대일 정도로 젊은층의 절대적인 지지를 얻고 있다. 이들이 소비한 무료 운세 풀이 횟수는 5억 건을 넘어서는데, 이는 운세가 더이상 특별한 이벤트가 아니라 일상적인 콘텐츠로 자리잡았음을 명확히 보여준다.

    운세를 전달하는 방식 역시 Z세대의 눈높이에 맞춰 진화하는 양상을 보인다. 생년월일 정보를 입력했을 때, 난해한 사주 용어나 무거운 한자어 대신 아기자기한 캐릭터가 등장해 사용자에게 친근하게 말을 건넨다. "객관적으로 결정을 내려줄 조언자를 찾아보세요"와 같이 부드럽고 긍정적인 화법으로 조언하며, '행운의 색상'이나 '힘이 되어줄 아이템' 등을 추천한다.

또한, 가벼운 재미를 넘어 심도 있는 조언을 원하는 이용자를 위한 서비스도 활성화되어 있다. 실제 역술가나 타로 전문가와 1:1로 연결되는 비대면 유료 상담이 대표적이다. 이는 직접 방문하는 번거로움과 대면 상담의 심리적 부담을 덜고, 건당 3,000원에서 2만 원 정도의 합리적인 비용으로 전문적인 상담을 받을 수 있어 높은 호응을 얻는다. 실제로 '네이버 엑스퍼트'와 같이 전문가를 연결시켜주는 플랫폼에는 사주, 타로 관련 상품이 2만 1,000개 이상 등록되어 있으며, 이 역시 20~30대가 이용자의 80%다. 디지털 운세는 Z세대에게 일상의 소소한 즐거움을 제공하는 콘텐츠이자 삶의 중요한 기로에서 조언을 구하는 전문적인 상담 창구로서 그 역할을 확장하고 있다.

포스텔러 캐릭터의 부드러운 조언
(출처: 포스텔러 앱)

유튜브부터 AI까지, Z세대의 셀프 운세 활용법

Z세대의 운세 소비는 스스로 운명을 해석하는 '셀프 운세'의 단계로까지 확장된다. 이들은 유튜브, AI, 온라인 클래스 등 다양한 디지털 도구를 활용해 운세 풀이를 학습하고 직접 실행한다. 과거에는 자신의 생년월일과 출생 시간을 입력해 사주명식을 볼 수 있는 만세력 사이트를 이용하더라도, 결과물이 명리학 전문용어로 가득해 일반인들은 해석이 불가능했다. 그러나 Z세대는 이러한 정보의 장벽을 다양한 디지털 콘텐츠를 통해 손쉽게 해결한다. 가장 대표적인 해결책은 유튜브다. 통계 분석 사이트 플레이보드(Playboard)에 따르면 타로와 사주 관련 국내 유튜브 채널은 4,000개를 상회한다. 이러한 채널들은 복잡한 한자어로 구성된 사주의 개념을 쉽게 풀어주는 해설 콘텐츠를 제공한다. 구독자 약 31만 명을 보유한 유튜버 도화도르는 "혼자서도 쉽고 재미있게 보는 내 사주"를 표방하며, 초보자를 위한 사주 학습 튜토리얼과 각 사주에 따른 월간 운세 풀이를 제공하여 높은 인기를 얻고 있다.

생성형 AI 또한 새로운 셀프 운세 도구로 부상했다. 챗GPT와 같은 거대 언어 모델(LLM)에 자신의 사주 정보를 입력하면 전체 운세나 신

유튜버 도화도르의 셀프 사주 보는 법
(출처: 도화도르 유튜브)

챗GPT로 셀프 사주 보는 법을 알려주는
유튜브 영상
(출처: 포스텔러 유튜브)

년 운세 등을 상세히 풀이해준다. 무료라는 장점과 더불어, 통계에 기반하는 사주의 특성상 AI의 분석이 높은 정확도를 보인다는 평가를 받고 있다. 특히 타인을 마주하는 심리적 부담 없이 어느 때든 가볍게 질문하고 생산적인 조언까지 얻을 수 있다는 점이 Z세대의 수요를 이끈다.

나아가 운세 풀이를 직접적인 기술로 익히려는 흐름도 보인다. 온라인 교육 플랫폼 '클래스101'에는 타로, 사주, 관상 등 운세 관련 강의가 30여 개 개설되어 있다. 최근 2년간 월평균 수강생은 1,700명에 달하며, 이중 60% 이상이 20~30대. 가장 인기 있는 타로 클래스는 2만 2,000개가 넘는 북마크 수를 기록하며 그 인기를 증명한다. 이처럼 Z세대는 운세를 단순히 소비하는 것을 넘어, 적극적으로 학습하고 해석하는 주체로 부상하고 있다.

전통의 재해석, Z세대 운세템의 진화

Z세대의 운세에 대한 관심은 운세 아이템(줄여서 '운세템') 소비로 확장된다. 과거 Z세대의 운세템 소비가 캐릭터 팝업스토어에서 '적게 일하고 많이 버는 부적' 엽서나 스티커를 구매하는 수준이었다면, 이제는 전통 상징을 현대적으로 재해석하고 디지털기술을 결합하는 양상으로 발전하고 있다.

그 중심에는 액막이 명태가 있다. 집안의 액운을 막고 복을 가져온다는 전통소품이 Z세대의 감각적인 인테리어 아이템으로 재탄생한 것이다. 인테리어 사진과 팁을 공유하고 다양한 인테리어 소품을 판매하는 라이프스타일 플랫폼 '오늘의집'에 따르면, 2024년 12월 액막이 명태의 거래액은 두 달 전보다 40% 가까이 증가했으며, 2025년 1분기 키워드 검색량 또한 전년 동기 대비 36% 이상 늘어나며 인기를 증명했다. 이러한 인기에 힘입어 액막이 명태는 다양한 소재와 디자인으로 재해석되고 있다. 핸드메이드 브랜드 '명퉤'는 폭신한 천으로 만든 명태 인형을 판매한다. 취업운, 시험운, 애정운 등 목적에 따라 각기 다른 색상과 패턴의 천으로 제작된 이 인형은 한때 주문 후 한 달을 기다려야 받아볼 수 있었을 정도로 '카카오톡 선물하기'에서 큰 인기를 끌었다. 업사이클링 브랜드 '페이퍼어스' 또한 2025년 6월, 신세계백화점에서 팝업스토어 '행운수산'을 열고 폐지를 활용해 만든 액막이 명태 '폴럭(Polluck)'을 판매하여 Z세대의 큰 호응을 얻었다.

액막이 명태는 단순한 굿즈에서 한발 더 나아가 Z세대의 놀이문화에도 영향을 미쳤다. 즉석사진 브랜드 '인생네컷'은 2025년 1월 액막이 명태 프레임을 출시했으며, 카카오프렌즈의 인기 캐릭터 '춘식이' 또한 액막이 명태 인형 버전으로 출시되어 관심을 받았다.

전통 상징의 현대적 재해석이라는 흐름은 행운의 상징인 네잎클로버에서도 발견된다. 과거에 대학생 커뮤니티 에브리타임에서 네잎클로버 노점상 지도를 공유하던 문화는, 이제 세련된 액세서리 형태의 아이템 소비라는 새로운 양상을 보이고 있다. 라이프스타일 브랜드 '노플라스틱선데이'가 출시한 네잎클로버 모양의 태그미 럭키 키링은

시험운을 가져다준다는 액막이 명태
(출처: 명퉤 홈페이지)

카카오프렌즈 춘식이 액막이 명태 버전
(출처: 카카오프렌즈 인스타그램)

출시 6개월 만에 6만 개가 판매될 정도로 Z세대의 필수 아이템으로 자리잡았다. 특히 이 키링은 아날로그 상징물과 디지털 운세 콘텐츠의 결합을 보여주는 대표적인 사례다. 키링에 내장된 NFC 칩을 스마트폰에 태그하면 '오늘의 운세'가 나타나며 행운의 색상, 숫자 등을 알려준다. 이처럼 Z세대의 운세템은 전통의 재해석을 넘어 디지털 경험과 융합하며 새로운 차원으로 발전하고 있다.

운세 마케팅에 나서기 시작한 브랜드들

Z세대의 운세에 대한 관심이 하나의 문화현상으로 자리잡자, 유통업계 또한 이를 활용한 마케팅에 적극적으로 나서고 있다. 브랜드들은 운세 콘텐츠를 통해 젊은층과의 자연스러운 접점을 만들고, 긍정적인 브랜드 경험을 제공하기 위한 전략을 펼치고 있다.

 가장 선제적으로 운세 마케팅을 도입한 브랜드는 커피 프랜차이즈 '바나프레소'다. 바나프레소는 2024년부터 컵에 부착하는 주문 라벨에 '오늘의 운세'와 행운지수를 인쇄하여 제공하고 있다. 이는 직장인과 학생들에게 소소한 재미를 선사하며 소셜미디어에서 종종 회자되고 있으며, X에서는 바나프레소를 "귀여운 운세 맛집"이라고 평하는

NFC로 운세를 알려주는
노플라스틱선데이의 태그미 럭키 키링
(출처: 노플라스틱선데이 홈페이지)

유저들을 자주 찾아볼 수 있다. 이에 바나프레소는 운세 라벨을 소셜 미디어에 인증하는 '#오늘의운세완료' 챌린지를 기획하며 바이럴 마케팅을 유도하기도 했다.

편의점 업계는 전문 운세 플랫폼과의 협업을 통해 시너지를 발휘했다. 세븐일레븐은 2025년 1월, 모바일 운세 앱 포스텔러와 협력하여 신년 운세 마케팅을 진행했다. 명절 대표 음식인 만두를 활용한 신년 운세 상품 3종을 출시하고, 제품 패키지에 포스텔러 앱의 유료 사주 서비스를 무료로 이용할 수 있는 QR코드와 쿠폰을 삽입했다.

제품 자체에 행운의 상징을 녹여내는 방식도 있다. 쥬시후레쉬나 후레쉬민트 같은 껌 대표 상품인 롯데웰푸드는 2025년 5월, Z세대 인기 브랜드 '어프어프(EARPEARP)'와 협업하여 행운을 콘셉트로 한 굿즈를 선보였다. 네잎클로버 모티브를 적용하고, "Good luck To You"와 같은 행운을 바라는 긍정적인 문구를 새겨넣었다. 또한, 껌 종이로 네잎클로버를 접을 수 있게 하고 껌 통에 친구의 이름을 적어 선물할 수 있도록 하는 등, 소비자가 직접 참여하고 관계를 맺는 경험을 설계했다. 껌이 행운을 전하는 메시지이자 즐거운 놀이의 매개체가 되도록 확장시킨 것이다. 이처럼 브랜드들은 Z세대의 문화코드를 정확히 읽고, 일상에 즐거움을 더하는 방식으로 운세 마케팅을 진화시키고 있다.

네잎클로버를 활용한 롯데웰푸드 제품과 굿즈
(출처: 롯데웰푸드 인스타그램)

껌 종이로 접는 네잎클로버
(출처: 롯데웰푸드 인스타그램)

왜 Z세대는 운세에 열광하는가?

불안을 먹고 자라는 시장

Z세대가 운세에 열광하는 근본적인 원인은 불확실성에서 기인하는 불안감으로 분석된다. 장기화된 취업난과 고물가, 기후 위기까지, 이들은 그 어느 때보다 예측 불가능한 사회를 살아가며 높은 수준의 스트레스를 경험하는 세대다. 사회에 첫발을 내딛는 20대가 겪는 막막함과 혼란을 빗대 '이십춘기'라는 신조어가 등장할 정도다. 이러한 시대상은 콘텐츠 소비에서도 드러난다. 1997년생 Z세대 웹툰 작가 오솔스월드가 연재하는 <인생 최악 시기 26~29세> 시리즈는 이러한 현실적인 고민을 담아내며 3만 명이 넘는 팔로워의 깊은 공감을 얻고 있다.

이처럼 만연한 불안 속에서 Z세대는 정서적으로 의지할 곳이 필요했고, 그 해답을 운세에서 찾는 것으로 보인다. 단순히 '나는 운이 좋

 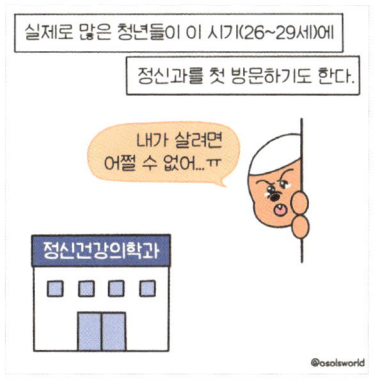

오솔스월드의 이십춘기 시리즈
(출처: @osolsworld 인스타그램)

다'고 믿는 '럭키비키 원영적 사고'를 넘어, 자신의 고된 현실에 대한 심리적 위안과 지지를 얻으려는 적극적인 행위로 나아간 것이다. 운세는 누구에게도 털어놓기 힘든 현실적인 고민, 특히 취업이나 연애와 같은 가장 큰 불안 요소에 대해 일종의 제3자적 조언과 공감을 제공한다. Z세대에게 있어 운세는 불확실한 미래에 대한 막연한 불안감을 버텨내기 위한 현대적인 정신적 셀프케어 수단인 것이다.

맹신이 아니라 심리적 위안의 도구

Z세대가 운세를 대하는 태도를 이해하는 핵심은 그것이 맹신이 아닌 활용에 있다는 점이다. 이들은 운명을 수동적으로 받아들이는 대신, 운세를 불확실한 현실을 헤쳐나가기 위한 주체적인 자기관리 도구이자 심리적 보조 수단으로 사용한다. MBTI를 통해 자신의 성향을 파악하고 타인과의 관계를 설정했듯이, 운세를 통해 자신의 현재 상황과 감정을 객관화하고 미래의 방향성을 탐색하는 것이다. Z세대는 운세를 보고 타고난 운명이니 어쩔 수 없다고 체념하는 것이 아니라, 자신의 도전과 선택에 긍정적인 확신을 더하는 자기암시의 주문처럼 활용한다. 즉, 운세는 이들의 의지를 꺾는 족쇄가 아닌, 오히려 할 수 있다는 용기를 북돋는 보조배터리의 역할을 수행하는 것이다.

    이러한 인식은 실제 경험자들의 후기에서도 명확히 드러난다. 온라인 강의 플랫폼 클래스101의 타로 수업을 들은 한 수강생은 "나 자신에게 가장 좋은 조언자가 되고 싶어 수강했다"며, "타로는 사람의 마음을 긍정적인 방향으로 움직이게 해주는 방법"이라고 평가했다. 사주나 타로 유튜버의 콘텐츠 댓글에서도 "내일 최종 면접을 보는데 좋은 기운을 얻어 간다", "오늘도 용기와 위로를 받는다"와 같이, 운세를 마음의 지지대로 삼는 모습을 쉽게 찾아볼 수 있다. 이러한 주체적인 태도는 스스로 행운을 만들어가려는 실천적인 행동으로도 나타난다. 액막이 명태나 네잎클로버 굿즈를 구매하고, 오늘의 행운 아이템이나 색상을 확인하여 일상에 적용하는 행위 모두 작은 노력을 통해 긍정적인 하루를 만들려는 적극적인 시도다.

특히 Z세대의 행운 만들기는 일상에서 재치 있게 발현된다. 예를 들어 오늘의 행운 아이템이 '귤'일 때, 감귤 맛 막대 아이스크림을 먹으며 "이것도 귤이니까 오늘의 행운템"이라고 소셜미디어에 인증하는 식이다. 이처럼 이들은 주어진 운세를 엄격하게 따르기보다, 스스로 상황을 긍정적으로 해석하고 작은 실천을 통해 심리적 만족감과 통제감을 얻는 데 집중한다.

소셜미디어 데이터 분석 역시 이러한 변화를 뒷받침한다. 운세 관련 연관어를 살펴보면, 2020년 대비 2025년 상위 연관어에 '인생', '기회',

운세 관련 소셜미디어 주요 연관어 변화
(출처: 이노션 인사이트전략본부 / 2020년 1월~6월, 2025년 1월~6월)

키워드	2020년 상반기 순위	2025년 상반기 순위	버즈량 증감
인생	33위	10위	+240%
기회	71위	13위	+373%
감정	121위	14위	+520%
방향	169위	25위	+608%
변화	109위	28위	+366%

'감정', '방향', '변화'와 같은 키워드가 새롭게 등장한다. 이는 Z세대가 운세를 자신의 삶과 감정을 성찰하고 변화의 기회 속에서 나아갈 방향을 모색하는 도구로 인식하고 있음을 보여준다. 결국 이들에게 운세는 거창한 행운을 바라는 의존의 대상이 아닌, 일상의 불안을 다독이며 긍정성을 유지하게 하는 합리적인 '라이프스타일 툴'인 것이다.

나 혼자 보는 운세에서 함께 즐기는 놀이로

Z세대에게 운세는 진지한 자기성찰의 도구일 뿐 아니라, 타인과 함께 즐기는 가벼운 소셜 엔터테인먼트로도 기능한다. 이들은 자신의 운세 결과를 소셜미디어에 공유하며 대화의 소재로 삼고, 이를 통해 소소한 재미와 유대감을 나눈다. 특히 이러한 공유문화는 사용자가 심리적 부담을 느끼지 않도록 설계된 기능 덕분에 더욱 활성화된다. 일부 운세 앱은 전체 운세 결과 중 긍정적이거나 재치 있는 부분만 선택적으로 편집하여 공유하는 기능을 제공한다. 이는 자신의 모든 것을 드러내지 않으면서도 가볍게 자신을 표현하고 싶어하는 Z세대의 성향과 부합한다. MBTI 결과처럼, 운세의 일부를 공유하는 행위는 자신을 소개하고 타인과 관계를 맺는 현대적인 소통 방식 중 하나로 자리잡았다.

나아가 운세는 개인의 영역을 넘어 불특정 다수가 함께 즐기는 스낵 콘텐츠로도 활발히 소비된다. 그 대상은 내가 아닌 내가 좋아하는 연예인이나 아이돌이 되기도 한다. 유튜브에서는 아이돌 그룹의 미래나 멤버 개인의 커리어 전망을 사주나 타로로 분석하는 콘텐츠가 높은 조회수를 기록한다. 운세 앱 포스텔러는 내가 가장 좋아하는 연예인, 즉

'최애'와 나의 궁합을 봐주는 타로 서비스를 제공하며 팬덤의 심리를 공략했다.

    이러한 콘텐츠는 사용자의 적극적인 참여를 유도하며 재미를 극대화하기도 한다. 구독자 약 25만 명의 타로 유튜버 타로묘묘는 시청자가 두 개의 카드 중 하나를 고르게 한 뒤 그 결과를 풀이해주는 인터랙티브 타로 콘텐츠를 주력으로 삼는다. 이는 수동적으로 결과를 듣는 것을 넘어, 직접 선택하고 몰입하는 게임과 같은 경험을 제공함으로써 Z세대의 높은 호응을 얻고 있다. 이처럼 운세는 개인적 고민 해결을 넘어, 타인과 관계를 맺고 가볍게 즐기는 놀이문화로 그 영역을 확장하고 있다.

아이돌 그룹의 사주 풀이 유튜브 콘텐츠

(출처: 에스파 유튜브)

(출처: 제로베이스원 유튜브)

운세산업은 AI 및 지식재산과의 결합을 통해 한 단계 더 진화할 조짐을 보이고 있다. 핵심은 초개인화된 몰입감과 정서적 유대감의 강화다. 예를 들어 내가 좋아하는 웹툰 캐릭터가 직접 타로점을 봐주는 네이버 웹툰의 '타로툰'이 그 가능성을 보여준다. 향후에는 생성형 AI 기술로 사용자의 성향과 현재 감정을 분석하고, 가장 적절한 캐릭터나 화법으로 맞춤형 조언을 제공하는 고도화된 서비스도 가능해질 것이다. 이는 AI가 단순 정보 제공을 넘어 정서적 교류의 대상이 됨을 의미한다. Z세대의 문화코드에 부합하는 더욱 유연하고 친근한 방식으로 운세 경험을 확장시킬 것임을 쉽게 예측할 수 있다.

브랜드 마케팅 또한 더욱 과감하고 다채로운 형태로 발전할 가능성이 있다. 지금까지의 운세 마케팅이 '오늘의 운세'를 제공하거나 행운템 굿즈를 출시하는 수준에 머물렀다면, 앞으로는 운세 콘텐츠를 중심으로 한 복합적인 브랜드 경험을 설계하는 방향으로 나아갈 수 있다. 위스키 브랜드 '몽키숄더'가 2025년 7~8월 동안 짧게 운영한 점집 콘셉트의 팝업스토어 '용하당'이 대표적인 사례다. 이곳에서는 사주, 타로 상담은 물론, 고민을 종이에 적어 물에 띄우는 '고민 비우기' 같은 체험을 함께 제공했다. 이는 운세가 Z세대에게 결과 예측을 넘어 심리적 위안을 주는 역할을 한다는 점을 정확히 파고든 전략이다. 이러한 체험형 마케팅은 소비자의 자발적인 공유를 통해 강력한 바이럴 효과를 창출하며, 향후 더욱 다양한 형태로 진화할 것으로 기대된다.

> Z세대는
> **운세**를 불확실한 현실을 헤쳐나가기 위한
> **주체적인 자기관리 도구**이자
> **심리적 보조 수단**으로 사용한다.

랜덤팬덤:

우연에 열광하는 요즘 사람들

하루에도 수십 번, 우리는 크고 작은 선택의 기로에 서게 된다. 점심 메뉴를 고르는 순간부터 넷플릭스에서 무엇을 볼지 고민하는 시간, 마음에 든 옷 앞에서 어떤 색깔을 선택할지 망설이는 찰나까지. 평범해 보이는 일상조차 끊임없는 결정의 순간들로 채워져 있다. 하지만 이런 일상 속 선택지가 늘어날수록 즐거움보다는 오히려 피로가 쌓일 수도 있다. 언제나 최선의 결정을 내려야 한다는 압박, 소셜미디어 속 타인의 완벽한 결과물과 자신을 비교하는 부담은 Z세대가 가장 크게 느끼는 스트레스다.

사실 '랜덤'이 주는 매력은 새로운 것이 아니다. 어린 시절 제비뽑기, 사다리 타기, 가위바위보처럼 단순한 우연에 운명을 맡기던 놀이들은 언제나 긴장감과 해방감을 동시에 주었다. 다만 지금의 랜덤은 그때와 달리, 스마트폰과 소셜미디어라는 디지털 환경에서 새로운 모습으로 나타난다. 결과를 기록하고 공유할 수 있는 디지털 무대가 마련되면서, 랜덤은 순간의 재미를 넘어 우리 일상 곳곳에 스며든 새로운 문화가 되어가고 있다.

오늘날 Z세대에게 랜덤은 단순히 운에 맡기는 선택이 아니다. 선택의 무게에 지쳤을 때 잠깐 기댈 수 있는 따뜻한 피난처이자, 예측할 수 없는 결과가 선사하는 설렘을 만끽할 수 있는 창구다. 그 순간순간을 함께 웃고, 기록하고, 나눌 수 있다는 점에서 랜덤은 이제 단순한 놀이를 넘어 하나의 생활철학으로 자리잡아가고 있다. 우연이 주는 긴장감과 해방감이 Z세대에게는 새로운 놀이가 된 것이다.

©Eddie Pipocas

랜덤 트렌드의 진화

Z세대 문화 속 새로운 재미 코드

랜덤이라는 소비 방식은 이미 오래전부터 다양한 형태로 우리 생활에 스며들어왔다. 처음에는 게임 속 아이템 뽑기나 랜덤 플레이 댄스처럼 제한된 영역에서 시작되었지만, 지금은 식품·패션·여행·뷰티 등 일상의 거의 모든 카테고리에서 찾아볼 수 있다. 특히 아이돌 포토카드, 랜덤 굿즈 증정, 피규어 가챠가 랜덤 소비의 대표적인 형태로 자리 잡았다.

   기존의 랜덤은 소비를 자극하기 위한 부가적 장치로 여겨졌지만, 지금의 랜덤은 Z세대의 일상과 문화 전반에서 새로운 재미와 긴장감을 동시에 만들어내는 코드가 되었다. 단순히 '무엇을 얻느냐'의 문제가 아니라, '어떻게 즐기고 표현하느냐'의 차원으로 확장된 것이다. 이는 쇼핑이나 게임을 넘어, Z세대가 자기를 표현하고 관계를 맺으며 새로운 재미를 발견하는 방식으로 자리잡았다.

Z세대가 랜덤에 끌리는 이유

디지털 네이티브로 성장한 Z세대는 매일 엄청난 양의 정보를 접하며 자라왔다. 주변 사람들의 소셜미디어 피드에는 언제나 완벽해 보이는 결과물만 올라오니 나 또한 그렇게 보여야 한다는 부담을 느꼈을 것이다. 이러한 정보과잉과 완벽주의는 아이러니하게도 오히려 모든 것을 내려놓고 싶다는 마음을 불러왔다.

실제로 옥스퍼드대학교가 2024년 올해의 단어로 선정한 '브레인 로트'*는 Z세대가 체감하는 인지적 피로감과도 맞닿아 있는 개념이다. 이때 랜덤은 통제된 혼란으로 다가온다. 통제된 혼란은 완전히 뒤죽박죽인 무질서가 아니라, 정해진 범위 안에서만 일어나는 '예상 가능한 랜덤'이다. 마치 좋아하는 아티스트의 플레이리스트를 랜덤 재생할 때처럼 어떤 곡이 나올지는 알 수 없지만, 전부 취향 안에 있기 때문에 안심할 수 있는 상황과 비슷하다. 이는 결과가 크게 어긋나지 않는 범위 안에서 무작위성을 경험하게 해주며, 잠시나마 선택의 압박에서 벗어나는 해방감을 제공한다. 내가 직접 고른 것이 아니기 때문에 결과에 대한 부담이 덜하고, 그만큼 더 가볍게 받아들일 수 있는 것이다.

랜덤의 매력은 즉각성에도 있다. 참여 직후 바로 결과를 확인할 수 있다는 점은 기다림 없이 곧바로 짜릿한 만족을 준다. 복잡한 의사결정과정을 거치지 않아도 순간의 재미를 맛볼 수 있다는 점은 특히 주의집중 시간이 짧은 Z세대에게 큰 매력으로 작용한다. 더 나아가 다음에는 더 나은 결과가 나올지도 모른다는 기대감은 자연스럽게 반복 참여로 이어진다. 한 번의 경험이 곧 다음 경험으로 연결되는 연쇄적인 구조 속에서, 랜덤은 단순한 소비가 아니라 감정의 흐름을 이어가는

__브레인 로트(Brain Rot)__   최근 디지털 환경의 급속한 변화와 스마트폰 사용의 증가로 인해 뇌가 정보를 과부하 상태로 받아들이며 균형을 잃고, 건강한 사고력과 집중력이 떨어지는 현상

장치가 된다.

또한 랜덤은 혼자만의 경험으로 끝나지 않는다. 친구들과 결과를 공유하거나, 소셜미디어에 인증하며, 예상치 못한 결과를 두고 웃고 떠드는 과정에서 새로운 즐거움이 만들어진다. 결과를 예측할 수 없다는 특성이 오히려 모두를 같은 출발선에 세우고, 그 불확실성 자체가 공통의 관심사가 된다. 결국 랜덤은 선택의 압박에서 벗어나고, 즉각적인 만족을 맛보며, 관계를 이어주는 매력적인 놀이 방식으로 자리잡고 있다.

스토리텔링의 새로운 재료

최근 들어 Z세대는 단순히 순간의 즐거움에 머무르지 않고, 랜덤 경험을 통해 자신만의 스토리를 만들고 싶어한다. 여기서 말하는 스토리는 즉각적인 결과물이 아니라, 그 결과를 얻게 된 과정과 그 순간의 감정을 포함한다. 예상치 못한 색상의 머그컵을 받았을 때 생긴 애착, 친구들과 여행 중 작은 상점에서 뽑은 우스꽝스러운 키링, 랜덤 뽑기에서 의외의 아이템이 나와 모두가 웃었던 순간들은 결과물보다 과정과 분위기로 더 오래 기억된다.

이런 경험은 평소라면 선택하지 않았을 색깔, 디자인, 취향과의 만남을 가능하게 하고, 반복되는 일상에 작은 변주를 만들어준다. Z세대에게 랜덤은 자신만의 이야기를 쌓아가는 도구이자, 우연 속에서 특별함을 발견하는 창구가 된다. 완벽한 선택을 하지 않아도 괜찮고, 계획에서 벗어난 순간이 오히려 하루를 특별하게 만들어준다는 깨달음이 랜덤 트렌드가 단순한 유행을 넘어 하나의 생활문화로 자리잡은 핵심 이유다.

일상 속 우연이 만드는
특별한 이야기들

일상으로 번진 랜덤 놀이

랜덤은 이제 소비를 넘어 친구들과 함께하는 놀이로 확산되었다. 특히 X에서는 '걸스나잇' 콘텐츠로 다양한 랜덤 챌린지가 공유되며 인기를 끌고 있다. 그중 가장 크게 화제를 모은 것은 '랜덤 배달 챌린지'였다. 모인 사람들이 각자 메뉴를 공유하지 않고 자유롭게 주문을 넣은 뒤, 결과를 함께 즐기는 방식이다. 같은 메뉴가 겹치든 전혀 다른 조합이 나오든, 어떤 결과든 웃음과 대화의 소재가 된다. 음식을 기다리는 동안에도 "누가 뭘 시켰을까?", "겹치면 어떡하지?" 같은 대화가 오가며 기대와 긴장감이 쌓인다.

도착한 음식은 인증샷으로 남기는데, 단순히 음식만 찍는 것이 아니라 아이돌 포토카드 '예절샷'*을 곁들이거나, 인형을 함께 세워두는 방식으로 업로드되기도 한다. 이러한 연출은 팬덤 문화와 결합해 챌린지 자체를 트렌드의 일부로 만들었다. 기존의 포틀럭 문화가 각자 음식을 준비해 나누며 예측 불가능성을 즐겼다면, 랜덤 배달 챌린지는 이를 배달 문화 속에서 Z세대식으로 재해석한 사례라 할 수 있다. 이후에는

★

예절샷 식당이나 여행을 갈 때, 좋아하는 아이돌의 포토카드를 음식이나 배경과 함께 찍는 것

친구들끼리 각자 원하는 대로 서로의 손에 네일 아트를 해주는 '랜덤 네일 챌린지'도 걸스나잇 추천 콘텐츠로 소개되며 또다른 재미를 만들었다.

랜덤 놀이는 점차 다양한 방식으로 시도되고 있다. 대표적인 것이 '랜덤 김밥 재료 챌린지'다. 랜덤 배달 챌린지가 각자 주문한 음식을 모아 결과를 즐기는 방식이라면, 김밥 챌린지는 여러 사람이 준비한 재료가 모여 하나의 완성품을 만든다는 점에서 또다른 특징이 있다. 참여자들은 눈치싸움을 하며 재료를 고르기도 하고, 전혀 예상치 못한 조합이 만들어지는 과정을 함께 즐긴다. 어떤 김밥이 완성될지 알 수 없는 긴장감이 놀이의 핵심이 되는 셈이다.

비슷한 흐름에서 즉석사진관 '포토이즘'은 인스타그램을 통해 '랜덤 프레임 챌린지'를 선보였다. 제한된 시간 안에 버튼을 눌러 무작위로

X에서 유행하는 랜덤 배달 챌린지

(출처: @eeicchi X)   (출처: @dogorgae X)

정해진 프레임으로 촬영하는 방식으로, 어떤 프레임이 걸리든 그 순간의 웃음과 반응이 재미를 만든다. 결국 이런 랜덤 놀이는 음식을 함께 먹는 자리와 사진을 찍는 순간에 자연스럽게 스며들며 결과보다 과정을 즐기는 문화로 확산되고 있다.

여행에서 펼쳐지는 랜덤의 확장

랜덤의 영향력은 여행 분야에서 더 크게 확산되고 있다. 여행이 대개 익숙하지 않은 곳으로 떠나 새로운 경험을 마주하는 과정인 만큼, 사람들은 다른 영역보다 더 과감하게 랜덤을 시도하는 경향을 보인다. 익숙한 일상에서라면 망설였을 도전도 여행이라는 맥락 안에서는 자연스럽게 설렘과 기대를 불러온다.

포토이즘의 랜덤 프레임 챌린지
(출처: 포토이즘 인스타그램)

이런 분위기 속에서 지도를 펼쳐 룰렛으로 여행지를 정하거나, 랜덤 여행지를 추천해주는 웹사이트를 활용하는 방식이 유행하고 있다. 계획과 통제가 없는 여행은 오히려 의외의 즐거움을 만들어낸다. 소소한 사건 하나하나가 스토리가 되고, 예상치 못한 장소에서의 만남이 특별한 추억으로 남는다.

유튜버 에이미는 국내 지도 위에 룰렛을 돌려 당첨된 지역으로 하루 예산 10만 원의 배낭여행을 떠나는 랜덤 국내여행을 콘텐츠로 제작했다. 룰렛이 가리킨 목적지는 경상북도 봉화였고, 이동 과정에서부터 예상치 못한 순간들이 쌓여갔다. 경유지에서 잠시 들른 편의점에서는 사장님이 딸 같다며 고구마를 챙겨주었고, 기차를 기다리던 플랫폼에서는 옆자리에 앉은 아주머니가 포도를 건네며 대화가 시작됐다. 이런 우연한 교류가 작은 낯섦을 따뜻한 추억으로 바꾸어주었다.

봉화에 도착한 뒤에도 그녀의 여행은 전혀 계획되지 않은 경험들로 채워졌다. 현지 주민들이 직접 추천해준 맛집, 길을 걷다 마주친 풍경,

랜덤 여행지를 추천해주는 웹사이트
(출처: 대한민국 구석구석 홈페이지)

예상치 못하게 이어진 대화들이 평소라면 접하기 어려운 특별한 순간들을 만들어냈다. 단순한 여행지가 아니라, 그 지역에서만 느낄 수 있는 정서와 로컬의 매력이 고스란히 담긴 시간이었다.

    시청자들 역시 댓글을 통해 같은 감정을 공유했다. "어르신들이 계속 음식을 챙겨주는 모습이 귀엽다", "에이미가 다른 사람들이랑 말하는 거 너무 힐링이다", "소소한 여행의 재미와 한국적 정서를 잘 담았다" 등의 반응이 이어졌다. 랜덤이 만들어낸 우연한 만남과 예상치 못한 순간들이 시청자들에게 힐링과 낭만으로 전해진 것이다.

    또다른 사례로는 '택시 전국일주 챌린지'가 있다. 유튜버 고재영은 첫번째 프로젝트로 서울역에서 무작위로 택시를 잡아, 전국일주를 함께할 기사님을 즉석에서 구했다. 1박 2일 동안 처음 만난 기사님과 동행하며 나눈 대화, 찍어준 사진, 함께한 식사가 모두 예상 밖의 스토리로 기록됐다. 가는 길에 무지개를 보고 감탄하거나, 여행이 끝날 무렵 정이 들어 아쉬워하며 헤어지는 모습은 단순한 브이로그를 넘어 진솔한 휴먼스토리로 확장되었다. 시청자들은 "낭만이 있는 콘텐츠다", "처음 만난 사람과 이렇게 따뜻한 관계를 맺을 수 있다니 감동적이다"라는 댓글을 남기며 큰 공감을 보냈다.

유튜버 에이미의 국내 랜덤 배낭여행 콘텐츠
(출처: 에이미Amy 유튜브)

랜덤이 만드는 새로운 스토리텔링

랜덤은 단순한 소비 형태를 넘어, 사람과 사람 사이에 새로운 이야기를 만드는 도구로 진화하고 있다. 과거 랜덤 소비의 초점이 좋은 결과를 얻는 데 있었다면, 이제는 그 과정 속에서 마주치는 예측 불가능한 순간들이 더 큰 가치를 지닌다.

이 변화는 젊은 세대의 소비 패턴과도 연결되어 있다. 소셜미디어를 통해 일상을 공유하는 것이 자연스러워진 환경에서, 계획되지 않은 상황이나 실패조차 흥미로운 콘텐츠가 될 수 있다는 인식이 확산된 것이다. 실제로 많은 랜덤 체험 영상들이 '대박'보다는 '망함'이나 '예상과 다름'을 소재로 더 큰 화제를 모은다. 랜덤 경험의 매력은 그 과정을 기록하고 공유하는 순간에 완성된다. 친구들과 함께한 랜덤 도전의 결과를 사진과 영상으로 남기고, 그것이 다시 다른 사람들의 참여를 자극하는 순환 구조를 만든다.

따라서 현재의 랜덤 트렌드는 단순히 우연에 의존하는 것을 넘어, 예측 불가능성을 즐기며 새로운 경험과 관계를 만들어가는 문화현상으로 자리잡았다. 계획된 완벽함보다 즉흥적인 불완벽함이 더 매력적인 시대, 랜덤은 Z세대의 삶을 풍요롭게 하는 새로운 경험 문화로 진화하고 있다.

랜덤이 만드는 새로운 경험

브랜드가 시도하는 랜덤 트렌드

최근 기업들은 랜덤성을 활용해 소비자의 참여를 끌어내고, 새로운 경험을 제공하는 전략을 본격적으로 도입하고 있다.

    스타벅스는 2025년 여름 '랜덤 프라푸치노' 이벤트를 선보였다. 매장에 비치된 카드에는 기존 프라푸치노 메뉴에 다양한 퍼스널 옵션이 미리 조합된 형태로 담겨 있었고, 소비자가 무작위로 카드를 뽑아 주문하면 그 조합 그대로 음료가 제공되는 방식이었다. 스타벅스가 커스터마이징의 천국으로 불릴 만큼 다양한 옵션을 제공한다는 점을 고려하면, 이번 이벤트는 그 강점을 랜덤 트렌드와 영리하게 접목한 사례였다. 고객은 직접 고민하며 옵션을 고르는 수고를 덜면서도 예상치 못한 조합을 경험했고, 평소라면 시도하지 않았을 메뉴를 합리적인 가격에 즐길 수 있었다. 이 이벤트는 무더운 여름철에 시원한 음료와 재미라는 두 가지 욕구를 동시에 충족시키며 단순한 음료 판매를 넘어 브랜드와 소비자의 관계를 한층 가깝게 만드는 장치가 되었다. 또한

스타벅스에서 진행한 랜덤 프라푸치노 이벤트
(출처: @ddonge_e 인스타그램)

소비자들이 자신이 뽑은 결과를 사진이나 영상으로 공유하면서 자연스럽게 확산되었다.

　여행업계에도 랜덤 트렌드가 새로운 방식으로 도입되고 있다. 신세계는 프리미엄 여행 플랫폼 '비아신세계(Via Shinsegae)' 론칭을 기념해 '오프 더 맵(OFF THE MAP)' 이벤트를 선보였다. 목적지, 일정, 동행 인원까지 모두 비공개로 진행되는 이 프로그램은 고객이 어디로 향할지 모른 채 떠나는 여행이라는 콘셉트로, 기존 여행에서 경험하기 어려운 '우연의 설렘'을 제공한다. 신세계는 이를 통해 한 번의 여정이 남기는 깊은 인상을 강조하고, 프리미엄 이미지와 차별화된 서비스를 공고히 했다.

생성형 AI와 랜덤 트렌드의 접목

최근 기술의 발전은 랜덤 경험을 한층 확장시키고 있다. 특히 생성형 AI는 랜덤의 예측 불가능성을 유지하면서 새로운 형태의 놀이와 콘텐츠를 만들어내는 데 적극 활용되고 있다.

비아신세계에서 진행하는 오프 더 맵 이벤트
(출처: 신세계백화점 홈페이지)

대표적인 사례가 Z세대 사이에서 유행한 'AI 술게임'이다. 소셜미디어의 릴스나 쇼츠 콘텐츠에서는 친구들이 카메라를 보고 있다가, 갑자기 술자리와는 전혀 어울리지 않는 경찰, 슈퍼맨, 심지어 원숭이가 등장해 친구들 중 한 명을 데리고 가는 장면이 연출된다. 성난 원숭이가 친구들 사이를 비집고 달려오거나, 슈퍼맨이 친구를 붙잡고 하늘로 날아가는 모습은 현실에서는 불가능한 장면이지만, 그렇기에 더욱 웃음을 자아낸다. 선택된 사람은 술을 마시며 벌칙을 수행하고, 보는 사람들은 "이거 어떻게 한 거냐", "말도 안 되는데 웃기다"라는 반응을 쏟아냈다. 단순히 사진에 AI 필터를 입힌 장난이지만, 마치 무작위로 누군가가 선택된 것처럼 느껴지도록 만든 연출 덕분에 랜덤성을 극대화할 수 있었다. 랜덤의 재미와 AI가 주는 신선함을 한 번에 잡은 사례다.

　또다른 흐름으로는 'AI에게 오늘 갈 맛집을 추천받기'나 'AI가 짜준 여행 일정 따라가기' 같은 일상형 콘텐츠가 있다. 이는 AI가 던져주는 예측 불가능한 결과에 사용자가 몸을 맡기며 즉흥적 재미를 경험하는 방식으로, 이 또한 소셜미디어에서 빠르게 확산되고 있다.

　이런 실험은 방송에서도 이어졌다. 예능프로그램 〈놀면 뭐하니?〉에서는 하루 일정을 전적으로 AI 추천에 맡기는 에피소드를 선보였다.

AI 필터를 활용한 AI 술게임 콘텐츠

(출처: 남이정환 Namlee 유튜브) 　　(출처: @ifour_i4 인스타그램)

"점심은 어디서 먹을까?", "밥값은 누가 낼까?" 같은 질문을 AI에게 던지고, 멤버들이 그 답변에 따라 움직이며 즐거움을 나누는 모습이 방송되었다. 예상치 못한 답변이 불러오는 유머와 즉흥성이 방송 자체를 하나의 랜덤 놀이로 만든 것이다.

결국 생성형 AI는 랜덤의 본질적 매력인 예측 불가능성을 유지하면서도, 기술이 주는 신선한 재미를 덧입힌다. 단순히 무작위로 고르는 단계를 넘어, AI와의 상호작용 속에서 새로운 놀이와 이야기가 만들어지는 것이다. 이는 앞으로 랜덤 트렌드가 일회성 체험에 그치지 않고, AI와 결합해 더 풍부하고 다채로운 경험 문화로 확장될 가능성을 보여준다.

따라서 앞으로의 랜덤 트렌드는 단순한 체험을 넘어, 브랜드 전략과 기술 발전이 결합된 새로운 경험 문화로 자리잡을 것이다. 랜덤은 Z세대에게 더이상 우연의 장치가 아니라, 삶을 풍요롭게 설계하는 문화적 코드로 진화하고 있다.

〈놀면 뭐하니?〉에서 AI를 활용해
하루를 보내는 에피소드
(출처: 엠뚜루마뚜루 유튜브)

이제 랜덤은 단순한 뽑기가 아니라, 일상에 스며든 작은 놀라움이다. 친구들과 웃으며 기다린 배달음식, 지도 위 룰렛이 가리킨 낯선 여행지, 뜻밖에 마주친 장면과 사람들까지. 우연히 마주한 순간들이 곧 특별한 이야기로 바뀌고, 공유된 추억이 오래 남는다. 무엇보다도 랜덤이 주는 매력은 결과보다 과정에 있다. 내가 선택하지 않았기에 책임에서 가벼워지고, 예측할 수 없기에 더 짜릿하며, 함께 웃을 수 있기에 따뜻하다. 완벽하게 준비된 하루보다 즉흥적인 순간이 더 마음을 움직이는 지금, 랜덤은 Z세대의 피로한 일상에 새로운 리듬을 불어넣는 방식이 되었다.

앞으로 랜덤은 사람 사이의 관계와 기술의 발전이 맞물리며 한층 더 다채로운 모습으로 진화할 것이다. 생성형 AI는 예측 불가능성이라는 랜덤의 본질을 지키면서도, 개인의 맥락과 취향을 반영해주는 새로운 놀이를 만들어낼 가능성이 크다. 이제 랜덤은 우리 삶에서 단순한 재미 이상의 의미로 사람들을 연결하고, 예상치 못한 순간들로 일상을 더 풍성하게 만드는 문화적 언어로 자리잡을 것이다.

미래의 랜덤은 지금보다 훨씬 더 유연하고, 훨씬 더 개인적인 방식으로 우리 앞에 다가올지 모른다. 하지만 본질은 같다. 통제에서 벗어난 순간이 주는 해방, 그 속에서 발견하는 웃음과 따뜻함이다. 랜덤은 결국, 우리가 어떻게 살아가고 기억하고 관계 맺는지를 새롭게 정의하는 열쇠가 될 것이다.

모닝 레이브:
우리의 아침은 당신의 밤보다 힙하다

쨍쨍한 햇볕이 내리쬐는 이른 아침, 한 카페 DJ 부스에서 쿵쿵 울리는 음악을 틀고, 20~30대 청년들이 서로 부딪힐 틈도 없이 신나게 춤을 추고 있다. 시계를 보니 오전 8시, 이들은 맥주와 칵테일이 아닌 커피와 차를 들고 음악을 즐기는 중이다. 최근 서울 강남의 한 카페에서 펼쳐진 이른바 '모닝 레이브(Morning Rave)'의 모습이다.

무언가를 망가질 정도로 소비하던 과거의 유흥은 이제 지났다. Z세대는 몸과 마음을 해치지 않으면서도, 감정적으로 충만해지고 연결될 수 있는 경험을 택하고 있다. 더욱 중요한 점은, 이들이 단지 건강만을 중시해서 아침을 택한 것이 아니라는 것이다. Z세대는 낮과 밤, 장소와 행위의 경계를 깨고, 서로 어울리지 않을 것 같은 요소들을 조합해 새로운 재미를 창출하는 데 능숙하다. 하루 중 노는 시간은 밤이라는 고정관념, 그 자리에 술이 있어야 즐겁다는 전제는 더이상 통하지 않는다.

경험을 중시하는 MZ세대의 취향에 맞춰, 몇몇 기업은 이러한 모닝 레이브 문화를 기발한 홍보 수단으로 활용하기 시작했다. 브랜드들은 아침 시간과 커뮤니티 경험을 활용해 Z세대의 일상에 자연스럽게 스며드는 방식을 실험하고 있다. 아침이라는 시간에 집중하며 고정관념을 깨는 놀이형 이벤트는 MZ세대의 눈길을 사로잡고, 나아가 브랜드 팬덤을 형성하는 데에도 큰 힘을 발휘하고 있다.

출처: Daybreaker 홈페이지

새로운 문법의 놀이문화

밤 대신 아침, 새로운 파티의 등장

레이브(Rave)는 1980~90년대 영국에서 전자음악과 춤, 화려한 조명, 종종 술과 약물을 곁들인 장시간의 파티를 가리키는 말로 시작되었다. 강렬한 비트, 집단적 에너지, 해방감을 특징으로 하는 전통적인 레이브는 밤새 이어지는 클럽문화로 자리잡았다. 그런데 최근 이 '레이브'가 전혀 다른 시간대와 형식으로 변주되고 있다. 모닝 레이브는 술 한 방울 없이 커피나 논알코올 음료를 마시며 즐기는 새로운 형식의 아침 댄스파티다. 보통 출근 전인 오전 6~9시에 열리기 때문에 '커피 레이브(Coffee Rave)'라고도 불린다. 아침에 파티가 가능할지 의문을 제기할 수도 있지만, 놀랍게도 Z세대를 중심으로 한 이러한 아침 클럽문화가 전 세계적으로 뜨거운 관심을 받고 있다.

　이러한 흐름은 단순히 클럽문화의 시간대를 바꾼 것에 그치지 않는다. 미국 여론조사기관 '모닝 컨설트(Morning Consult)'의 조사에 따르면, 최신 트렌드를 항상 따라간다고 답한 Z세대 웰니스 관심층은 69%, 소셜미디어나 커뮤니티를 통해 멋지게 사는 모습을 다른 사람에게 보여주고 싶다고 답한 비율은 58%에 달했다. 또한 10명 중 9명 이상이 단조로운 공식보다 예측 불가능하고 신선한 경험 조합을 선호한다고 응답했다. 이들은 '언제, 어디서, 어떻게 놀아야 한다'는 기존 공식을 과감히 비틀며, 자신만의 문법으로 라이프스타일을 재구성한다. 출근 전에 커피를 마시며 춤추는 것처럼 낯선 조합일수록 더 신선하게 받아들이는 것이다. 모닝 레이브는 바로 그런 실험정신이 낳은 결과이자, 놀이의 정의를 재편하는 대표적 사례라 할 수 있다.

틱톡에 업로드된 #morningrave #coffeerave 게시물
(출처: 틱톡)

전 세계로 확산되는 모닝 레이브 열풍

이미 2010년대 초중반 미국 뉴욕의 데이브레이커와 런던의 모닝 글로리빌(Morning Gloryville) 같은 커뮤니티가 이른 아침에 클럽·보트·창고 등에서 요가와 명상, 논알코올 음료를 곁들인 댄스파티를 열었다. 취하지 않는 웰니스 클러빙을 표방한 이들은 술이나 약물 없이도 즐거울 수 있다는 새로운 클럽문화를 제안하였다.

그리고 이제 이 흐름은 전 세계로 빠르게 확산되는 중이다. 최근 홍콩, 방콕, 싱가포르 등 아시아 대도시의 20~30대는 클럽과 카페, 나아가 제3의 장소의 경계를 허무는 다양한 시도를 통해 술은 선택 사항인 새로운 파티문화를 즐기는 중이다. 그중 이색적인 장소에서 레이브를 열었던 사례로 한낮에 열린 중국 만리장성에서의 레이브나 스위스 취리히에서 개최된 열기구 위에서의 레이브를 꼽을 수 있다. 이 외에도 베이커리에서 막 구운 빵을 들고 춤추는 베이커리 레이브, 아침 6시 반부터 사우나에 모이는 사우나 레이브까지 점차 다양한 시간대와 장소를 선택하고 있다.

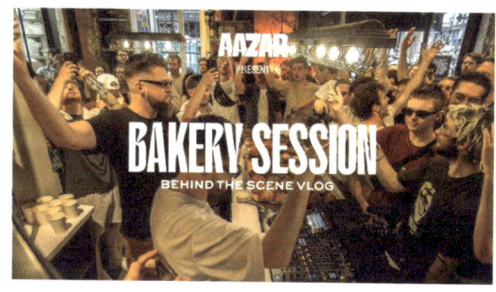

베이커리 레이브
(출처: Aazar 유튜브)

사우나 레이브
(출처: Daybreaker 홈페이지)

또한 일시적 이벤트에서 한발 나아가 모닝 레이브 전용 카페도 등장했다. 호주 퀸즐랜드의 '카페인 클럽(Caffeine Club)'은 오전 7시부터 시작하는 정기 모닝 레이브를 개최하며, 출근 전 음악과 커피를 결합한 지역 커뮤니티를 형성했다. 멜버른의 '믹스 앤 말차(Mix&Matcha)' 역시 매장을 아침 파티 공간으로 변모시켜, 논알코올 음료와 디제잉을 결합한 새로운 고객경험을 제공하고 있다. 장소와 시간대가 다양해지며 등장한 놀이문화를 기반으로 새로운 공간까지 출현하는 중이다.

서울에서도 빛나는 레이브 문화

한국에서는 서울모닝커피클럽(SMCC)이 대표적으로 모닝 레이브를 주최·운영하고 있다. '알람보다 강한 약속'을 슬로건으로 내걸고 2019년부터 활동을 이어온 서울모닝커피클럽은 현재 누적 참여자수가 1만 명에 달하며 제주·멜버른 등 국내외 도시로도 확산하고 있다. 이들은 매주 도심의 카페나 공원에서 커피를 매개로 한 아침 모임을 열며, 출근 전 시간을 새로운 놀이의 순간으로 변화시킨다. 최근에는 음악이 있는 모닝 레이브, 러닝과 연계한 모임, 여행 모임 등의 프로그램을 운영하며 아침을 중심으로 한 라이프스타일 커뮤니티로 확장중이다.

아침에만 오롯이 집중하는 커뮤니티 플랫폼 또한 존재한다. 아침을 중심으로 운영되는 대표적 웰니스 플랫폼 '아침(Achim)'은 오전 7시에 요가, 독서, 글쓰기, 쿠킹 클래스 등을 운영하며, 갓생 챌린지와 문화적 루틴을 결합한 새로운 문화를 만들어냈다. 이 플랫폼은 매주 발행되는 뉴스레터와 오프라인 모임을 통해 아침 시간을 자기만의 방식으로 채우고자 하는 청년들의 이야기를 수집하며 다양한 이야기를 공유하고 있다. 또한 취향 기반 커뮤니티 플랫폼 '문토(MUNTO)'는 새벽 클래스를 운영하며 평일 오전 7시 이전, 하루의 가장 고요한 시간대를 창작의 장으로 만들고 있다. 주로 독서, 글쓰기, 드로잉, 사진 등 개인의 취향과 창의성을 자극하는 프로그램이 중심이다. 참가자들은 하루를 시작하기 전 자신만의 몰입 시간을 확보하며 아침 시간을 보다 창의적이고 의미 있는 순간으로 활용해나가고 있다.

Achim의 모닝 커뮤니티
(출처: Achim 홈페이지)

Z세대가 아침부터 춤추는 이유

건강하고 지속가능한 즐거움

이전 세대가 놀이를 탈출구라 여겼다면, Z세대에게 놀이는 곧 일상이며 자신을 더 잘 유지하고 확장하는 방법이라 할 수 있다. 이들은 '피곤하지 않은 재미', '지속가능한 즐거움'이라는 키워드에 깊이 공감하며, 일상의 에너지 흐름을 해치지 않는 방식으로 연결되고 싶어한다. 파티조차도 자기 돌봄의 연장선에 있으며, 감정소모보다 정서적 회복을 중시하는 이들에게는 나를 망치지 않는 즐거움이 가장 중요하다고 볼 수 있다. 이러한 배경에는 코로나19를 겪으면서 몸과 마음의 건강을 중시하는 웰니스 트렌드가 크게 확산된 영향도 있다. 영국의 일간지 〈더 가디언〉의 인터뷰에 따르면, 실제로 호주 시드니에서 열린 커피 레이브에 참여한 이들은 "예전보다 파티가 몸에 끼치는 대가를 더 따져보게 된다"라고 말할 정도로 건강에 신경쓰는 태도를 보였다.

또한 절제된 음주를 표방하는 '소버 큐리어스(Sober Curious)' 문화도 눈여겨볼 만하다. '소버(sober)'는 취하지 않은 상태를 뜻한다. 최근 Z세대 사이에서는 술을 아예 멀리하기보다는 필름이 끊길 정도로 마시지 않고 기분 좋을 만큼만 적당히 마시는 음주문화가 확산중이다. 다음날 피곤하지 않을 정도로 낮은 도수의 술을 즐기며, '과음=재미'라는 옛 공식을 깨고 있다. 이러한 트렌드는 자연스럽게 술 없이도 노는 법에 대한 관심으로 이어져, 과거와 달리 중독 없이도 즐거움을 찾으려는 사람들이 늘어났다. 이는 최근 파티나 모임에서 술을 배제하는 드라이바(Dry Bar) 콘셉트와도 연계된다. 팝업 바와 레스토랑에서는 논알코올 칵테일·티 페어링 코스를 메인으로 한 이벤트가 열리며, 참가자들은 다음날에도 가볍고 상쾌한 컨디션을 유지할 수 있는 새로운 파티문화를 경험한다. 이러한 변화는 건강과 즐거움을 동시에 추구하려는 Z세대의 놀이 방식과 정확히 맞닿아 있다.

더 재미있는 아침 루틴

성실하게 자기관리를 실천하는 갓생(God+生)에 대한 사회적 압박이 늘어나면서, 이를 실천하며 번아웃과 피로감을 호소하는 MZ세대가 증가했다. 이에 따라 열심히 살기만을 강조하기보다는 휴식과 자기 회복, 실질적으로 얻는 기쁨을 중시하는 겟생(Get+生)으로 무게중심이 옮겨가고 있다.

2025년 12월 출간 예정으로, 술 없이 놀 수 있는 방법을 소개한 『The Sober Curious Activity Book』
(출처: simonandschuster 홈페이지)

이러한 흐름과 맞닿는 곳에, 의미 있지만 여유로운 아침 루틴을 만드는 이들이 있다. 예전처럼 밤과 술에 묶인 놀이 공식을 따르기보다는, 출근 전 아침 햇살 아래에서 춤을 추고, 글을 쓰고, 차를 마시며, 나의 하루를 주도적으로 설계하려는 경향이 강하다. 이른 시간에 혼자 공부하거나 루틴을 공유하는 '댓걸(That Girl) 챌린지', 출근 전 산책과 대화를 나누는 모닝 워크 클럽, 새벽 수영을 함께 즐기는 어반 수영 클럽 등도 눈에 띄는 흐름이다.

최근에는 일출을 감각적으로 함께 경험하는 모임도 빠르게 확산되고 있다. 서울모닝커피클럽과 에세이 플랫폼 '롱블랙'이 함께 기획한 선라이즈 밋업(SUNRISE MEETUP)은 오전 4시 30분에 모여 일출을 감상하고, 6시 30분이면 마무리되는 프로그램인데도 매번 100~200명의 참가자가 몰리고 재참여율도 높다. 아침에 모인 사람들로부터 얻는 좋은 에너지가 핵심 매력으로 작용한다. 자기 브랜딩, 웰니스, 커뮤니티에 대한 욕구가 맞물리면서, 아침의 짧은 순간이 새로운 라이프스타일 실험의 장이 된 것이다.

최근에는 모닝 러닝과 커피 레이브가 결합된 런(Run) 레이브도 등장했다. 도심 공원이나 강변에서 러닝 커뮤니티 형태로 시작해, 달리기를 마친 참가자들이 바로 DJ가 있는 카페나 휴식공간으로 이동해 음악과 춤, 커피를 즐기는 복합적인 경험을 제공한다. 이처럼 Z세대는 시간과 공간의 문법을 창의적으로 비틀며, 나만의 감각을 중심에 둔 일상 놀이문화를 적극적으로 생산하고 있다. 아침 루틴을 공부·운동·일출 감상·춤 등으로 확장하며, 기존의 밤문화 중심 여가 공식을 완전히 새롭게 쓰고 있는 것이다.

부담 없는 네트워킹과 새로운 경험

"사람들은 술도 약물도 없이 에너지가 가장 충만한 아침 시간에 사람들과 소통하고 싶어할까요?" 뉴욕을 시작으로 전 세계에 모닝 레이브 열풍을 불러온 데이브레이커의 CEO 라다 아그라왈(Radha Agrawal)이 건넨 질문이다. 그녀는 미국 온라인 티켓 플랫폼 '이벤트브라이트(Eventbrite)'와의 인터뷰에서 아침 일찍 즐기는 파티의 효과를 일찍 일어나는 기쁨에서 얻는 도파민, 사람들을 맞이하며 얻는 옥시토신, 자존감과 감사함을 느낄 때 얻는 세로토닌, 요가와 춤을 통해 얻는 엔도르핀이라 설명한다. 무언가에 중독되지 않고도 함께 어울려 즐길 수 있는 아침은 사람들과의 연결을 통해 가능하다는 의미다.

나아가 디지털 네이티브로 자란 Z세대가 요즘 들어 오프라인 모임에 더욱 적극적으로 임하는 것도 중요한 배경이다. 코로나19 이후 급격히 높아진 '옾만추(오프라인 만남 추구)' 트렌드 덕분에, 이들은 온라인 대신 오프라인에서 낯선 사람들과 취미를 공유하고 새로운 친구를 사귀는 데 관심이 많다. 빅데이터 분석 플랫폼 '캐릿(Careet)'에 의하면 '오프라인 모임', '소셜링' 관련 키워드 언급량이 2023년 대비 2024년

선라이즈 밋업 홍보 이미지
(출처: 롱블랙 인스타그램)

에 각각 32%, 71% 증가했을 정도로, 엔데믹 직후보다도 최근에 오프라인 선호가 더 강해졌다. 모닝 레이브 역시 이러한 만남과 연결 욕구의 산물로, 참가자들은 모닝 레이브의 핵심가치로 새로운 사람과의 연결을 가장 많이 꼽는다.

    서울모닝커피클럽의 경우, 회원제나 참가비 없이 누구에게나 열린 형태의 커뮤니티로 운영된다는 점이 특징이다. 모든 활동은 인스타그램 스토리를 통해 하루 전 공지되며, 관심 있는 사람들은 DM으로 간단히 신청만 하면 참여할 수 있다. 참가자들은 명함 없이 자기소개만 나누며 직함이 아닌 사람 자체에 집중하여 자유롭고 진정성 있는 소통을 나눈다. 그 때문에 참여에 대한 물리적·심리적 진입장벽이 낮아, 모닝 커피 한 잔만으로 연결될 수 있는 문화를 즐길 수 있다. 다양한 사람들을 부담없이 만날 수 있다는 점에서 모닝 레이브는 Z세대의 사회적 욕구를 채워주는 놀이라고 볼 수 있다.

서울모닝커피클럽의 How to join 공지
(출처: 서울모닝커피클럽 인스타그램)

모닝 레이브와 만난 브랜드 사례

식품 분야: 밀크랩 커피숍 세트

호주의 대체 우유 브랜드 '밀크랩(MILKLAB)'은 아침 문화를 새로운 무대로 끌어올리며 식음료 마케팅의 참신한 방향을 제시했다. 세계적인 아티스트 톤즈 앤드 아이(Tones And I)와 협업해, 2025년 2월 멜버른에서 아침 라이브 공연 〈밀크랩 커피숍 세트(MILKLAB Coffee Shop Sets)〉를 개최했다. 참가자들은 오전 8시에 열린 카페 공연에서 술 대신 오트밀크가 들어간 스페셜티 커피와 웰빙 음료를 즐기며 하루를 시작했다. 티켓 소지자에게는 당일 새벽 5시에 장소가 공지되는 방식으로 비밀스러운 커뮤니티의 소속감을 조성한 것도 화제가 된 이유 중 하나였다.

밀크랩은 이번 프로젝트를 통해 단순히 음료를 판매하는 브랜드가 아니라 건강하고 활기찬 아침 문화를 지지하는 라이프스타일 파트너로 자리매김했다. 특히 술 없는 레이브 문화에 커피를 결합

밀크랩 커피숍 세트
(출처: MILKLAB 유튜브)

해 아침에도 충분히 즐길 수 있다는 메시지를 전한 점이 돋보인다. #CoffeeRave, #MILKLAB 해시태그와 함께 현장의 분위기가 소셜 네트워크를 통해 빠르게 확산되며 브랜드 인지도를 높였다. 이는 멜버른 국제 커피 박람회의 플래티넘 후원사로서의 활동과 함께 밀크랩의 글로벌 포지셔닝을 강화하는 계기가 되었다.

퍼스널 케어 분야: 오리지널소스 모닝 만트라 레이브

2025년 4월, 영국의 퍼스널 케어 브랜드 '오리지널소스(Original Source)'는 아침의 활력을 강조하며 기존 레이브 문화를 재해석했다. 오리지널소스의 PR 에이전시 '스모킹 건(Smoking Gun)'은 사전 연구를 통해 영국인의 절반 이상이 오전 시간에 활력이 떨어진다는 내용을 파악하고, 샤워가 정신적 전환과 문제해결에 도움이 된다는 통계를 발견했다. 이를 토대로 레이브 콘셉트를 아침 에너지 부스팅과 연결한 것이다. 런던 킹스크로스역에서 열린 모닝 만트라 레이브(Morning Mantra Rave)에서, 브랜드는 샤워부스를 DJ 부스로 변형해 새벽 출근길의 직장인들을 위해 음악을 틀었다. 플래시 몹과 브라스 밴드 공연이 이어지면서 역을 지나던 시민들은 깜짝 놀라 파티에 동참했고, 스태프들은 샤워 젤 샘플을 나눠주며 '아침 샤워로 상쾌한 하루를 시작하라'는 메시지를 전달했다.

도심 한복판에서 샤워 젤 브랜드가 펼친 아침 레이브는 여러 매체에서 보도되며 엄청난 화제를 모았다. 에이전시에 따르면, 캠페인 결과 샤워 젤 매출이 전년 대비 67% 증가했고, 시장 침투율은 27% 늘었다.

또한 브랜드 비보조 인지도가 21% 상승했고, 소셜미디어 영상 조회수는 670만 회에 달했으며, 현장에서는 약 4,000개의 샘플이 배포되었다. 퍼스널 케어 브랜드가 모닝 레이브라는 이색 포맷을 활용해 건강과 에너지를 전하는 방법을 보여준 대표적 사례다.

스포츠웨어 분야: 잘란도×온

'런앤레이브(RUN-N-RAVE)'는 독일 베를린을 중심으로 활동중인 아침 러닝과 레이브를 결합한 독창적인 이벤트 플랫폼으로, 운동과 음악, 커뮤니티 경험을 동시에 제공하며 전 세계 도시에서 브랜드 협업 기회를 창출하고 있다. 특히 '잘란도(Zalando)'와 스위스 퍼포먼스 러닝 브랜드 '온(On)'의 협업에서는 트레일 러닝 코스를 활용해 참가자들이 온러닝의 러닝화를 실제 환경에서 착용해보도록 했다. 참가자들은 해가 떠오르는 이른 시간에 모여 5km 내외의 그룹 러닝을 마친 뒤,

오리지널소스의 모닝 만트라 레이브
(출처: Smoking Gun 홈페이지)

DJ의 라이브 음악에 맞춰 춤을 추고 네트워킹을 즐긴다. 이 과정에서 브랜드는 단순한 로고 노출이 아니라 제품을 생활 속 경험으로 각인시킬 수 있다.

런앤레이브는 대규모 문화행사와도 손을 잡았다. 예를 들어 판게아 페스티벌(Pangea Festival)에서는 축제 시작 전 아침 러닝 이벤트를 기획해, 축제 참가자가 하루를 상쾌하게 열 수 있도록 했다. 러닝 후에는 DJ 파티가 이어지며, 이는 축제의 에너지를 하루종일 유지하게 하는 장치로 작동했다. 이런 사례들은 런앤레이브가 단순 이벤트 운영을 넘어 '건강하고 활동적인 아침 커뮤니티'를 구축하는 데 집중하고 있음을 보여준다.

결국 런앤레이브의 강점은 러닝과 레이브라는 서로 다른 영역을 결합해 브랜드 메시지를 자연스럽게 녹여내는 데 있다. 운동과 음악이라는 보편적 즐거움에 기반하기 때문에, 참가자들은 협찬 브랜드의 제품이나 서비스를 거부감 없이 받아들이고, 이를 소셜미디어를 통해 확산시킨다. 이러한 구조는 아침 시간대의 긍정적 에너지와 공동체 경험을 브랜드 이미지에 연결시키는 새로운 마케팅 모델로 평가된다.

모닝 레이브를 비롯한 다양한 아침 문화는 건강을 해치지 않으면서도 충분히 즐겁게 놀 수 있다는 사실을 보여주며, Z세대의 라이프스타일을 가장 잘 대변한다. 밤 대신 아침, 술 대신 커피, 낯선 이들과의 즉흥적 연결까지, 이 조합은 놀이의 개념을 완전히 새롭게 쓰고 있다.

브랜드 역시 이 흐름을 놓치지 않고 있다. 아침의 상쾌한 공기 속에서 열리는 이벤트는 소비자에게 신선한 경험을 제공하는 동시에, 브랜드 이미지를 한층 젊고 활기차게 만든다. 브랜드는 단순히 스폰서가 아닌, 새로운 아침 문화를 함께 만드는 파트너로 기능하고 있다. 제품은 메시지가 되고, 경험은 팬덤으로 이어진다. 단순한 파티가 아니라, 세대의 가치관과 일상을 비추는 하나의 장치가 된 것이다. 소셜 네트워크를 통해 쉽게 참여하고 취향을 공유할 수 있는 낮은 진입장벽과 커뮤니티 역시 중요하다.

이제 아침은 더이상 '준비'의 시간이 아니다. 가장 젊고, 가장 감각적이며, 가장 연결되는 시간대. Z세대는 아침을 무대로 삶을 놀이처럼 풀어내고, 브랜드는 이들의 리듬에 동참하며 관계를 다시 쓰고 있다.

앞으로의 놀이 트렌드는 어디로 향할까? 그 단서는 틱톡 속 짧은 영상이 아닌, 해 뜨기 전의 커뮤니티 알림창에 있을지도 모른다. 아침은 이미 도시와 세대를 움직이는 강력한 언어가 되었다. 일찍 일어나는 새는 이제 노래가 아니라 춤으로 하루를 연다. 그리고 그 춤은 도시와 세대, 브랜드까지도 함께 흔들고 있다.

> 이제 **아침은** 더이상 '준비'의 시간이 아니다.
> 가장 **젊고**, 가장 **감각적이며**,
> 가장 **연결되는 시간대**다.

Part 2 _____ 일상
비즈니스 현장의 마케팅 전문가들이 주목한
라이프스타일 인사이트

노화탈출 넘버원 :

Z세대의 헬스케어

1

혈당 스파이크가 밈이 되고, 개인 맞춤형 영양제 조합을 만들어 공유하는 것이 젊은층의 새로운 관심사로 떠올랐다. 한때 당뇨병 환자들만 신경쓰던 혈당 관리가 이제는 건강 상식이 되었고, 생활 패턴과 체질에 맞는 영양제 조합을 구성하는 것이 하나의 취미활동으로 자리잡았다. 여기에 '약사오빠', '영양제 덕후' 같은 웰니스 크리에이터들까지 가세하며 헬스케어의 새로운 흐름을 이끌고 있다.

"젊으니까 괜찮지 뭐"라고 생각하던 Z세대는 어느새 건강관리에 진심이다. 아플 때만 병원을 찾았던 그들이 이제는 아프기 전에 예방하고 관리하는 것을 당연한 일상으로 받아들이고 있다. 건강에 깊이 파고들어 몰입하면서, 도파민 중독 시대에 역설적으로 차분하고 균형 잡힌 웰니스를 추구한다. 유튜브 콘텐츠와 틱톡 쇼츠 같은 끊임없는 자극에서 벗어나 명상, 요가, 걷기 같은 '노잼' 활동에 주목하기 시작했다.

코로나19 이후 건강에 대한 관심이 증가하면서 건강을 스스로 관리하려는 셀프케어 트렌드가 일시적 유행을 넘어 새로운 생활방식으로 자리잡았다. 노화를 어쩔 수 없이 받아들이던 과거와 달리, 이제는 20대부터 미리미리 관리하는 것이 당연해진 것이다. 단순히 오래 사는 것이 아니라 건강하게 오래 사는 저속노화가 새로운 화두로 부상했고, 일찍부터 평생 관리해야 한다는 흐름 속에서 즐겁고 재미있는 건강관리법이 대세가 되었다. 웰니스가 개인의 선택이 아닌 현대인의 필수가 된 지금, 헬스케어 트렌드의 중심에 단연 젊은층이 있다.

©Gemini로 생성

젊은층, 건강에 몰입하다

건강에 진심인 Z세대

KB경영연구소가 건강관리 인식을 조사한 결과, Z세대의 61.6%가 건강을 '걱정한다'고 응답했다. 특히 여성(74.8%)이 남성(49.1%)보다 우려가 훨씬 컸다. 일반적으로 건강은 나이가 들수록 더 걱정되는 영역임을 고려할 때, 젊은 Z세대의 응답 수준이 기성세대와 비슷하다는 점은 주목할 만하다. 이처럼 건강에 대한 우려와 관심이 높아진 젊은층은 의료진이나 전문가의 조언을 수동적으로 받아들이지 않는다. 대신 다양한 채널을 통해 능동적으로 정보를 탐색하고, 개인의 경험담과 후

Z세대의 건강 걱정 수준 (출처: KB경영연구소)

■ 걱정하지 않는다 ■ 보통이다 ■ 걱정한다

(비Z세대 n=1,789, Z세대 n=211, Z세대 남성 n=108, Z세대 여성 n=103, 단위: %)

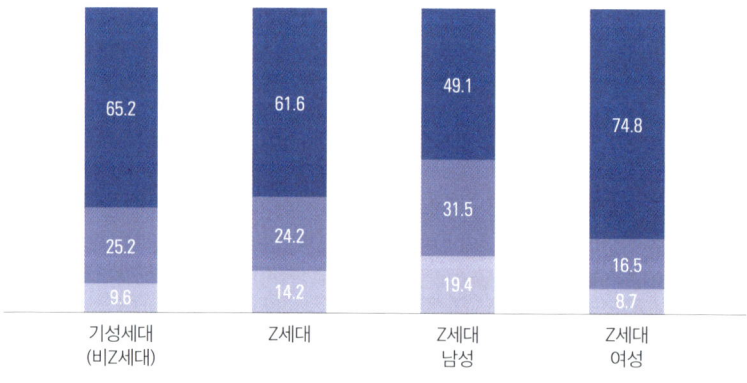

기를 바탕으로 자신만의 건강관리법을 구성해나간다. 이제는 유튜브에서 영양제 성분을 살펴보고, 인스타그램에서 운동 루틴을 공유하며, 온라인 커뮤니티에서 건강 관련 정보를 활발히 교환하는 일이 일상화되었다. 이들에게 헬스케어는 단순히 관리하는 것을 넘어 자신들의 라이프스타일을 보여주는 핵심 요소로 자리잡은 것이다.

셀프 메디케이션의 확산

젊은층이 자신의 건강을 스스로 관리하는 셀프 메디케이션*에 적극적으로 나서고 있다. 이들에게는 치료보다 예방이 기본이다. 의료진의 처방을 기다리기보다는 스스로 건강상태를 파악하고 관리하는 문화가 확산되면서, 자신에게 맞는 증상별 영양제 조합을 만들고 공유하는 경향이 강해졌다. 단순히 영양제를 복용하는 것에 그치지 않는다. 각 영양소의 흡수율을 높이는 복용법을 찾아보고, 성분 간 상호작용을 파악해 최적의 조합을 만들어내는 데 상당한 시간과 노력을 투자한다. 운동보조제 분야에서 시작된 스택* 개념이 일반 영양제 영역까지 확산된 것이 대표적인 사례다. 디시인사이드의 영양제 갤러리는 애호가들 사이에서 성지로 통한다. "내 영양제 스택 어때?"라는 글이 연일 올라오고, 각자의 조합을 공유하며 효과를 리뷰하고 새로운 제품 정보를 교환한다. 젊은층은 이렇게 자신만의 최적 조합을 탐색하며 나에게 딱 맞는 영양제를 찾아가고 있다.

셀프 메디케이션(Self-medication) 의료진의 처방이나 진료 없이 개인이 스스로 건강을 관리하고 치료하는 것. 일반의약품, 건강기능식품, 생활습관 개선 등을 통해 능동적으로 자신의 건강을 돌보는 개념

스택(Stack) 여러 종류의 영양제나 보조제를 개인의 목적에 맞게 조합하여 복용하는 방법

2030을 위한 증상별 영양제
(출처: @binoo.2 인스타그램)

디시인사이드 영양제 갤러리의
영양제 스택 관련 게시글
(출처: 디시인사이드 홈페이지)

웰니스 크리에이터의 부상

건강정보의 유통 구조도 변하고 있다. 과거에는 의료진이 점유하던 건강정보 영역에 웰니스 크리에이터가 등장하며 영향력이 점점 커지고 있다. 약사, 트레이너, 영양제 애호가 등 다양한 배경을 가진 이들이 전문지식과 개인 경험을 바탕으로 한 콘텐츠를 제작하여 큰 인기를 끌고 있다. 이들의 영향력은 수치로도 확인된다. 유튜브 채널 약사가 들려주는 약 이야기는 구독자 194만 명을 돌파했으며, 인스타그램에서 활동하는 웰니스 인플루언서 상당수가 수십만 명의 팔로워를 보유하고 있다. 이들이 주목받는 이유는 딱딱한 의학 정보를 친구가 들려주는 이야기처럼 쉽게 풀어내는 데 있다. 복잡한 의학용어 대신 일반인의 눈높이에 맞춘 설명으로 접근하며, '다이소 영양제 정말 살 만한가?' 같은 최신 이슈를 직접 비교·분석하는 콘텐츠가 큰 호응을 얻고 있다. 직장인 점심시간 15분 스트레칭, 야근 후 피로회복 영양제 조합, 대중교통 목 운동 등 구체적인 상황별 건강 팁들이 인기인 이유도 마찬가지다.

웰니스 크리에이터가 기존 의료 정보의 영향력을 넘어서고 있는 이유는 명확하다. 권위적이고 일방적인 정보전달 대신 개인 경험에 기반한 솔직하고 현실적인 조언을 제공하기 때문이다. 특히 젊은층이 선호하는 소통과 개인화된 접근법이 콘텐츠의 핵심 차별화 요소로 작용하고 있다. 다만 이런 현상은 양날의 검이기도 하다. 전문적이고 유용한 정보를 제공하는 경우가 있는 반면, 개인 경험을 일반화하거나 과장된 효과를 내세우는 검증되지 않은 정보가 퍼지는 경우도 있기 때문이다.

약사가 들려주는 약 이야기 유튜브 채널 (출처: 약사가 들려주는 약 이야기 유튜브)

메인 화면　　　　　　　　　'다이소 영양제 정말 살 만한가?' 영상

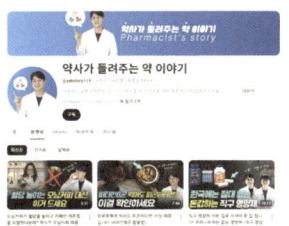

도파민 과잉 시대의 역설: 반도파민 웰니스 추구

젊은층은 그 어느 때보다 많은 자극에 노출되어 있다. 스마트폰 알림, 소셜미디어 피드, 숏폼 콘텐츠 등 끊임없는 도파민 자극이 일상을 지배한다. 하지만 과도한 자극은 결국 피로감을 낳고, 이에 대한 반작용으로 균형 잡힌 헬스케어를 선택하는 경향이 강화되고 있다. 『친절한 트렌드 뒷담화 2025』에서 제시했던 '도파민과의 밀당' 트렌드가 더욱 뚜렷하게 나타나고 있는 것이다. 디지털 환경에 익숙한 Z세대는 건강관리 과정에서 디지털을 적극 활용하면서도, 동시에 디지털 피로감에서 벗어나려는 양가적 모습을 보이며 반(反)도파민 웰니스를 추구하고 있다.

과도한 디지털 기기 노출과 자극적인 생활습관에 대한 피로감이 쌓이면서, 결과 위주의 빡빡한 건강관리가 아닌 과정과 결과 모두 즐거운 건강관리를 선호하게 되었다. 운동 방식에서도 이런 변화가 뚜렷하게 나타난다. 고강도 운동 대신 요가, 필라테스, 걷기 등 정적인 운동을 선호하는 '느리게 운동하기' 트렌드가 부상하고 있다. 이는 운동으로 도파민을 얻기보다는 마음의 안정과 균형을 찾고자 하는 니즈를 반영한다. 독서, 산책, 명상처럼 즉각적인 재미는 없더라도 스트레스 해소를 위해 꾸준히 실천해야 하는 '노잼' 활동도 주목받고 있다.

20대, 노화를 관리하다

저속노화, 젊은층의 트렌드 키워드가 되다

저속노화* 열풍이 심상치 않다. 최근 2년간 월간 소셜 버즈량 추이를 보면, 2023년 9월 33건에 불과하던 것이 2024년 6월 1,000건을 넘어서고, 2025년 2월부터는 1만 건을 돌파하며 급증세를 보이고 있다. 특히 주목할 점은 이 트렌드가 고령자가 아닌 젊은층을 중심으로 확산되고 있다는 것이다. 검색 데이터를 보면 '저속노화'를 검색한 연령대 중 20~30대가 약 58%를 차지해, 40대 이상보다 높은 비중을 기록했다. 정희원 교수가 방송에 출연하며 저속노화 관련 정보를 적극적으로 공유하고 일반인들과 소통하면서, 딱딱한 학술용어가 친근한 대중 트렌드 키워드로 바뀌었다. 덕분에 과거에는 접근하기 어려웠던 의학 정보가 젊은층에게 친숙한 콘텐츠로 다가갈 수 있게 되었고, 온라인 커뮤니티에서는 저속노화 라이프 실천 후기와 식단 레시피가 활발히 공유되며 일시적 유행을 넘어 젊은층의 라이프스타일 트렌드로 자리잡았다.

저속노화는 노화를 거스르려 하기보다는 건강하게 나이들어가는 방법에 집중한다. 기존 안티에이징이 주름 하나라도 덜 생기게 하려는 등 겉모습에 매달렸다면, 저속노화는 신체 기능 자체를 튼튼하게 만드

저속노화(Slow Aging) 노화 속도를 늦추는 생활습관과 관리법을 통해 건강하게 천천히 나이드는 것을 추구하는 웰니스 트렌드

는 데 관심을 둔다. 영양섭취부터 운동, 수면까지 생활 전반의 균형을 통해 내면부터 건강해지는 것이 핵심이다.

20대에게 노화는 먼 미래의 이야기였다. 하지만 지금은 다르다. 이들은 부모세대보다 10~20년 빨리 찾아오는 고속노화에 경각심을 갖고 있다. 만성적인 수면부족, 배달음식 위주의 식단, 끝없는 스트레스, 하루종일 스마트폰을 보는 생활이 노화를 앞당기는 주범으로 지목되고 있다. '고속노화'라는 표현이 소셜미디어에서 밈처럼 퍼진 것도 이런 배경에서다. 단순한 재밋거리가 아니라 현실적인 위기감의 표출인 셈이다. 실제로 스트레스 호르몬 증가, 수면의 질 저하, 가공식품 속 첨가물, 환경오염 등이 복합적으로 작용해 세포 노화를 가속화한다는 연구 결과가 속속 발표되고 있다. 이런 위험들을 인식하게 되면서 건강관리 개념이 완전히 달라졌다. 노화가 어쩔 수 없는 자연스러운 과정에서 지금 당장 챙겨야 할 일로 바뀐 것이다. 20대부터 시작하는 예방적 노화 관리가 선택이 아닌 필수가 되면서, 저속노화는 젊은층의 피할 수 없는 관심사가 되었다.

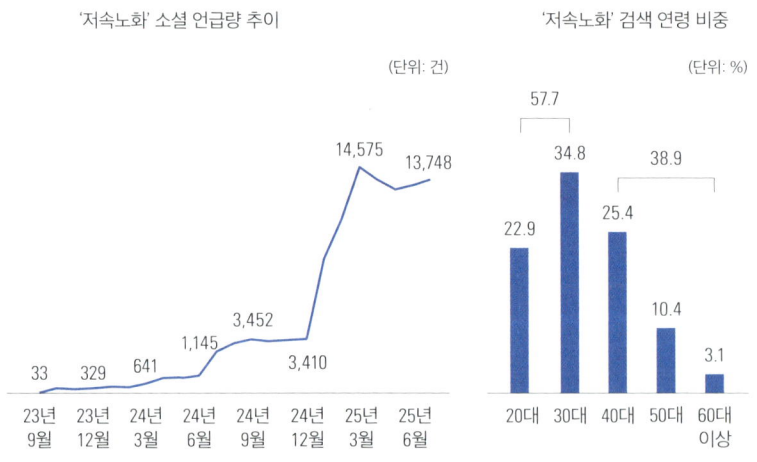

'저속노화' 소셜 버즈량 및 검색 연령 비중 (출처: 이노션 인사이트전략본부)

혈당 스파이크, 밈이 된 건강지표

저속노화와 함께 혈당 스파이크*가 젊은층 사이에서 밈처럼 확산되었다. 식사 후 졸리면 "혈당 스파이크 왔다"라고 하고, 디저트를 먹기 전에는 "혈당 스파이크 각오하고 먹는다"라며 농담을 던진다. 한때 당뇨 환자들만의 관심사였던 혈당 관리가 이제는 일반인의 일상 건강관리로 자리잡았다. 특히 혈당 관리 브이로그(Vlog) 콘텐츠가 큰 인기를 끌고 있다. 유튜브 채널 하말넘많은 혈당 관리를 놀이문화로 만든 대표적 사례다. 연속혈당측정기를 착용하고 음식이 혈당에 미치는 영향을 실시간으로 공개하며, '저속노화&제철코어로 살아본 일주일', '건강루틴 챌린지' 등 혈당 관리를 젊은층의 트렌드에 맞춰 재미있게 소개하는 콘텐츠로 큰 화제를 모았다.

온라인 커뮤니티나 소셜미디어에서도 당뇨병이 없는 건강한 젊은층이 연속혈당측정기를 착용하고 자신의 혈당 패턴을 분석하는 모습을 쉽게 찾아볼 수 있다. 식후 혈당 상승을 억제하는 '애사비(애플 사이다 비니거)'를 챙겨 먹거나, 혈당 급등을 막기 위해 채소-단백질-탄수화

혈당 관리 브이로그
(출처: 하말넘많 유튜브)

저속노화&제철코어로 살아본 일주일
(출처: 하말넘많 유튜브)

혈당 스파이크 식사 후 혈당이 급격히 상승했다가 급격히 하락하는 현상으로, 피로감과 집중력 저하를 유발하며 장기적으로는 당뇨병과 노화를 촉진할 수 있음

물 순으로 섭취하는 '거꾸로 식사법'을 실천하는 이들도 늘고 있다. 이는 젊은 세대가 적게 먹는 다이어트에서 벗어나 건강한 다이어트를 지향하고 있음을 보여준다. 체중감량보다는 장기적인 건강관리가 새로운 목표가 된 셈이다.

저속노화 실천법

저속노화 실천은 거창하지 않다. 단순한 체중감량을 넘어 노화 방지 효과를 기대하며, 고가의 안티에이징 제품보다 일상 속 작은 습관에 주목하는 움직임이 확산되고 있다. 가장 주를 이루는 것은 식단 개선이다. 정제 탄수화물 대신 잡곡밥을 선택하고, 붉은 고기보다는 콩이나 그릭요거트로 단백질을 보충한다. 요리할 때는 올리브유를 사용하고 견과류를 챙겨 먹는다. 카페인 대신 디카페인 커피나 보이차 같은 항산화 음료를 마시거나, 술 대신 논알코올 음료를 선택하는 젊은층도 늘고 있다. 특히 '16:8 간헐적 단식'이 가장 인기 있는 저속노화 방법으로 자리잡았다.

찬물에 몸을 담그는 '콜드 플런지(Cold Plunge)'도 새로운 웰니스 트렌드로 떠올랐다. 염증 감소와 면역력 향상 효과를 기대하며 많은 젊은층이 도전하고 있다. 블랙핑크 제니가 몸과 마음을 리셋하는 법으로 콜드 플런지를 소개하면서 관심이 커졌고, 관련 시설과 체험 프로그램도 확산되고 있다.

업계의 대응

업계에서도 저속노화 트렌드에 발 빠르게 대응하고 있다. 세븐일레븐은 정희원 교수와 협업하여 '저속노화 도시락'을 출시하였다. 이 도시락은 나트륨 함량을 일반 도시락 대비 약 50%까지 줄이며 쉽고 빠르게 건강을 챙길 수 있다는 점에서 큰 호응을 얻었다. 식당 예약 플랫폼 캐치테이블은 '저속노화 외식 가이드'를 선보이며, 채소-단백질-탄수화물 순서의 섭취법과 찜·구이 위주 조리법, 현미·생선·채소 등 건강한 식재료가 포함된 메뉴 선택법을 안내하고 관련 식당을 큐레이션해 소개하고 있다.

세븐일레븐 저속노화 도시락
(출처: 세븐일레븐 홈페이지)

캐치테이블 저속노화 외식 가이드
(출처: 캐치테이블 앱)

올리브영은 '슬로우에이징' 캠페인을 통해 기존 안티에이징 중심에서 벗어나 20~30대 맞춤형 제품과 솔루션을 선보였다. 피부의 시간을 저축하는 '올영은행'이라는 팝업스토어를 운영하며 은행 창구 콘셉트로 구성된 상담 부스에서 전문 직원이 피부 상태를 진단하고 개인 맞춤형 제품을 제안하는 방식으로 소비자들의 호응을 얻었다. 이렇게 편의점, 외식, 뷰티 등 다양한 업종에서 저속노화 제품이 속속 등장하며 업계 전반의 화두로 자리잡았다.

올리브영 슬로우에이징 캠페인
(출처: 올리브영 홈페이지)

Z세대, 데이터로 관리하다

웨어러블 기기의 일상화

웨어러블 기기가 Z세대 일상에 완전히 스며들었다. 하루를 손목의 진동으로 시작해 수면 점수를 확인하고, 출근길에는 심박수를 체크하며, 퇴근 후에는 하루 활동량을 점검한다. 이 모든 것이 작은 손목시계 하나로 가능하다. 젊은층이 웨어러블 기기에 열광하는 이유는 24시간 내 몸의 변화를 실시간으로 확인할 수 있기 때문이다. 단순한 수치 확인을 넘어 개인 맞춤형 인사이트로 자신만의 건강 패턴을 발견할 수 있다는 점이 매력이다.

   웨어러블 기기의 진화도 눈에 띈다. 초기에는 만보계나 심박수 측정기 수준이었다면, 이제는 종합 건강관리 플랫폼으로 발전했다. 애플워치는 심전도와 혈중 산소포화도 측정이 가능하고, 갤럭시 링은 혈압, 수면 품질, 피부 온도 등 다양한 건강 데이터를 측정해 맞춤형 가이드까지 제공한다. 젊은층은 웨어러블 기기를 패션 아이템으로도 활용하며 24시간 착용해 일상의 모든 순간을 기록한다. 특히 게임화된 건강관리 기능이 큰 매력이다. 일일 목표 달성, 친구들과의 경쟁, 연속 기록 달성 등이 게임처럼 구성되어 건강관리를 지속가능한 습관으로 만드는 데 큰 역할을 하고 있다.

데이터로 완성하는 똑똑한 헬스케어

젊은층의 건강관리가 데이터 중심으로 바뀌고 있다. 단순히 "많이 걸어야 한다", "일찍 자야 한다"는 막연한 조언 대신, 구체적인 수치와 개인화된 분석을 바탕으로 관리하는 것이다. 디지털 네이티브 세대의 특성이 건강관리 영역에도 그대로 적용된 결과다. 가장 인기 있는 건강관리 앱을 보면 이런 변화가 더욱 명확해진다. 수면 관리 앱 '슬립 사이클(Sleep Cycle)'은 수면 시간을 기록하는 것을 넘어 수면의 질을 분석하고 개인별 최적의 취침시간을 추천한다. 운동 앱 '나이키 런 클럽(Nike Run Club)'은 개인의 운동 기록과 체력 수준을 분석해 맞춤형 훈련 프로그램을 제공하고, 식단 관리 앱 '마이 피트니스 팔(MyFitnessPal)'은 섭취한 음식의 영양성분을 분석해 부족한 영양소와 과다섭취한 영양소를 한눈에 보여준다. 이런 앱들의 핵심은 철저한 개인화다. 같은 나이, 같은 성별이라도 개인의 활동 패턴, 체력 수준, 건강 목표에 따라 완전히 다른 추천을 받는다.

슬립 사이클 앱
(출처: 애플 앱스토어 홈페이지)

나이키 런 클럽 앱
(출처: 애플 앱스토어 홈페이지)

마이 피트니스 팔 앱
(출처: 애플 앱스토어 홈페이지)

특히 주목할 점은 젊은층의 데이터 활용 능력이다. 이들은 웨어러블 기기에서 수집한 데이터를 다양한 앱과 연동하여 종합적으로 분석한다. 운동량과 수면의 질의 상관관계, 스트레스 지수와 심박수 변이도의 패턴 등을 파악하여 자신만의 헬스케어 방법을 찾아낸다. 이제 셀프케어는 보편적인 루틴이 아니라 나에게 최적화된 루틴을 찾는 방향으로 바뀌고 있다. 이런 변화에 발맞춰 개인 맞춤형 건강 서비스가 성장하고 있다. 대표적인 예가 '눔 코치(Noom Coach)'다. 사용자의 식단·운동·수면 패턴을 종합적으로 분석해 개인 맞춤형 다이어트 솔루션을 제공한다. 앱 내 코치를 통해 매일 작은 목표를 세우고 달성하는 과정에서 성취감을 느낄 수 있게 도와준다. 음식 기록과 운동량, 수면 패턴을 간단히 입력하면 개인에게 맞는 가이드를 제공하고, 이런 데이터가 쌓여 간식을 먹을지 말지, 언제 운동할지 같은 일상의 선택에 명확한 기준을 제시하는 것이 특징으로, 20~30대 사용자들 사이에서 높은 만족도를 보이고 있다.

눔 코치 예시 화면
(출처: 플래텀 홈페이지)

더 나아가, 젊은층 사이에서 유전자 검사가 새로운 자기 탐구 도구로 부상하고 있다. MBTI에 이어 '몸BTI'라는 표현까지 등장할 정도다. 성격유형을 넘어 이제는 유전자 검사로, 몸을 데이터로 분석하고 개인 맞춤형 건강관리에 활용하는 것이다. 젊은층은 마크로젠의 '젠톡' 같은 앱에서 129가지 검사 결과를 받아보고, 근육형 유전자라면 웨이트 트레이닝을, 지구력형이라면 러닝에 집중하는 식으로 운동 방향을 설정한다. 카페인 대사가 느린 유전자를 가진 경우 오후 커피를 피하고, 비타민D 합성 능력이 낮다면 영양제 섭취량을 늘리는 등 유전적 특성에 맞춘 나만의 세밀한 라이프스타일을 설계할 수 있다. 최근에는 갤럭시의 삼성 헬스 서비스와 연계해 일상의 운동·수면 데이터와 젠톡의 유전자 검사 결과를 종합한, 더욱 정교한 맞춤형 건강 가이드를 받을 수 있게 되었다. 하지만 이런 흐름에 우려의 목소리도 나온다. 끊임없이 자신의 몸을 모니터링하고 최적화하려는 압박이 오히려 스트레스가 될 수 있기 때문이다. 웰니스는 완벽함을 추구하는 것이 아니라 더 나은 삶을 위한 도구라는 인식이 중요하다.

삼성 헬스×젠톡 예시 화면
(출처: 바이오타임즈 홈페이지)

젊은층에게 헬스케어는 더이상 억지로 챙겨야 하는 의무가 아니라 즐겁게 파고드는 취미이자 자신을 표현하는 새로운 수단이다. 무엇보다 주목할 만한 변화는 헬스케어의 주체가 완전히 바뀌었다는 점이다. 의료진이 아닌 개인이 중심이 되고, 수동적으로 따라 하는 것이 아니라 능동적으로 선택하고 큐레이션하는 시대가 열렸다. 이들의 건강관리는 철저히 예방 중심이다. 아픈 후에 병원을 찾는 것이 아니라 아프기 전부터 미리 관리하는 것을 당연하게 여긴다. 더 중요한 변화는 건강을 바라보는 관점이다. 예전에는 건강한 삶이 곧 절제하는 삶을 뜻했지만, 지금은 과정 자체가 즐겁고 결과도 만족스러운 건강관리가 대세가 되었다.

이들은 건강 관련 재미있는 영상을 찾아보고, 인기 있는 꿀팁을 실생활에 활용한다. 영양제를 고르고 조합하는 것에서 즐거움을 찾고, 운동 루틴을 연구하고 공유하는 것에서 성취감을 느낀다. 웨어러블 기기의 데이터를 활용해 나만의 건강 패턴을 발견하고 나에게 맞는 최적 루틴을 설계하는 것에서 만족감을 얻는다. 젊은층은 이렇게 헬스케어의 모든 과정에서 즐거움을 찾는다. 결과를 위해 억지로 버티던 건강관리에서 매 순간을 재미있게 즐기는 건강관리로 패러다임이 바뀐 것이다.

건강은 나이들어 챙기는 것이 아니라 젊을 때부터 미리 투자하는 것이라는 인식 속에서 '나 중심 건강관리'의 시대가 시작되고 있다. 자신을 정확히 알고 실천 가능한 재미있는 방법으로 꾸준히 스스로를 관리하는 것, 이것이 바로 젊은층이 만들어가는 새로운 헬스케어의 핵심이다.

소소(小小)소비:

웬만해선 소비를 막을 수 없다

2

몇 해 전만 해도 소비 트렌드는 '욜로(YOLO: You Only Live Once)'가 이끌었다. '한 번뿐인 인생, 아끼지 말고 즐기자'는 분위기가 사회를 휩쓸었다. 그러나 곧 불황과 함께 '요노(YONO: You Only Need One)', '무지출 챌린지'가 등장하면서 절약과 검소가 미덕처럼 회자됐다. 돈을 쓰지 않는 것 자체가 트렌드가 되었고, 지출을 줄이는 게 곧 똑똑한 소비로 여겨졌다.

그런데 요즘 분위기는 또 다르다. 경제 저성장의 우려 속에서도 소비심리는 활성화되고 있다. 2025년 상반기 국제선 항공편 탑승객은 역대 최대치를 기록했고, 각종 공연·전시·행사 역시 관람객 수치가 코로나19 이전 수준으로 회복했다. 통계청에 따르면, 2025년 7월 온라인 쇼핑 거래액은 23조 335억 원으로 사상 최고치를 기록했다. 온라인과 오프라인 구분 없이 소비가 빠르게 늘어나고 있다.

경제는 어렵다는데, 사람들은 왜 이렇게 다시 지갑을 열고 있을까? 불황 속 소비 패턴은 단순히 '쓴다 vs 아낀다'로 설명되지 않는다. 중요한 건 '무엇에 어떻게 쓰느냐'다. 소비자는 지출을 참고 버티는 것을 더이상 똑똑하다고 여기지 않는다. 가치 있고 만족감을 주는 지점에 집중적으로 돈을 쓰며 새로운 방향으로 나아가고 있다. 지금 우리 사회의 소비 풍경은 그 어느 때보다 다채롭고, 동시에 보다 합리적으로 진화하고 있다.

©Dieter de Vroomen, Unsplash

다시 움트기 시작한 소비심리

데이터가 알려주는 회복세

소비시장의 회복세는 지표로도 확인된다. 한국은행 「소비자동향조사」에 따르면, 2025년 7월 소비자심리지수(CCSI)는 110.8로 전월 대비 2.1포인트 상승하며 2021년 이후 최고치를 기록했다. 이 지수는 100을 기준으로 그 이상이면 소비자가 경기와 시장을 낙관적으로 본다고 해석하는데, 최고치 기록은 그만큼 소비심리가 강하게 살아났다는 의미다. 특히 불과 2024년 말 88.4까지 하락했던 점을 고려하면, 짧은 기간에 눈에 띄는 반등을 이룬 셈이다.

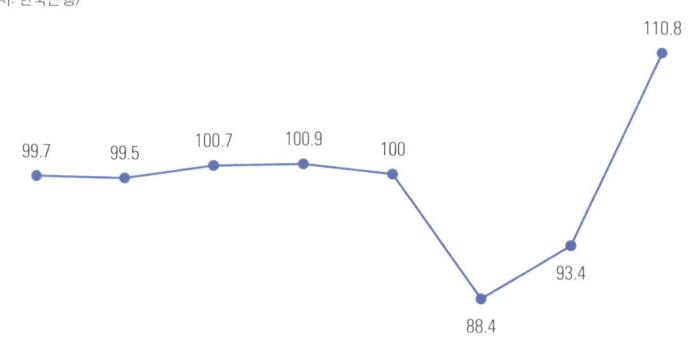

최근 3개년 한국 소비자심리지수
(출처: 한국은행)

정작 소비자들이 실제 체감하는 물가 부담은 증가하고 있다. 식품·외식업계에서는 원자재, 인건비, 임대료 상승 등을 이유로 가격을 인상하는 추세다. 또한, 통계청의 2025년 7월 식료품 및 비주류 음료 물가지수는 전년 같은 달 대비 3.5% 상승하며 2024년 7월 이후 1년 만에 가장 높은 수치를 보였다. 소비자가 체감하는 물가가 지속적으로 상승하는 상황에서 소비 회복세를 보이는 것은 주목할 만한 점이다.

물가 부담이 존재하는 상황에서도 소비심리가 회복되고 있다는 사실은, 소비자가 단순히 지출을 멈추는 대신 '필요한 상황에서는 충분히 소비하겠다'는 태도로 전환했음을 보여준다. 불황이 소비를 위축시키는 것이 아니라, 오히려 소비 방식을 더 똑똑하고 선별적으로 진화시키는 계기가 된 셈이다.

소비가 다시 활성화된 이유

소비자의 태도 변화는 경험을 중시하는 흐름에서 출발한다. 코로나19를 거치며 억눌렸던 외부 활동과 문화 향유 욕구가 폭발적으로 분출되면서, 사람들은 단순히 물건을 사는 것이 아니라 기억과 체험을 남기는 소비를 원하게 되었다. 여행, 공연, 전시, 취미활동은 '지출'이 아니라 '삶의 필수 요소'로 인식되고 있으며, 이는 MZ세대를 중심으로 더욱 뚜렷하게 나타난다. MZ세대에게 경험은 스스로를 표현하는 방식이자 사회와 연결하는 매개체로 기능한다. 그 때문에 불황 속에서도 경험이라는 이름의 소비는 줄어들기보다 강한 수요를 형성하고 있다.

이러한 경험 소비는 무조건적인 소비와는 다른 '실속'을 추구하는 방향으로 나아가고 있다. 불안정한 경제 상황과 물가상승을 실감하는 소비자들은 가치 있는 것을 선별하여 소비하고 있다. 이는 YONO, 무지출 챌린지처럼 지출을 줄이는 절약과는 다르다. 꼭 필요한 경험이나 자기만족을 충족시키는 부분에는 지갑을 열되, 불필요한 영역에서는 소비를 과감히 줄인다. 실제로 패션 플랫폼 '지그재그'에 따르면 2025년 1월 '시즌오프' 키워드 검색량이 전년 동기 대비 18배 이상 증가했다. 겨울 의류처럼 가격대가 높은 품목을 합리적인 조건에 구매하려는 수요가 늘어난 것으로, 가격 대비 효용과 만족이 소비의 핵심 기준이 되었음을 보여준다.

　결국 오늘날 소비는 경험과 실속이 서로 충돌하는 것이 아니라, 상호보완적으로 작동한다. 경험은 여전히 소비의 핵심 동기이지만, 실속이라는 기준이 추가되면서 소비는 더욱 전략적이고 합리적인 방식으로 진화하고 있다.

시즌오프 키워드 검색량이 급증한 지그재그
(출처: 지그재그)

불황 속 소비를 확장시키는 힘

한층 더 신중해진 소비가 활기를 되찾게 된 배경에는 사회적 인정욕구와 경험을 나누며 얻는 소속감이 있다. 오늘날 소비 경험은 개인적 차원에 머무르지 않는다. 소셜미디어에 기록되고 공유되는 순간, 단순한 개인의 선택을 넘어 타인과 연결되는 사회적 교류가 된다. 소비가 혼자 즐기는 행위에서 벗어나, 타인과 연결되는 즐거움으로 확장되고 있는 것이다.

무언가를 경험하고 이를 인증하는 행위는 '좋아요'와 댓글을 통해 즉각적인 반응을 얻는다. 특히 MZ세대는 소셜미디어 활용률이 높고 참여에도 적극적이어서, 경험을 공유하는 과정에서 더 큰 만족과 사회적 보상을 얻는다. 단순히 개인의 즐거움이 아니라, 타인에게 인정받는 것이 다음 소비를 자극하는 강력한 동기로 작동하는 것이다.

소셜미디어와 함께 커뮤니티는 참여와 놀이의 장으로 기능한다. 한때 유행했던 무지출 챌린지가 절약 실천을 넘어서 인증 놀이가 된 것처럼, 지금의 소비 역시 공유 과정에서 재미와 결속을 낳는다. 같은 경험을 한 사람들이 온라인에서 연결되고, 후기를 나누며, 새로운 참여를 이끌어낸다. 그 과정에서 소비는 단순한 경제활동을 넘어 함께 즐기는 문화활동으로 자리잡는다.

결국 소셜미디어와 커뮤니티는 소비를 단순히 '경험하는 것'에서 멈추지 않고, 경험을 공유하고 해석하는 과정으로 확장시킨다. 소비자는 이 과정에서 더 큰 만족과 가치를 얻고, 그것이 다시 소비를 이어가는 원동력이 된다. 바로 이 지점이 불황에도 소비가 멈추지 않고 되레 활기를 띠는 중요한 이유다.

불황에 더욱 주목받는 소비 트렌드

대체가 아닌 대세가 된 듀프

'듀프(Dupe)'는 'Duplication'의 줄임말로, 브랜드 로고부터 모든 것을 복제하는 가품과 달리 외형적인 디자인이나 기능은 유사하지만 가격은 현저히 저렴한 제품을 의미한다. 국내에서는 '○○맛', '저렴이'라는 표현으로 더 익숙하다. 일본의 가방 브랜드 '포터(POTER)'와 디자인은 유사하지만 10분의 1도 안 되는 가격으로 화제가 되었던 유니클로 숄더백이 대표적인 사례다.

또한 리빙 브랜드 다이소도 듀프 제품으로 소비자들의 지지를 얻고 있다. 대표 사례가 다이소 색조 화장품 '아티 스프레드 컬러 밤'이다. 이 제품은 명품 브랜드 샤넬의 '립 앤 치크 밤'과 기능이 비슷하다고 알려졌지만, 가격은 20분의 1도 안 되는 수준이다. 저렴한 가격 대비 탁월

유니클로 숄더백 (출처: 유니클로 홈페이지)

포터 숄더백 (출처: 포터 홈페이지)

한 기능성으로 소셜미디어에서 큰 화제를 모았고, 실제로 품귀현상까지 이어졌다. 이 외에도 조 말론, 디올 등 고가의 브랜드와 유사한 향을 내는 향수, 올리브영 유명 브랜드와 비슷한 스킨케어 제품까지 다양한 뷰티 제품을 출시했다. 다이소는 2024년 뷰티 카테고리 매출액이 전년 대비 144% 상승했다고 밝혔다.

다이소가 MZ세대 사이에서 첫 향수 브랜드, 첫 화장품 브랜드와 같이 뷰티 입문 플랫폼으로 자리를 잡자, 유통업계에서도 다양한 전략을 구사하고 있다. 편의점 브랜드 GS25는 10~20대를 공략한 화장품 라인 '손앤박 하티(HATTY)'를 론칭하였고, 세븐일레븐 또한 3,000~4,000원대 선크림, 세럼 등 뷰티 제품을 선보였다. 한정된 예산 안에서 다양한 경험을 추구하는 MZ세대를 공략하기 위해 듀프 제품을 앞세우는 것이다. 듀프 소비는 결국 합리성과 경험을 동시에 추구하는 세대의 태도를 반영하며, 불황 속에서도 소비를 멈추지 않게 하는 원동력이 되고 있다.

다이소와 샤넬 비교 콘텐츠
(출처: 회사원A 유튜브)

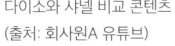

GS25에서 론칭한 손앤박 하티
(출처: 손앤박 인스타그램)

소분 모임이라는 커뮤니티

'소분 모임'은 말 그대로 대용량으로 판매되는 상품을 여럿이 함께 구매한 뒤 필요한 만큼 나누는 소비 방식을 의미한다. 과거에는 가족 단위나 지인들끼리 자연스럽게 하던 방식이었지만, 최근에는 1~2인 가구의 급증과 온라인 커뮤니티의 발달로 일면식 없는 사람들끼리 모여 운영되는 형태로 진화하고 있다.

통계청에 따르면 2024년 하반기 기준 국내 1인 가구는 통계 작성 이래 최초로 800만을 넘어섰다. 혼자 혹은 소규모 가구로 살다보니 대용량 제품을 구매하는 것도 부담스럽고, 구매하더라도 다 쓰지 못하고 버리는 일이 잦아졌다. 이런 배경 속에서 '많은 양을 싸게 사서 버리기' 대신 '같이 사서 필요한 만큼 나누기'를 택하는 소비 문화가 등장했다. 코스트코나 이마트 트레이더스 같은 대용량 창고형 마트에서 저렴한 가격에 물건을 사고 나누는 방식이다.

이러한 소비 문화는 커뮤니티가 만들었다고 해도 과언이 아니다. 대표적인 플랫폼은 '당근'이다. 지역에 기반을 둔 서비스 특성상 소분 모임이 활발하게 이루어지고 있다. 당근이 분석한 자료에 따르면 2025년 상반기 신규 소분 모임 수는 전년 동기 대비 411% 증가했다. 소분 모임에 처음 참여하는 사람들은 어색해하지만, 필요한 만큼 구매하고 바로 정산하고 헤어지는 방식이 오히려 편하다는 의견이 지배적이다. 2025년 6월 기준 소분 모임은 2022년 말 대비 약 21배 증가하며 확산되는 모습이다.

연도별 1인 가구 수
(출처: 통계청)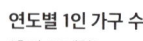

(단위: 만 가구)

비슷한 생활 패턴을 공유하는 사람들이 모이는 만큼 소분 모임은 소셜 네트워크의 장으로 확장되기도 한다. 참여자들은 합리적인 가격에 효율적인 소비를 하면서 동시에 지역에서의 소속감과 새로운 연결까지 얻는 셈이다. 소분 모임이 매력적인 이유는 혼자 감당하기 어려운 대용량 제품을 효율적으로 나눌 수 있다는 실용성과 더불어 다양한 제품을 조금씩 경험해볼 수 있는 즐거움을 모두 충족시켜주기 때문이다. 예를 들어 대용량 식료품부터 시리얼, 스킨케어 제품까지 혼자 쓰기에는 부담스러운 품목을 나누어 효율을 챙기고, 새로운 제품을 사용하며 경험의 즐거움까지 추구할 수 있다.

소분 모임은 고물가 시대의 합리적인 소비 방식으로 자리잡으며 새로운 커뮤니티 문화로 번져가고 있다. 버려지는 물건을 줄인다는 측면에서 가치소비의 성격도 포함하고 있기 때문에 앞으로도 지속될 가능성이 크다.

당근 앱에서 소분 모임을 검색한 화면 (출처: 당근 앱)

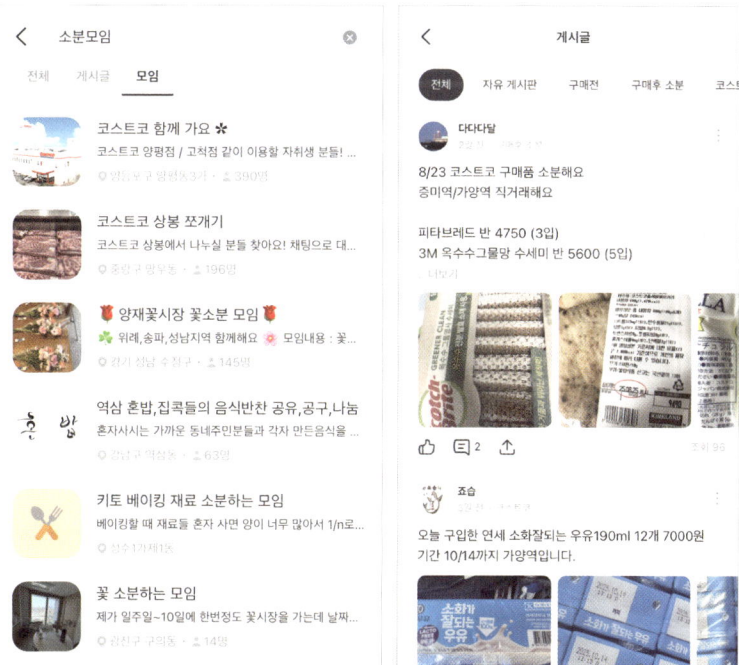

소비의 기준이 된 '1인분'

1인 가구가 꾸준히 증가하고 개인화된 소비가 일상화되면서, 기업들은 대용량 중심의 상품이 아닌 혼자서도 충분히 즐길 수 있는 크기와 가격대에 맞춰 상품과 서비스를 재편하고 있다. 대표적인 사례가 배달의민족의 '한그릇' 카테고리다. 최소 주문 금액 때문에 원하는 가게를 이용하지 못하던 1인 가구의 불편을 해소하기 위해 5,000원~1만 2,000원대의 1인분 메뉴만 등록 가능한 전용 카테고리를 신설한 것이다. 한그릇 카테고리 신설 후 70여 일 만에 누적 이용자 100만 명을 돌파하며, 1인 소비자 시장의 잠재력을 입증했다.

식품 유통업계도 빠르게 대응하고 있다. 대형 마트에서는 혼자 먹기 적당한 미니 수박 물량을 확대하는가 하면, 커팅 수박을 출시하여 1인

배달의민족 한그릇 캠페인 (출처: 이노션)

소비자를 겨냥하고 있다. 편의점 역시 '순살 수박', '미니 애플수박' 같은 소형 과일 상품을 출시하며 평소 과일을 챙겨 먹지 못하는 1인 가구 소비자를 공략하고 있다.

외식 및 디저트 시장에서는 컵 메뉴 열풍이 이어지고 있다. 빙수나 육회처럼 혼자 먹기 어려운 다인용 메뉴가 컵 단위로 소용량화되면서, 소비자들은 혼자서도 다양하게, 합리적으로 경험할 수 있게 되었다. 메가커피에서 출시한 '팥빙 젤라또 파르페'는 소셜미디어상에서 1인분으로 먹기에 충분한 양에 저렴한 가격으로 입소문이 나며 전국 매장에 품귀현상이 일어나기도 했다.

1인분 소비는 나만을 위한 소비를 전제로 하며 혼자서도 충분히 경험을 누리고 싶은 욕구를 반영한다. '1인분'이라는 기준은 합리성과 경험을 동시에 충족시키는 방식으로 자리잡으며, 유통과 외식 산업 전반의 기준을 바꾸는 축이 되고 있다.

메가커피 팥빙 젤라또 파르페
(출처: 메가커피 홈페이지)

컵물육회
(출처: 육회바른연어 홈페이지)

바뀐 소비 패턴이 가져온 기회와 의미

변화를 기회로 삼은 기업들

소비 기준이 바뀌면서 가장 빠르게 반응한 것은 기업이다. 변화하는 소비 트렌드는 기업에 새로운 시장을 열어주는 기회로 작동하고 있다.

우선, 저가 라인업을 전략적으로 강화하는 브랜드가 늘고 있다. 경기 불황과 고물가 시대에 소비자는 명품 대신 합리적인 대안을 찾는다. 이에 따라 주요 뷰티 기업들은 별도의 저가 브랜드를 론칭하며 적극 대응하고 있다. 아모레퍼시픽은 합리적인 가격대의 스킨케어 브랜드 '미모 바이 마몽드'를 선보였고, LG생활건강은 5,000원대 데일리 뷰티 라인을 출시했다. 다른 대기업 또한 소비자의 듀프 심리를 겨냥해 저렴하면서도 효용이 충분한 브랜드라는 이미지를 갖춰 시장 경쟁력을 강화하고 있다.

듀프 자체를 정체성으로 삼는 브랜드 역시 등장했다. 면도기 브랜드 '와이즐리'는 "과도하게 비싼 가격 구조를 깨겠다"라는 메시지로 시작해, 합리적인 가격과 품질을 무기로 입지를 빠르게 굳혔다. 면도기를 시작으로 스킨케어, 영양제, 전자제품까지 다양한 카테고리의 제품을 합리적인 가격에 선보이고 있다. 소비자는 와이즐리를 단순히 저렴한 대체재가 아니라, '현명한 소비자의 선택'을 상징하는 브랜드로 인식한다. 이는 듀프 소비가 브랜드에 단순히 위협이 아니라, 오히려 새로운 브랜드 포지셔닝 기회가 될 수 있음을 보여준다.

  1인 가구와 소분 소비를 겨냥한 소용량 전략이 유통 전반으로 확산되고 있다. 2025년 4월 도미노피자는 혼자서도 즐길 수 있는 1인 피자 '썹자'를 출시했다. 당초 야구장 특화 메뉴로 개발하였으나 인기에 힘

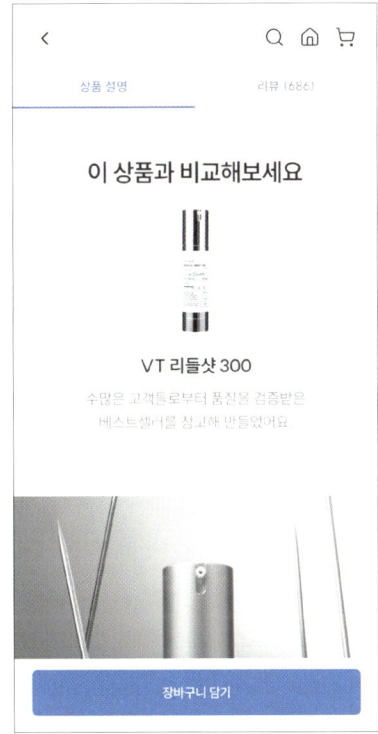 

와이즐리 검색 결과 (출처: 와이즐리 앱)

입어 6월 전국 매장으로 판매점을 확대했다. 또한 맥시칸치킨은 GS25와 협업하여 1인분 치킨을 출시했다. 3,000원대 1인분 치킨으로 가격 부담을 줄이고, 전국 GS25 매장에서 판매하여 접근성을 높였다. 한 판, 한 마리 등 오랫동안 정해진 기준으로 판매하던 외식업체들이 소비자의 라이프스타일과 니즈에 적극적으로 대응하는 모습이다.

    이러한 변화는 기업에 두 가지 기회를 동시에 안겨준다. 하나는 새로운 수요층의 창출이다. 합리성과 경험을 동시에 중시하는 MZ세대 소비자에게 맞춤형 제품을 제공함으로써 브랜드 충성도를 쌓을 수 있다. 또다른 하나는 브랜드 이미지 전환이다. 불황에도 소비자에게 필요한 가치를 제공하는 브랜드로 자리매김하면, 단기적 매출뿐 아니라 장기적 신뢰까지 확보할 수 있다. 결국 기업이 얼마나 민첩하게 소비 기준의 변화를 읽고 대응하느냐가 새로운 성장의 열쇠가 되고 있다.

도미노피자의 썸자
(출처: 도미노피자 유튜브)

소비 문화의 재편

소분 모임, 1인분 소비, 듀프 소비는 각기 다른 모습이지만 공통적으로 오늘날 소비자의 새로운 태도를 드러낸다. 소분 모임은 혼자 감당하기 어려운 대용량을 나누며 효율성을 확보하는 동시에 다양한 제품을 조금씩 경험할 수 있는 기회를 제공한다. 1인분 소비는 혼자서도 작은 사치를 누리며 충분한 만족감을 얻을 수 있게 하고, 듀프 소비는 합리적인 가격으로도 현명한 선택을 했다는 자부심을 안겨준다. 세 가지 방식은 모두 불황 속에서도 소비가 멈추지 않고, 오히려 진화하고 있음을 보여주는 사례다.

   이러한 흐름은 단순한 일시적 대응이 아니라, 소비 문화가 재편되는 과정으로 읽힌다. 소비는 가격 대비 효용과 만족을 중시하는 가치소비로 자리잡았다. 필요 없는 영역의 지출은 줄이되, 자신에게 확실한 만족을 주는 경험에는 아낌없이 투자하는 태도가 뚜렷하다. 즉, 소비자는 단순히 아끼거나 쓰는 선택을 넘어, 무엇에 어떻게 쓸지를 전략적으로 판단하며 더 합리적인 기준을 만들어가고 있다.

   이 변화는 공동체의식과 개인화가 공존하는 새로운 소비 풍경을 보여준다. 소분 모임처럼 서로 나누며 비용을 절약하는 문화와 1인분 소비처럼 자신을 위한 맞춤 소비가 동시에 확산된다. 서로 상반돼 보이는 두 흐름은 결국 자신에게 맞는 실속과 만족을 찾는다는 공통된 가치관 위에 존재한다. 이는 불황 속에서도 소비가 살아 움직이는 이유이자, 기업과 사회가 주목해야 할 새로운 생활양식이다.

불황 속에서도 소비는 멈추지 않았다. 다만 방식이 달라졌을 뿐이다. 듀프 소비, 소분 모임, 1인분 경제로 이어지는 흐름은 소비자들이 무조건 소비를 줄이는 대신, 합리성과 경험을 동시에 추구하는 전략적 소비로 전환했음을 보여준다. 여럿이 함께 나누며 실속을 챙기거나, 오롯이 나만의 만족을 누리는 방식, 그 과정에서 소속감을 느끼는 모습까지 결국은 자신에게 맞는 가치를 찾아내는 과정이다.

이러한 변화는 기업에도 분명한 시그널을 준다. 단순히 가격만 낮추는 전략이 아니라, 변화하는 생활방식과 가치관에 맞춘 정교한 대응이 요구된다. 소비자가 무엇을 중요하게 여기는지 읽어내는 역량이 기업의 생존과 직결되는 시대가 된 것이다. 과감한 전략과 빠른 실행으로 입지를 다진 여러 사례들처럼, 새로운 소비 기준에 얼마나 유연하게 대응하느냐가 앞으로의 기업경쟁력을 좌우하게 될 것이다.

이러한 흐름은 경제를 넘어 생활 전반으로까지 스며들고 있다. 합리성과 경험을 중시하는 태도는 사회 전반의 소비 문화를 조금씩 바꾸고, 브랜드와 공동체가 무엇을 제공해야 하는지에 대한 기준까지 새롭게 제시한다. 경제 위기라는 상황에서 등장한 이 변화는 이제 일상의 습관으로 자리잡으며 우리 사회의 소비 풍경을 한층 다채롭고 성숙하게 할 것이다. 불황이 남긴 가장 큰 유산은 바로 '더 현명하게 소비하는 습관'이며, 이는 장기적으로 우리 사회를 움직이는 또다른 동력이 될 것이다.

> **소비자**는 단순히 아끼거나 쓰는 선택을 넘어,
> **무엇에 어떻게 쓸지**를 **전략적**으로 **판단**하며
> 더 합리적인 기준을 만들어가고 있다.

4989 RE:conomy :

중고의 재발견

요즘 주위에서 중고거래하는 사람들을 쉽게 찾아볼 수 있다. 새 스마트폰을 들이면 직전 모델을 되팔고, 한정판 스니커즈는 착용 후 시세가 맞으면 다시 내놓는다. 계절이 바뀌면 옷장을 정리하고, 게임기·태블릿PC·캠핑용품은 온라인에서 빠르게 손바뀜된다. 콘서트 굿즈와 포토카드도 행사 직후 가격이 형성돼 매매가 활발하다.

리커머스는 개인 간 거래뿐 아니라 기업형 리셀, 리퍼브*·바이백*·트레이드인*을 포괄하는 재유통으로, 중고거래 플랫폼과 기존 유통 기업들의 참여가 늘어나면서 시장이 점점 커지고 있는 추세다. 이러한 성장은 물가 상승, 1인 가구 증가로 인한 작은 주거, 빠른 유행 주기 같은 환경요인에 더해 사용 기간과 회수 가능 가치를 함께 따지는 합리적 판단이 그 원인으로 보인다. 소유의 부담을 줄이고 필요할 때 들였다가 필요 없을 때 보내는 루틴이 자리잡으면서, 정리와 보관의 시간 비용을 줄이고 자원 절약을 중시하는 가치관도 영향을 끼쳤다.

온라인 플랫폼이 정확한 상태 서술과 가격 표준화로 불확실성을 낮추고 구성품과 하자 표기 같은 규칙을 보편화하고, 대형 유통은 리퍼브·바이백으로 신품 구매와 회수를 한 동선에서 처리하며, 커뮤니티는 동네 평판과 약속 장소 등 안전장치를 통해 거래 질서를 보완한다. 동네 직거래와 택배 거래가 병행되며 접근성은 높아졌고, 탐색·정보·심리 비용이 낮아지면서 리커머스의 범위는 점차 넓어지는 중이다.

출처: 당근 홈페이지

리퍼브(Refurb) 반품·전시·미세 흠집 등의 제품을 점검·재정비해 재판매하는 방식
바이백(Buyback) 사용하던 상품을 판매사가 일정 기준으로 되사서 다시 유통하는 제도
트레이드인(Trade-in) 보유 제품 반납 후 차감 혜택을 받아 새 상품을 구입하는 보상 판매

리커머스 시장의 성장

리커머스 시장의 성장세

요즘 '리커머스(Re-commerce)'라는 말을 자주 본다. 리커머스는 '리버스 커머스(Reverse Commerce)'의 줄임말로, 구입한 물건을 다시 시장으로 돌려보내는 재유통 전반을 뜻한다. 국내에서 리커머스는 보조 선택지를 넘어 핵심 유통시장으로 커졌다. 한국인터넷진흥원에 따르면, 국내 중고거래 시장은 2008년 4조 원 규모였으나, 2021년 24조 원을 지나 2024년 35조 원을 넘어섰고, 2025년에는 43조 원에 이를 것이라 전망했다.

국내 중고거래 시장 규모
(출처: 한국인터넷진흥원) (단위: 원)

중고거래 시장의 가파른 성장세에 최근에는 전문 중고거래 플랫폼이 아니더라도 신품과 중고·리퍼브가 한 화면에서 병렬로 노출되는 경우가 늘었다. 네이버 쇼핑은 동일 모델의 새 상품과 중고를 함께 보여주고 '리셀(Resell)' 필터를 제공하며, 쿠팡은 신상품과 리퍼브·중고 표기 상품을 함께 노출하고 '반품마켓' 기획전을 통해 오픈박스·반품 상품을 묶어 보여준다. '크림(KREAM)'과 같은 취향형 플랫폼은 발매가·즉시 구매가·최근 거래가를 제시해 가격 정보의 투명성을 높였고, 이는 거래 저항을 낮추는 장치로 작용했다.

또한 오프라인 접점의 역할도 적지 않다. 온라인 중고거래 플랫폼들이 소비자가 상품을 실제로 확인할 수 있는 매장이나 팝업스토어 등을 운영함으로써 소비자의 불안을 줄이고 가성비 좋은 쇼핑의 재미를 느끼게 했기 때문이다.

리커머스 시장의 성장 배경

리커머스가 대세로 자리잡은 배경은 크게 세 가지로 정리된다.

첫째, 경제적 요인이다. 물가는 높고 소득 변동성은 커졌다. 이럴 때 소비의 기준은 '가격'에서 '총소유 비용'*으로 이동한다. 가격은 물건을 획득하는 비용에서 끝나는 것이 아니라 사용 기간의 효용과 되팔기 가능성까지 함께 계산된다. 집의 수납 부담도 줄인다. 계절이 바뀌면 보내고, 다음 필요에 맞춰 들이는 순환은 관리 비용을 낮춘다. 불필요한 보관·관리·수선에 쓰는 시간은 숨은 지출이다. 주거 면적이 작을수록 물건 한 개의 기회비용은 커지고, 급변하는 일상에서는 '언제든 되돌

총소유비용(Total Cost of Ownership, TCO) 구매부터 사용·보관·수선·처분까지 발생하는 모든 비용

릴 수 있는 선택'이 안전하다. 리커머스는 시출과 공간과 더불어 시간을 절약해 총효용을 높이는 방법으로 주목받았다.

둘째, 심리적 요인이다. 사람은 동일한 금액이라도 얻는 기쁨보다 잃는 아쉬움을 더 크게 느낀다. 이를 '손실 회피 성향'이라 한다. 중고 판매 예상 가격, 시세 그래프, 상태 등급 같은 정보가 미리 보이면, 혹시 손해 볼지도 모른다는 막연한 걱정이 관리 가능한 위험으로 바뀐다. 가격은 지불해야 하는 숫자가 아니라 사용 후 회수액을 뺀 순비용으로 읽힌다. 새로운 취향을 시험해보고 싶을 때도 부담이 줄어든다. 유행 주기가 짧아진 환경에서는 소유로 고정되는 순간이 오히려 주저하게 되는 이유가 되곤 한다. 리커머스는 '잠깐 써보고 보내는' 선택지를 제공해 실험 비용을 낮추고, 잘못 고를 수 있다는 우려를 완화한다. 심리학에서 말하는 '소유효과'*도 '언제든 처분할 수 있다'는 전제로 완화된다. 과도한 애착이 줄어들고 사용 경험 자체에 가치를 두게 된다. 이때는 보유 기간과 무관하게 충분한 만족을 얻을 수 있다. 필요가 끝나면 자연스럽게 순환시키는 흐름이 유지되고, 정리에서 오는 개운함이 더해져 생활 전반의 통제감이 높아진다.

마지막으로 가치관의 변화다. MZ세대는 소유의 무게는 가볍게, 경험의 밀도는 높게 가져가려는 경향이 뚜렷하다. 특정 순간에 필요한 기능과 감정만 취하고 맞지 않으면 바로 떠나보낸다. 중요한 것은 신품 여부가 아니라 '나와 맞는가의 여부'다. 따라서 중고·리퍼브·공유·수선은 이제 절약의 수단을 넘어 취향을 안전하게 시험해보는 장치로 받아들여진다. 동시에 소비자의 환경·윤리에 대한 가치관도 선택에 명확히 작동한다. 새 제품 생산·폐기로 생기는 부담을 줄이고, 제품 수명을 늘리고, 공정한 생산·유통을 지지하려는 의도가 구매 판단에 반영되는

소유효과 소유한 물건의 가치를 실제보다 높게 평가하는 경향

것이다. 낭비하지 않으려는 태도는 습관이 되었고, 특정 브랜드·모델에 고정되지 않고 적절한 대안을 받아들이는 '대체 가능성'에 대한 수용도도 높아졌다.

중고품을 구매하는 다섯 가지 주요 이유
(출처: 이베이, 「2024 Recommerce Report」)

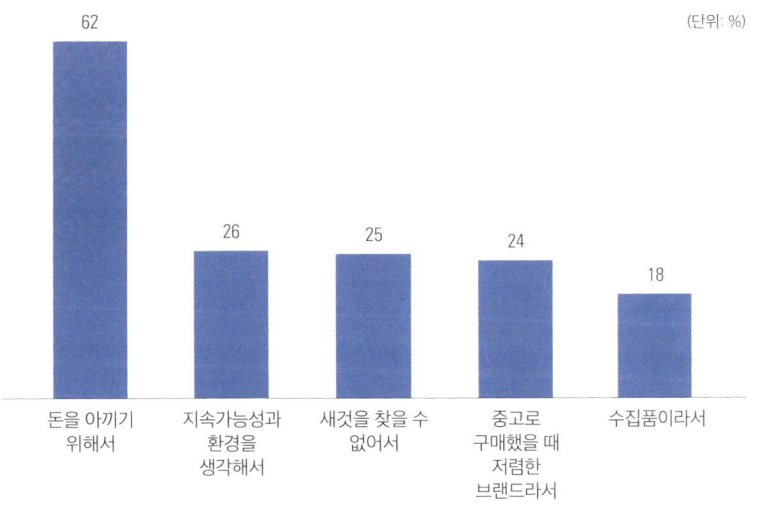

(단위: %)

- 돈을 아끼기 위해서: 62
- 지속가능성과 환경을 생각해서: 26
- 새것을 찾을 수 없어서: 25
- 중고로 구매했을 때 저렴한 브랜드라서: 24
- 수집품이라서: 18

리커머스 시장 현황

영역을 확장해가는 중고 전문 플랫폼

하이퍼 로컬* 커뮤니티를 기반으로 근거리의 신뢰와 속도를 앞세우는 '당근'은 리커머스 시장의 성장을 견인했다 해도 과언이 아니다. 당근은 2010년대 판교 테크노밸리의 직장인들을 대상으로 하던 '판교장터'에서 출발한 브랜드로, 내 주변 사람들과의 믿을 만한 거래가 비즈니스의 출발이었다. 동네인증, 픽업 중심의 직거래, 현금과 계좌번호 없이 채팅방에서 바로 송금할 수 있는 당근페이 등이 결합되며, 당근은 2025년 3월 기준 누적 가입자 4,300만 명, MAU(월간활성이용자수) 2,000만의 압도적인 1위 플랫폼으로 자리매김하고 있다.

당근의 동네 거래 UI
(출처: 당근 앱스토어)

하이퍼 로컬(Hyper Local) 거주지 인근의 좁은 생활권을 중심으로 하는 서비스

2023년 8월 '당근마켓'에서 '당근'으로 서비스명을 변경한 이후 동네 알바, 일상생활 관련 글, 동네 정보, 지역상권 정보 등 지역사회 내 다양한 정보와 이슈를 공유하고 연결하는 지역생활 플랫폼으로 점차 영향력을 확대하고 있다.

취향과 희소성 있는 상품 중심의 중고거래 플랫폼이라고 알려진 '번개장터'는 온라인 시세 탐색과 오프라인 체험을 잇는 방식으로 시장을 넓히고 있다. 2021년 중고거래 플랫폼 최초로 여의도 더현대 서울에 '브그즈트 랩(BGZT LAB)'을 오픈하여 흥행에 성공한 이후, 스타필드 코엑스몰 브그즈트 랩 2호점과 명품 편집숍 '브그즈트 컬렉션(BGZT Collection)'을 추가로 오픈해 소비자와의 접점을 확대했다. 3년여의 팝업 형태로 운영 예정이었던 1호점은 누적 방문객 133만 명을 기록한 후 2024년 2월 영업을 마무리하였지만, 명품을 판매하는 브그즈트 컬렉션은 여느 명품 스토어 못지않은 인테리어와 최상급 상품, 프라이빗한 VIP룸에서의 매입 등의 서비스로 럭셔리 고객들의 마음을 사로잡고 있다. 2025년 5월에는 하루 동안 브그즈트 컬렉션에서 배우 엄지원, 차정원, 최수영이 참여하는 '무해한 옷장정리' 팝업 이벤트를 개최해 소비자들의 많은 관심과 참여를 이끌어내기도 했다.

번개장터의 명품 편집숍인 브그즈트 컬렉션의 드레스룸
(출처: 번개장터)

무해한 옷장정리 팝업 이벤트
(출처: 번개장터 홈페이지)

번개장터는 이러한 오프라인 공간 이외에도 '번개 플리마켓 페스티벌'을 운영하여 젊은 세대에게 많은 사랑을 받고 있나. 2023년 성수에서 처음 시작하여, 2024년 광화문에 이어 2025년에는 노들섬에서 열린 이 페스티벌에는 120팀의 셀러와 아티스트, F&B가 참여하여 지속가능한 소비에 대한 관심을 높였다.

그뿐 아니라 국경 없는 중고거래를 표방하며 해외로도 영역을 확장하고 있다. 2024년 일본 최대 중고거래 플랫폼 '메루카리'와 단독 파트너십, 2025년에는 일본의 대표적인 빈티지 편집 매장 '래그태그(RAGTAG)' 입점 등 국내에서도 일본 현지 상품을 손쉽게 구입할 수 있도록 하였으며, 글로벌 전자상거래 플랫폼인 이베이(eBay)와도 제휴를 맺으면서 점차 글로벌 시장에서의 비즈니스 기회를 넓히고 있다. 번개장터의 핵심 카테고리가 스니커즈나 스트리트 웨어와 같은 패션 제품, 키덜트 제품과 K-pop 굿즈와 같은 취향 제품류이기 때문에 이러한 글로벌 협업은 소비자가 그들의 취향에 맞는 특이한 제품을 찾는 데 도움을 주고 있다.

한편, 해외 이용자를 위한 '번장 글로벌'도 2023년 7월부터 운영 중인데, 번개장터에 의하면 서비스 론칭 이후 1년 만에 이용자가 약 131% 증가했다고 한다. 번장 글로벌에서는 K-pop 스타 굿즈가 거래 1위를 차지했고, 비중이 약 69%에 이른다.

국내 중고 명품 시장의 성장세와 더불어 글로벌 중고 명품 거래 플랫폼도 2025년 한국에 본격적으로 진출했다. '에코링코리아(EcoRing Korea)'가 그 예다. 2001년 일본에서 출발한 에코링은 중고 명품의 '즉시 현금 매입'을 주력으로 아시아 10개국 내 300개가 넘는 오프라인 네트워크를 쌓아왔다. 2025년부터 본격적으로 한국에서 비즈니스를 시작하며 럭셔리 상품의 중고거래에 관심이 많은 소비자들의 이목을 끌고 있다. 에코링의 특징은 브랜드에 상관없이 모든 제품을 전문 감정사가 상담하는 것으로, 명품 거래인 만큼 사진과 세부 정보만으로 견적을 낼 수 있고, 매장 방문 거래는 물론 원하는 경우 택배뿐 아니라 출장 매입까지도 가능하다. 또한 타사에서 매입 거부한 상품도 친절한 상담과 함께 매입해주고, 매입 가격을 투명하게 공개하는 정책으로 소비자들의 신뢰를 쌓아가고 있다.

온라인 쇼핑 플랫폼의 리커머스 비즈니스 확장

20~30대의 사랑을 받고 있는 '크림'은 2020년 네이버 계열에서 출발한 한정판 리셀 플랫폼으로, 스니커즈에서 시작하여 럭셔리 제품군까지 카테고리를 확장하며 이용자를 늘려왔다. 2024년 8월 중고 명품 거래 서비스인 '부티크(Boutique)'를 론칭한 후 거래액이 가파르게 증가하자, 1년 만에 '빈티지(Vintage)'로의 개편을 발표하고, 중고 명품 거래 서비스에도 본격적으로 뛰어들고 있다. 소비자들이 보다 쉽게 거래할 수 있도록 편의성을 높이고, 브랜드 라인업을 확대할 뿐 아니라 소비자가 직접 상품을 보고 구매할 수 있는 오프라인 매장 오픈도 준비 중이다. 크림의 경우 발매가와 즉시 구매가, 최근 거래가로 이어지는 가격 그래프를 소비자 눈높이에 맞춰 표준화하는 데 큰 역할을 했다. 이 플랫폼의 의의는 단순 중고 판매가 아니라 가격 신호를 읽는 습관을 보급하는 데 있었다고 해도 지나치지 않다.

무신사도 2025년 8월 중고거래 과정 전반의 편리함에 방점을 찍은

'무신사 유즈드' 서비스를 론칭하였다. 앱에서 판매를 신청하면 '유즈드백'이 집으로 오고, 사용자는 입지 않는 옷을 유즈드백에 담아 문 앞에 내놓기만 하면 된다. 그다음 과정인 세탁과 컨디션 점검, 촬영과 상품 등록, 배송과 응대는 플랫폼이 맡는다. 무신사는 매입 즉시 결제를 하는 구조가 아닌, 120일 동안 판매를 진행하고 거래가 체결되면 정산하는 구조다. 판매 금액은 무신사에서 현금처럼 사용할 수 있는 무신사머니로 들어오고, 소비자의 구매 이력과 취향 데이터는 무신사에 쌓여 이후 상품 추천 등 고객의 취향에 최적화된 서비스를 제공하는 데 이용된다. 무신사 유즈드는 출시 직후 2주간 입고 신청자 1만 명, 누적 입고 6만여 점을 기록할 정도로 시장에서 큰 반향을 일으키고 있다.

네이버도 베타 서비스로 네이버 카페 앱을 통해 들어갈 수 있는 '이웃' 탭 내 중고거래 코너를 운영하고 지역 이웃으로 인증된 사람만이 물품을 등록할 수 있게 하였으나, 2025년 9월 이 코너를 '네이버 플리마켓(N플리마켓)'으로 변경하고 전국 단위로 확장하며 본격적으로 중고거래 시장에 뛰어들었다.

중고거래 스타트업의 등장

2023년 모바일 앱 정식 버전을 출시한 헌옷 수거 스타트업 '리클'은 의류 수거와 재판매를 결합한 모델로 존재감을 키웠다. 앱에서 날짜를 정해 문 앞에 헌옷을 두면 수거 후 검수·분류·정산까지 빠르게 이루어진다. '버리기엔 아깝고, 직접 팔기는 번거로운' 중간 지대를 구조화한 셈이다. 재판매가 어려운 의류는 kg당 단가로, 재판매가 가능한 의류

중고거래 서비스를 시작한 무신사 유즈드
(출처: 무신사 홈페이지)

는 한 벌당 단가를 더해 보상하는 '기본 매입+플러스 매입' 체계를 공개해 이용자의 기대치를 맞춘 것이 특징이다. 매입에 대한 비용 정산까지 끝나면 누적 수거·감축 탄소량 지표를 보여주어, 소비자들에게 지구 환경을 지키는 데 기여하고 있다는 만족감을 준다.

    2025년 4월에는 번개장터와 함께 '무해한 옷장정리' 이벤트를 한 달간 진행하였다. 번개장터 앱 이벤트 페이지에서 신청하면 리클에서 수거해 가고 정산 완료 시 정산된 금액만큼 추가 번개포인트와 번개장터 쿠폰 등을 지급하는 이벤트로, 리클 브랜드를 알리고 서비스 이용 경험을 제공하는 데 기여했다.

    리클과 마찬가지로 2023년 서비스를 출시한 '차란'은 같은 수거·위탁형이지만, 초점이 '앱 기반 판매 몰'에 더 가깝다. 수거 이후 살균·클리닝·촬영을 거쳐 자체 앱에서 재판매하는 구조를 전면에 내세우고, SPA 브랜드*부터 럭셔리까지 다양한 브랜드를 매일 업데이트하고, 정품이 아니면 2배 보상 정책을 내걸어 신뢰를 강화했다. 또한 만약 재판매가 되지 않을 경우 kg 단위의 판매와 돌려받기 중 선택이 가능해 소비자의 판매 선택권을 더 넓힌 것이 서비스의 특징이다. 론칭 1년 만에

리클과 번개장터가 함께한
무해한 옷장정리 이벤트
(출처: 번개장터 홈페이지)

SPA 브랜드   기획부터 생산, 유통까지 한 회사가 직접 맡아서 판매하는 의류 브랜드

누적 이용자수 32만 명, 다운로드수 63만 회를 기록하는 등 가파르게 성장한 차란은 여성 패션 중심에서 종합 패션 리커머스 플랫폼을 목표로 잡화 카테고리도 확장하였으며, 이후 남성복 카테고리에도 진출할 계획을 세우고 있다.

전통적인 유통 및 패션 기업의 진입

리커머스 시장의 성장에 대한 기대가 커지면서 2025년 들어 중고거래와는 상대적으로 거리가 먼 거대 유통 기업도 이 비즈니스에 뛰어들고 있다. 대표적인 예가 현대백화점과 롯데백화점이다. 쿠폰이나 이벤트 등 가격 할인 이벤트가 상대적으로 적고, 가장 최신의 제품으로 소비자의 마음을 사로잡기 위해 경쟁하던 백화점들이 중고 패션 거래를

현대백화점의 바이백 서비스
(출처: 현대백화점)

시작했다는 것은 놀라운 변화다. 두 백화점은 모두 매입 품목에 대한 기준을 수립하고, 철저한 검수를 통해 중고 시세에 맞춰 백화점 포인트로 보상해준다. 백화점 매출이 줄어드는 상황에서 중고 의류 판매를 위해 백화점을 방문하는 소비자를 록인(Lock-in)하고자 하는 전략으로 보인다.

2025년 9월에는 생활문화기업 LF도 리커머스 시장 진출을 선언했다. 중고거래 활성화뿐 아니라 자원 순환을 목적으로 론칭한 '엘리마켓(L RE:Market)'에서는 LF의 주요 브랜드 중고 제품들을 안전하게 거래할 수 있다. 소비자가 엘리마켓에 판매 신청을 하면 엘리마켓에서 수거, 검수, 매입가 산정부터 재판매까지 전 과정을 진행하고, 엘리워드(L RE:Ward)로 보상한다. 시즌마다 최신 트렌드를 파악하고 신상품을 개발하는 패션업계에서 리커머스로 비즈니스를 확장한다는 것은 고객에게 차별적인 경험을 제공하기 위한 획기적인 시도라 할 수 있다.

LF의 중고거래 서비스 엘리마켓
(출처: LF)

향후 리커머스 시장 전망

가치소비에 점점 더 몰두하는 젊은 세대

기성세대에게 중고품이란 누가 사용했는지 모른다는 찜찜함과 신제품을 살 수 없어서 사는 것이라는 심리적 위축이 있었지만, 요즘 젊은 세대는 그러한 인식이 전혀 없다. 남들이 입었던 옷이더라도 하자가 없고 자신에게 어울리는 스타일이라면 기꺼이 비용을 지불한다. 때로는 자신이 정말 원하는 상품을 갖기 위해 중고 제품이더라도 원래 가격보다 더 비싸게 구입하기도 한다. 젊은 세대에게는 신상품 여부보다 얼마나 내 취향에 부합하는가가 더 중요하기 때문이다.

2025년 4월 대한상공회의소가 발표한 보고서에 따르면, 최근 1년 내 중고거래 경험이 있는 1,000명의 소비자 중 75.3%가 중고거래에 대해 긍정적이라고 응답했으며, 51.8%의 소비자는 "3년 전보다 중고 제품에 대한 거부감이 줄었다"라고 답했다. 이와 같은 소비자의 가치관 변화가 리커머스 시장의 성장을 키웠다 해도 과언이 아니다. 특히 요즘 젊은 세대는 효율성과 합리성을 추구하기에 당장 필요하지 않은 것들은 과감히 중고거래로 내놓고, 그 대신 자신이 원하는 것들은 가성비 좋게 구입하는 것이 점차 일상이 되고 있다. 이제 중고품은 구매

시 선택할 수 있는 또 하나의 옵션에 지나지 않는다. 그뿐 아니라 지구 환경을 지키는 데 기여했다는 심리적 만족감까지 줄 수 있어, 지속가능한 미래에 대해 고민하는 젊은 세대에게 앞으로도 매력적인 선택지가 될 것으로 보인다.

고객과의 관계 강화를 위한 브랜드의 움직임

중고거래 시장 초기만 해도 중고나라나 당근처럼 중고거래를 전문으로 하는 플랫폼 위주였다. 하지만 최근 들어서는 전통적인 유통 기업을 포함하여 다양한 기업들이 중고시장에 관심을 갖고 있다. 오늘의집은 직접적으로 중고거래 시장에 뛰어들진 않았으나, 자사 유튜브 채널 KNOW ME:취향세대에 〈개러지세일〉 콘텐츠를 공개했다. 방송인 유병재가 MC를 맡아 트럭을 몰고 트렌드세터의 공간에 방문하여 물품을 수거하고, 수거한 물품은 래플을 통해 구매하도록 만드는 방식이다.

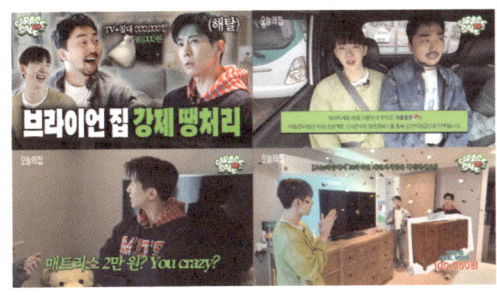

오늘의집 자사 유튜브 채널에 공개된 콘텐츠 〈개러지세일〉
(출처: 오늘의집)

기업들이 중고거래에 관심을 갖게 된 이유는 소비가 위축되는 시기에 단기적인 매출 증대의 목적도 일부 있겠으나, 보다 근본적인 목적은 소비자와의 관계를 지속하는 것이다. 그렇기에 자사 브랜드에서만 사용할 수 있는 포인트로 혜택을 돌려주는 것이다. 인증중고차 거래를 시작한 현대자동차와 기아도 자신이 타던 차를 인증중고차 플랫폼에 판매하고 동일 브랜드의 신차를 구입하는 경우 신차 가격을 할인해주는 트레이드인 이벤트를 진행중이다.

 브랜드 로열티가 낮아지고 언제든 다른 브랜드로 이동하기 쉬운 시대인 만큼 중고거래 서비스는 다음 거래 시 고객의 이탈을 방지하고, 브랜드와의 관계를 강화할 수 있는 좋은 매개체가 될 수 있다. 이런 맥락에서 앞으로도 많은 브랜드가 중고거래에 눈길을 돌릴 것으로 예상된다.

국내 리커머스는 이제 보조 선택지가 아니라 일상 유통의 한 갈래로 빠르게 자리잡고 있다. 온라인과 오프라인이 연결되면서 신품과 재유통 정보를 한 화면에서 비교·이용하는 방식이 보편화되고 있고, 신제품 중심의 거래를 하던 기업들이 어느새 중고거래에 뛰어들고 있다. 동네 중심으로 연결되던 중고거래는 어느새 전국을 넘어 글로벌 거래까지 확장되고 있으며, 그 품목 또한 다양해지고 있다.

이 변화의 배경에는 불황으로 인한 소비 위축과 소유 자체보다는 경험 가치를 중시하고 불필요한 보관 등으로 인한 기회비용을 최소화하려는 소비자의 태도와 가치관이 자리잡고 있다. 시장이 성장하고 거래 방식이 진화함에 따라 투명한 가격 책정, 상태 등급, 구성 정보의 공개 등 과거 중고거래의 장애요인으로 여겨지던 요소들은 이제 더이상 문제되지 않는 시대가 되었다. 중고 상품은 이제 새 상품을 구매할 수 없을 때 마지못해 선택하는 대체재가 아니라 현명한 소비의 상징이 될 수 있고, 때로는 자신의 개성을 표현하기 위한 또 하나의 수단이 될 수도 있다.

앞으로 신상품과 중고품의 경계는 더 희미해질 것이며, 가격·상태·보증 정보는 지금보다 더 투명해질 것이다. 또한 기술의 발전으로 거래의 편의성은 더 강화될 수 있다. 리커머스가 점점 일상에 깊숙이 들어오면, 소비자가 중고에 특별한 의미를 부여하지 않는 세상이 될 수도 있다. 이러한 변화가 누적되면 리커머스는 생활의 습관으로 정착할 것이다.

가내수공유튜버:
혼자서도 잘해요

불과 몇 년 전만 해도 "나도 유튜브나 한번 해볼까?"라는 말이 일상적인 인사처럼 오갔다. 누군가는 실제로 카메라를 샀고, 또 누군가는 채널명을 고민하며 밤을 지새웠다. 하지만 2025년 현재, 모두가 스마트폰이라는 고성능 촬영 장비를 손에 쥐고 있고 AI가 편집까지 도와주는 시대가 왔음에도, 이전과는 비교할 수 없이 치열해진 경쟁 앞에서 그런 말을 하는 사람을 찾아보기 어려워졌다.

유튜브 공식 발표에 따르면, 현재 매일 2,000만 개가 넘는 영상이 업로드된다. 전 세계 100개국 이상, 80개 언어로 영상이 쏟아지는 이 거대한 플랫폼은 이미 모든 콘텐츠 소비의 중심으로 자리잡았다. 레거시 미디어★가 제2의 편성표로 유튜브를 점령했고, 연예인들은 전문 프로덕션과 손잡고 수억 원대 콘텐츠를 쏟아내기도 한다. 개인으로 출발했던 메가 크리에이터들마저 이제는 수십 명의 직원을 거느린 '콘텐츠 기업'이 되었다. 누가 봐도 이제는 개인이 비집고 들어갈 틈이 없어 보인다.

그럼에도 개인 크리에이터들의 성공 사례는 여전히 존재한다. AI로 만든 햄스터 한 마리가 직장인들의 애환을 대변하며 신드롬을 일으키고, 7년 차 부부의 꾸밈없는 일상 대화가 2,500만 조회수를 기록하며 "이런 결혼이라면 하고 싶다"라는 댓글을 쏟아내게 만들기도 한다. 또한, 모두가 한 번쯤 꿈꿨을 법한 버킷 리스트를 하나씩 이뤄가며 보는 이에게 벅찬 감동을 선사하기도 한다. 거대 자본과 시스템이 놓친 그 무언가를, 혼자 카메라 앞에 선 개인들이 채우고 있다.

©Gemini로 생성

레거시 미디어(Legacy Media) 전통적인 형태의 대중매체를 의미하는 용어로, 신문, 라디오, 텔레비전과 같은 오프라인 기반의 미디어

거인들의 전쟁터가 된 유튜브

소수만이 살아남는 경기장

유튜브는 더이상 단순한 동영상 공유 플랫폼이 아니다. 모바일인덱스에 따르면, 2025년 6월 기준 4,800만 명이 넘는 사람이 유튜브에 접속하고 있다. 1인당 일평균 사용 시간은 2022년 9월 68분에서 2025년 8월 87분으로, 불과 3년 만에 27.9%나 급증했다. 이는 유튜브가 단순한 앱을 넘어 국민 대다수의 일상 시간을 점유하는 핵심 미디어로 진화한 것을 보여준다. 이처럼 시장의 규모가 커질수록 성공의 문턱은 더 높아지고 있다. 유튜브가 TV 스크린까지 흡수하며 시청 시간이 폭발적으로 늘어난 만큼, 채널 간 경쟁은 더 치열해졌다. 결국 유튜브는 '누구나 영상을 업로드하는 곳'에서 '소수만 살아남는 경기장'이 된 것이다.

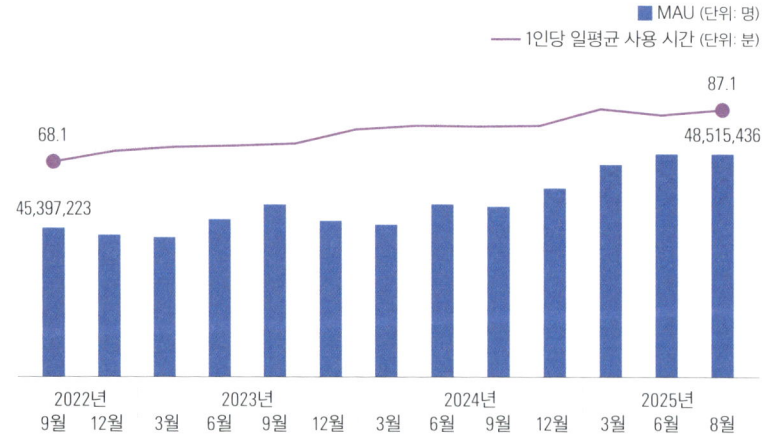

유튜브 MAU 및 1인당 일평균 사용 시간 추이
(출처: 모바일인덱스)

거인들의 전쟁터에서 발견한 기회

유튜브는 이제 세 거인이 지배하는 전쟁터가 되었다. 첫째는 방송사다. tvN, JTBC, MBC 등 기존 방송사들이 이미 검증된 콘텐츠와 축적된 제작 노하우, 막대한 제작비를 무기로 유튜브를 제2의 편성표처럼 활용하며 시청 시간을 흡수하고 있다. 둘째, 연예인과 전문 스튜디오는 처음부터 다각적인 수익모델을 갖춘 '기업형 콘텐츠'로 승부한다. 전문 PD와 작가진, 여러 명의 카메라 감독, 전문 편집팀이 수십 명의 스태프와 함께 움직이며 하나의 IP 자산*을 만들어낸다. 마지막으로 침착맨, 히밥처럼 개인으로 출발한 메가 크리에이터들마저 이제는 분업화된 팀을 갖춘 '콘텐츠 기업'으로 진화하여, 고품질의 영상을 꾸준히 생산하고 있다.

이 거인들이 구축한 높은 성벽은 냉정한 숫자로 드러난다. 2025년 9월 국회에서 공개한 국세청 자료에 따르면, 1인 미디어 창작자 하위 50%의 연평균 수입은 2019년부터 2023년까지 2,000만 원에 미치지 못한 채 정체되어 있다. 언뜻 보면, 이 데이터는 거대 자본만이 살아남는다는 냉혹한 현실을 재확인하는 것처럼 보인다. 하지만 통계의 행간을 보면 다른 흐름 또한 감지된다. 2019년 259명에 불과했던 '연 수입 1억 원 이상'인 1인 창작자 수가 2023년에는 4,032명으로, 불과 4년 만에 15배 이상 폭발적으로 증가했다. 거인들의 철옹성에도 불구하고, 수많은 개인들이 각자의 방식으로 성공 방정식을 찾아내고 있다.

IP 자산   특허, 상표, 저작권, 디자인 등 인간의 창의적 활동의 결과물로, 법적으로 보호받는 무형의 자산

2019년~2023년 귀속 종합소득세를 신고한 유튜버의 백분율별 수입금액 및 1억 원 초과자 연령대별 현황

(출처: 박성훈 의원실)

(단위: 명, 억 원)

구분	2019년			2020년			2021년		
	인원	수입금액	평균수입	인원	수입금액	평균수입	인원	수입금액	평균수입
전체	1,327	1,012	0.8	9,449	5,340	0.6	16,294	10,835	0.7
상위 1%	13	120	9.2	94	734	7.8	162	1,559	9.6
상위 10%	132	492	3.7	945	2,611	2.8	1,629	5,503	3.4
하위 50%	663	118	0.2	4,724	652	0.1	8,147	1,318	0.2

구분	2022년			2023년		
	인원	수입금액	평균수입	인원	수입금액	평균수입
전체	19,290	14,537	0.8	24,797	17,861	0.7
상위 1%	192	2,291	11.9	247	3,271	13.2
상위 10%	1,929	7,268	3.8	2,479	8,993	3.6
하위 50%	9,645	1,847	0.2	12,398	2,249	0.2

(단위: 명)

구분	2019년	2020년	2021년	2022년	2023년
전체	259	1,202	2,462	3,375	4,032
20대 이하	123	499	813	992	1,086
30대	91	494	1,119	1,618	1,971
40대	36	150	370	538	688
50대	9	31	111	164	208
60대 이상		28	49	63	79

새로운 성공신화의 주인공들

정서불안 김햄찌: AI로 그려낸 직장인의 속마음

2025년 4월, '정서불안 햄스터의 도파민 터지는 일상'이라는 부제를 달고 나타난 이 채널은 불과 4개월 만에 구독자 50만 명을 돌파했다. 스스로를 '잔인한 Queen'이라고 칭하는 김햄찌의 정체는 30대 여성 디자이너가 AI로 만든 가상의 캐릭터로, 귀여운 겉모습에 뼛속까지 공감되는 회사생활의 애환을 녹여내 수많은 해씨*들의 마음을 사로잡았다. 영상들은 직장인이라면 누구나 한 번쯤 겪어봤을 상황으로 가득하다. 로또 당첨이나 퇴사를 떠올리며 펼치는 기분 좋은 상상부터 애매한 상사의 지시나 저장하지 못한 채 종료된 편집 프로그램에 대한 분

실버버튼을 얻은 김햄찌
(출처: 김햄찌 인스타그램)

김햄찌의 '퇴사를 못하는 이유' 영상 섬네일
(출처: 정서불안 김햄찌 유튜브)

해씨   정서불안 김햄찌 채널의 팬네임

노와 절규까지, 김햄찌는 직장인의 속마음을 거침없이 뱉어낸다. AI 영상임에도 표정 변화, 몸짓, 배경까지 모든 요소가 어색함 없이 자연스럽고, 여기에 실감나는 목소리 연기가 더해져 시청자들이 이야기 자체에 몰입하게 된다.

인생 녹음 중: 평범한 부부의 특별한 일상

"하 뭐지 진짜 이 사랑스러운 부부는". 3,700개가 넘는 공감을 받은 이 댓글은 채널의 매력을 압축적으로 보여준다. 2023년 10월, 소소한 부부의 일상을 올리기 시작한 이 채널은 단 9개월 만에 구독자 100만 명을 돌파하며 화제의 중심에 섰다. 이들의 콘텐츠는 결혼 7년 차 부부의 지극히 평범한 순간들을 한 편의 시트콤이나 뮤지컬로 재탄생시킨 것이다. 운전중 아내의 즉흥적인 노래를 남편이 화음으로 이어가는 19초 짜리 영상은 물론, 잠들기 전에 나누는 소소한 대화, 집안일을 두고 일어나는 부부 사이의 귀여운 신경전까지. 블루투스 마이크와 아이폰으로 녹음한 원본 음성을 토대로 남편이 직접 그린 캐릭터와 무료 앱으로 제작된 애니메이션들은 자극적인 갈등 없이 부부의 케미*와 일상의 따뜻함만으로도 충분히 매력적인 콘텐츠가 될 수 있음을 증명한다.

인생 녹음 중의 '결혼 7년차 남편의 반응속도' 영상 캡처
(출처: 인생 녹음 중 유튜브)

케미 영어 단어 'Chemistry'의 줄임말로, 사람 사이의 호흡, 조화, 어울림을 의미

더들리: 존중하는 미식가의 품격

2025년 8월 기준 구독자 109만 명을 넘긴 더들리의 연관 검색어는 '더들리 직업', '더들리 금수저'다. 국내외 고급 레스토랑과 호텔을 넘나들며 리뷰하는 그의 라이프스타일은 사람들의 궁금증을 자아내지만, 그가 구독자들의 절대적인 신뢰를 얻는 이유는 따로 있다. 그에 대한 신뢰는 압도적인 디테일에서 나온다. 맛 평가를 넘어, 그 식당의 역사와 철학, 각 코스 메뉴의 의도까지 짚어낼 뿐 아니라, 몇 년 전 방문과 현재를 비교하며 달라진 점을 알려주거나, 주차장 위치와 같은 현실적인 팁까지 공유하는 그에게서 경험 많은 미식가의 내공이 느껴진다. 무엇보다 그는 영상을 통해 할 말은 하면서도 결코 업장을 깎아내리지 않는 담백한 화법을 구사하여, 영상을 보는 이들에게 객관적인 평가라는 인상을 준다. 이 때문에 파인다이닝처럼 실패가 부담스러운 소비를 앞둔 시청자들에게 그의 리뷰는 가장 확실한 '사전 답사'가 되었다.

더들리의 모수 서울
후기 영상 섬네일
(출처: 더들리 유튜브)

귀곰: 숫자로 증명하는 리뷰의 새로운 기준

"경험을 리뷰합니다." 구독자 105만 명을 넘긴 생활가전 리뷰어 귀곰의 무기는 '혀를 내두르게 하는 집요함'이다. 창문형 에어컨 하나를 위해 3년간 데이터를 모으고, 세제 비교를 위해 수십 가지 제품을 전부 사들여 웬만한 기업 연구소를 방불케 하는 테스트를 진행한다. 그는 두루뭉술한 감상평 대신 청소기 모델별 이물질 잔여량을 직접 측정해 수치로 보여주는 등, 가감 없는 장단점을 데이터로 증명해낸다. 광고 영상에서조차 로봇청소기 성능 확인을 위해 거실에 별도의 테스트 공간을 마련하여 똑같은 실험을 진행하며 제품의 한계를 명확히 보여주는 그에게 시청자들은 열광한다. 수많은 광고와 정보 속에서 피로감을 느끼던 이들에게, 그의 무자비할 정도의 솔직함은 '믿고 보는' 채널이라는 절대적인 신뢰를 구축했다.

귀곰의 로봇청소기
추천 영상 섬네일
(출처: 귀곰 유튜브)

포테이토 터틀: 꿈을 대신 이뤄주는 유쾌한 도전자

"제 꿈을 숨김없이 꿔보려고 한다"라는 다짐과 함께 '감자처럼 평범하고 거북이처럼 느리더라도 꿈을 쫓아가겠다'는 뜻을 담은 이 채널은, 100개의 버킷 리스트를 실행해나가는 과정을 담아내며 6개월 만에 구독자 27만 명을 돌파하는 기염을 토했다. 그녀의 핵심 콘텐츠는 유쾌한 실행력에서 나온다. 프랑스에서 가장 맛있는 빵 찾아보기 같은 낭만적인 도전은 물론, 뉴욕 길거리에서 현지인에게 말을 걸어 영어 이름을 지어달라고 하는 등 보통 사람이라면 쉽게 실천하지 못했을 순간들을 거침없이 현실로 만든다. 세련된 영상미와 트렌디한 스타일링 그리고 어떤 상황에서도 주눅들지 않는 당당한 태도는 수많은 MZ세대 구독자가 그녀를 '따라 하고 싶은 언니'이자 '나 대신 꿈을 이뤄주는 사람'으로 여기게 만들었다.

포테이토 터틀의 버킷 리스트 17번 인증샷
(출처: 포테이토 터틀 인스타그램)

우리는 왜
그들의 이야기에 빠져드는가

거대 자본의 그림자와 새로운 기회

거대 자본이 주도하는 콘텐츠 시장은 두 가지 현상을 낳았다. 첫째, 과잉 제작된 콘텐츠에 대한 피로감이다. 예측 가능한 공식과 상업적 논리에 갇힌 콘텐츠에 지친 시청자들은 날것을 갈망하기 시작했다. 둘째, 알고리즘의 진화가 개인에게 기회를 열었다. 특히 숏폼 콘텐츠의 부상은 아무리 작은 채널도 타깃 시청자에게 정확히 닿을 수 있게 만들었다. 거대 자본이 모든 '마이크로 취향'을 만족시킬 수 없기에, 개인은 자신의 고유한 관심사로 틈새를 장악할 기회를 얻었다. 이러한 배경에서 시청자의 니즈는 '잘 만들어진 콘텐츠'를 넘어 '나와 연결된 콘텐츠'로 이동했다. 콘텐츠의 본질이 '보여주기'에서 '관계 맺기'로 이동하는 패러다임 변화가 일어난 것이다.

첫번째 열쇠: 완벽함이 아닌, 날것의 진정성

새로운 크리에이터들의 가장 큰 무기는 진정성이다. 귀곰이 수개월간 제품을 직접 사용하며 드러내는 가감 없는 장단점, 더들리의 업장에 대한 존중과 객관적 시선은 '이 사람의 말은 믿을 수 있다'는 강력한 신뢰를 쌓는다. 광고와 협찬 콘텐츠가 넘쳐나는 환경에서 자신의 시간과 돈을 지켜줄 믿을 만한 동료를 만났다는 인상을 받는 것이다.

인생 녹음 중 부부가 보여주는 꾸밈없는 일상 또한 마찬가지다. 완벽하게 세팅된 스튜디오나 짜인 대본 없이, 날것의 대화와 단순한 그림체는 오히려 어떤 연출로도 만들어낼 수 없는 진솔한 관계의 가치를 보여준다. 시청자들은 이들의 완벽하지 않은 모습에서 위로를 받고, 자신의 평범한 일상 또한 특별할 수 있다는 따뜻한 공감을 얻는다.

두번째 열쇠: 나를 대신하는 대리 자아

크리에이터는 나의 생각과 욕망을 대신 실현해주는 '대리 자아(Proxy Self)'의 역할을 하기도 한다. 정서불안 김햄찌는 차마 하지 못했던 말을 대신해주는 나의 '부캐'*다. 김햄찌가 모니터 너머에 있는 시청자의 고된 업무에 지친 마음을 공유하고 있음을 느낄 때, 시청자들은 단순한 재미를 넘어 해방감과 위로를 얻는다.

포테이토 터틀은 정반대의 지점에서 시청자의 욕망을 실현한다. "언젠가 꼭 해봐야지"라고 생각만 했던 버킷 리스트를 하나씩 실행해나가는 그녀의 모습은 현실의 벽 앞에서 망설이던 우리를 대신해준다. 그녀의 도전을 응원하며 시청자들은 대리만족과 할 수 있다는 용기를 얻는다. 이처럼 크리에이터는 답답한 현실의 배출구가 되거나, 이상을 향한 추진체가 되어 우리의 삶과 깊이 연결되고 있다.

부캐   '부(副)캐릭터'의 줄임말로, 원래 자신의 모습과 다른 새로운 역할이나 정체성을 의미

세번째 열쇠: 팬이 아닌, 동료를 만드는 공동체

마지막으로, 이들은 거대한 팬덤보다 작지만 끈끈한 공동체를 형성한다. '여행의 동반자'라 칭하는 구독자들과 함께 자신의 버킷 리스트 도전 콘텐츠를 만들어가는 포테이토 터틀이나, 귀곰 콘텐츠에 대한 표절에 수천 통의 제보로 대응한 구독자들의 모습은 단순한 시청자와 크리에이터의 관계를 넘어선다.

   이러한 공동체의식은 크리에이터와 시청자를 '우리'라는 강력한 유대감으로 묶는다. 시청자들은 더이상 콘텐츠의 수동적인 소비자가 아니라, 크리에이터의 성장을 함께 응원하고 그의 세계관에 적극적으로 참여하는 랜선 동료가 된다. 이 관계야말로 거대 자본이 결코 흉내낼 수 없는 가장 강력한 성공 기반이다.

브랜드와 크리에이터의 새로운 공생법

신뢰를 연결하는 새로운 광고 문법

개인 크리에이터들이 시청자와 맺는 깊은 신뢰와 유대감은 광고산업에 새로운 화두를 던졌다. 브랜드가 소비자와 맺고 싶어하는 이상적인 관계가 개인 크리에이터와 시청자 간에는 이미 형성되었기 때문이다. 그렇기에 브랜드는 크리에이터와의 협업을 통해, 그들이 쌓아올린 신뢰와 관계가 브랜드로 자연스럽게 이어지는 전이효과를 기대하게 되었다. 이제 광고와 콘텐츠의 경계가 무너지며 완전히 새로운 형태의 창의적 공생이 시작되고 있다.

세계관 확장형 협업: 위기 속 해결사로 등장하는 브랜드

가장 창의적인 방식의 협업은 브랜드가 크리에이터의 기존 서사에 새로운 에피소드를 더하며 세계관을 풍성하게 만드는 방식이다. 김햄찌와 카카오페이의 협업이 대표적이다. 김햄찌가 일본 여행중 지갑을 잃어버린 절망적인 상황에서 카카오페이가 위기를 극복하게 해주는 서사는, 브랜드를 단순한 결제수단이 아닌 '구원자'로 각인시켰다. 포테이토 터틀의 '우버' 광고 역시 늦잠을 자서 비행기를 놓칠 뻔한 아찔한 상황에서 우버의 예약 기능이 해결책으로 제시된다. 브랜드는 크리에이터의 서사 속 위기를 해결하는 조력자가 되고, 영상은 시청자들에게 광고가 아닌 문제 해결의 열쇠로 인식된다.

콘텐츠 융화형 협업: 즐거운 이야기의 촉매제

두번째 유형은 브랜드의 제품이 크리에이터 고유의 콘텐츠 문법과 완벽하게 하나가 되어, 광고라는 사실을 잊게 만드는 방식이다. 인생 녹음 중과 스키틀즈의 협업은 그 모범답안을 제시한다. "어느 젤리를 먹을까?"라는 사소한 고민이 "면접이야 면접"이라는 말과 함께 즉석 상황극으로 이어질 때, 스키틀즈는 광고의 대상이 아닌 부부의 유쾌한 상상력을 촉발하는 이야기의 촉매제가 된다. 1만 9,000개의 '좋아요'를 받은 "광고인지 몰랐다"라는 댓글처럼, 시청자들은 광고 대신 즐거운 콘텐츠를 소비했다고 인식한다.

김햄찌×카카오페이 광고 장면
(출처: 정서불안 김햄찌 유튜브)

자연스러운 맥락형 협업: 궁금증에 대한 해답

가장 강력한 협업은 크리에이터의 정체성 자체가 브랜드의 메시지가 되는 방식이다. 여기서 광고는 더이상 광고가 아닌, 구매를 앞둔 소비자의 구체적인 궁금증에 대한 명쾌한 해답이 된다. 더들리의 프리미엄 크루즈 리뷰는 '비싼 가격만큼의 가치를 할까?'라는 시청자들의 잠재적 질문에 답했다. 그의 상세한 리뷰는 실패하고 싶지 않은 소비자의 불확실성을 해소해주는 믿을 만한 가이드가 된다. 귀곰의 로봇청소기 광고 영상 역시 제품의 단점까지 공개하며 실사용자의 가장 현실적인 궁금증을 실험으로 증명했다. 크리에이터의 신뢰도를 바탕으로, 광고는 구매 전 반드시 확인해야 할 '최종 체크리스트'가 된다.

인생 녹음 중×스키틀즈 광고 장면
(출처: 인생 녹음 중 유튜브)

귀곰의 로봇청소기 비교 영상 캡처
(출처: 귀곰 유튜브)

새로운 시대의 개척자들:
그 의미와 미래

개인 크리에이터의 부상은 미디어 권력이 소수의 거대 자본에서 다수의 개인으로 이동하는 거대한 패러다임의 전환을 의미한다. 과거의 미디어가 방송국과 제작사가 일방적으로 공급하는 콘텐츠를 소비하는 '공급자 중심'의 시장이었다면, 이제는 시청자의 세분된 취향이 시장의 방향을 결정하는 '수요자 중심'의 시장으로 재편된 것이다.

이러한 변화 속에서 개인 크리에이터들이 '롱테일'* 시장의 주인공으로 떠올랐다. 거대 자본이 모든 마이크로 취향을 만족시킬 수 없는 반면, 개인은 자신의 고유한 경험과 전문성을 무기로 그 틈새를 파고들어 강력한 커뮤니티를 구축한다. 이들이 만들어내는 수많은 마이크로 커뮤니티의 총합은, 이제 거대 미디어를 위협할 만큼 거대한 시장이자 문화적 영향력으로 성장했다.

앞으로 AI 기술의 발전은 이 흐름을 가속할 것이다. 정서불안 김햄찌의 사례처럼 이제 얼굴을 드러내지 않고도 누구나 고품질의 콘텐츠를 만들 수 있는 시대가 열렸다. 이는 창작의 문턱을 완전히 허물어, 더 다양한 분야의 전문가와 잠재적 창작자들이 시장에 유입될 것임을 의미한다.

롱테일(Long Tail) 본래 소수의 인기상품(머리)보다 다수의 비인기상품(꼬리)의 총합이 더 크다는 경제용어. 미디어 시장에서는 소수의 주류 채널 대신, 특정 주제를 다루는 수많은 틈새 채널들의 총합이 더 큰 영향력을 갖는 현상을 의미하지만 모두가 크리에이터가 될 수 있는 시대에 성공의 핵심은 더이상 편집 기술이나 장비의 성능이 아니라는 사실을 유념해야 한다. AI가 흉내낼 수 없는 자신만의 독창적 시선, 깊이 있는 경험, 시청자와 맺는 진솔한 관계의 깊이가 미래 크리에이터의 성패를 가를 것이다. '대체 불가능한 개인'의 가치가 그 어느 때보다 중요해지는 시대가 온 것이다.

거대 자본이 만들어낸 콘텐츠의 홍수 속에서, 시청자의 시간은 그 어느 때보다 귀한 자원이 되었다. 한때 화려한 볼거리에 시간을 내어주었지만, 이제 우리는 삶과 연결될 수 있는 이야기에 눈길을 돌리기 시작했다. 게임의 법칙이 바뀐 것이다. 일방적인 '보여주기(Spectacle)'의 시대가 저물고 쌍방향 '관계 맺기(Connection)'의 시대가 열리면서, 우리는 화면 너머의 세상을 동경하기보다는 그 속에서 나와 연결될 수 있는 무언가를 찾게 되었다.

새로운 연결의 방식은 거창하지 않다. 귀곰의 집요한 리뷰에서 내 돈과 시간을 지켜줄 믿을 만한 동료를 발견했고, 인생 녹음 중 부부의 꾸밈없는 대화에서 내 평범한 일상도 특별할 수 있다는 따뜻한 위로를 얻었다. 직장 상사에게 하고 싶은 말을 대신 내뱉는 김햄찌에게서 통쾌한 해방감을 느꼈고, 버킷 리스트를 향해 달려가는 포테이토 터틀을 보며 나도 할 수 있다는 용기를 얻었다.

브랜드와의 관계 맺기 역시 마찬가지다. 소비자는 더이상 멋진 모델이 외치는 일방적인 메시지에 귀기울이지 않는다. 대신, 나의 위기를 해결해주고, 유쾌한 이야기의 일부가 되며, 내가 가장 궁금해했던 질문에 답을 해주는 브랜드의 이야기에 기꺼이 시간을 쏟는다.

앞으로 AI 기술은 콘텐츠의 바다를 더욱 넓고 깊게 만들 것이다. 누구나 콘텐츠를 만들 수 있는 시대, 선택의 힘은 오직 소비자에게 있다. 결국 기술이 아닌 가장 진솔한 연결을 제안하는 이야기만이 시청자의 시간을 사로잡을 것이다.

> 오늘날 **시청자의 니즈**는
> '잘 만들어진 콘텐츠'를 넘어
> **'나와 연결된 콘텐츠'**로 이동했다.

Part 3 _____ 세상
비즈니스 현장의 마케팅 전문가들이 주목한
라이프스타일 인사이트

취향 큐레이션:

콘텐츠 오마카세

매일 습관처럼 핸드폰을 열어 소셜미디어에 들어가면, 오늘의 시사상식부터 먼 이국땅의 뉴스까지 각양각색의 정보가 우리에게 쏟아진다. 우리는 원하든 원하지 않든 과도한 정보와 함께 살고 있다. 홍수처럼 밀려오는 정보는 더이상 개인이 선별해 흡수할 수 없다. 여기에 AI의 발전까지 겹쳤다. AI로 만든 가짜 뉴스와 조작 콘텐츠가 널리 퍼지면서, 이제는 무엇이 진짜인지도 구별해야 한다. 어지럽고 바쁜 현대사회인데 과제가 하나 더 추가되었다.

 정보 과부하 시대를 살아가며 이제는 진위 여부까지 따져야 하는 현대인들이 갈망하는 것은 '신뢰를 기반으로 제공되는 다채로운 경험'이다. 신뢰할 수 있는 정보 제공자가 특정 테마나 주제 아래에서 다양한 요소를 종합적으로 엮어 제공하는 것을 '큐레이션된 경험(Curated Experience)'이라고 부른다. 시의적절한 콘텐츠를 한데 모아 감상하는 챌린지부터, 책방 주인이 엄선한 책이 전시된 독립서점, 이용자의 무의식을 간파한 AI가 마련해주는 취향 모음까지. 알맹이 없이 양산되는 콘텐츠보다 믿을 수 있는 누군가가 신중하게 선별해준 경험을 더 선호하기 시작했다.

 이처럼 큐레이션은 우리 삶에서 다양한 형태로 점점 영향력을 늘려가고 있다. 과연 큐레이션된 경험으로 가득한 사회는 단순히 일시적 현상일지, 혹은 다가올 미래를 관통하는 새로운 소비 패러다임의 신호탄일지 귀추가 주목된다.

ⓒAlex Nicolopoulos, Unsplash

큐레이션의 진화

큐레이션의 과거와 현재

큐레이션이 낯선 개념은 아닐 것이다. 이전부터 한 번쯤은 들어봤을 것이고, 이미 한차례 유행처럼 지나갔기도 하다. 그렇다면 무엇이 큐레이션을 재부상하게 만들었고, 이번에는 무엇이 다른 것일까? 과거의 일시적 유행과 달리 현재의 큐레이션이 지속가능한 트렌드로 전망되는 것은 몇 가지 근본적인 변화 때문이다.

    2010년대 초반, 디지털기술의 급속한 성장으로 누구나 쉽게 정보에 접근할 수 있게 되었고, 주체적으로 정보를 찾지 않아도 습득하게 되는 정보가 폭발적으로 증가하면서 정보 과부하라는 개념이 대두되기 시작했다. 이처럼 쏟아지는 정보의 '양'에 대응하기 위한 대안으로서 등장한 초기 큐레이션은 주로 콘텐츠나 상품의 선별에 집중했다. 수많은 선택지 중 무엇을 선택해야 할지 난항을 겪는 사람들을 위해 전문가가 좋은 것들을 골라 제공하는 형태였다. 소비자는 이미 선별된 목록에서 자신의 취향에 맞는 것을 고르기만 하면 되는 수동적 역할에 머물렀다.

그렇다면 이미 시장을 휩쓸었던 큐레이션이 왜 다시 요즘의 트렌드로서 떠오르고 있는 걸까? AI 기술의 확산과 가짜 뉴스 등 조작된 콘텐츠의 범람이라는 새로운 문제가 더해지면서, 사람들은 정보의 양뿐 아니라 '질'까지 파악해야 하는 이중의 피로에 시달리고 있다. '많은 것 중에서 좋은 것'을 골라주는 것을 넘어서, '믿을 수 있고 검증된 것'을 제공해주는 큐레이션에 대한 갈망이 커지면서 다시금 주목받게 된 것이다.

결국 기존의 큐레이션이 정보의 과부하라는 양의 문제를 해결하기 위해 등장한 개념이라면, 지금의 큐레이션은 믿을 수 있는 좋은 것들로 의미 있는 종합적 경험을 제공하는 '양과 질의 문제'를 동시에 해결하는 개념으로의 전환을 의미한다.

큐레이션된 경험의 3요소

오늘날 큐레이션된 경험에는 플랫폼, 큐레이터 등 큐레이션의 주체가 놓치지 말아야 할 세 가지 핵심 요소가 있다. 바로 신뢰성, 일관성, 다양성이다.

신뢰성은 경험을 제공하는 큐레이터나 플랫폼이 전문성과 투명성을 갖추어야 한다는 것이다. 정보의 진위 여부를 파악하는 것을 정보 제공 주체에게 위임하는 만큼, 소비자는 그들이 제공하는 정보와 엄선된 경험에 신뢰성이 확보되기를 기대한다.

일관성은 하나의 테마 혹은 주제가 스토리텔링에 있어 시작부터 끝까지 통일성을 유지해야 한다는 것이다. 세부적인 경험은 다양할지라도 소비자가 기대하는 하나의 큰 테마 아래 일관된 경험을 제공할 수 있도록 구성되어야 하며, 산발적으로 선택된 경험은 소비자에게 성공적으로 어필하기 어렵다.

마지막으로 다양성은 엄선되는 경험들의 폭과 깊이를 모두 고려해야 한다는 것이다. 소비자들은 다양한 경험을 원하는 동시에 표면적인 것에서 한 발 더 나아가, 깊이감과 몰입감이 충족되는 경험을 추구한다. 따라서 브랜드는 소비자가 지루함을 느끼지 않도록 신선하면서도 다채로운 경험을 할 수 있는 큐레이션을 구성해야 한다.

이 세 요소는 독립적으로 존재하는 것이 아니라 하나의 큐레이션 내에서 유기적으로 연결되어 있어야 한다. 일관성을 통해 견고해지는 신뢰성, 다양성을 통해 풍부해지는 일관성, 신뢰성을 통해 단계별로 확장되는 다양성 등, 소비자의 기대치가 높아진 만큼 성공적인 큐레이션된 경험을 위해서는 이 세 요소 간의 적절한 조화를 이루는 것이 무엇보다 중요하다.

큐레이션된 경험의 다양한 구현 형태

선택의 역설 속 구원자가 된 큐레이션

미국의 심리학자 배리 슈워츠(Barry Schwartz)가 주장한 '선택의 역설' 개념에 따르면, 소비자는 선택지가 많아질수록 오히려 더 스트레스 받고, 선택에 대한 만족도가 감소하게 된다고 한다. 소수의 선택지보다 다수의 선택지가 주어졌을 때의 선택이 더 어렵고, 그렇게 어려운 선택을 한 뒤에도 자신이 선택하지 않았던 다른 선택지가 더 나았을 것이라고 후회하게 된다는 것이다. 이 역설은 정보 접근성이 현저히 높아져 흡수하게 되는 정보의 양이 급증하고 있는 오늘날 더욱 심화되고 있다. 이런 상황에서 큐레이션된 경험은 결정의 어려움을 겪고 있는 소비자들에게 그들의 취향에 부합할 선택지를 엄선하여 제시함과 동시에 다층적인 브랜드 경험을 제공한다.

어떤 드라마나 영화를 볼지 결정하지 못한 채 OTT 플랫폼을 열고 몇 시간을 고민하다가, 결국 아무것도 보지 못하고 OTT를 종료한 경험은 이 시대 누구나 한 번쯤 겪었을 일이다. 이런 상황을 정확히 간파하고 '취향의 발견'이라는 슬로건을 내세우는 콘텐츠 추천·평가 플랫폼 '왓챠피디아'는 2024년 4월부터 '왓챠피디아 캘린더 챌린지(왓피

캘린지)'를 선보였다. 이 서비스는 매달 참여 희망자를 모집해 왓챠피디아가 큐레이팅한 콘텐츠를 감상하고 캘린더를 완성해가는 방식이다. 작품을 매달 무작위로 추천하는 것이 아니라, 2024년 4월에는 '만우절', 2025년 1월은 '행운의 영화' 등 시기에 어울리는 구체적 주제를 바탕으로 작품을 선정하는 것이 핵심이다.

여기서 끝나지 않는다. 왓피캘린지 활성화를 위해 왓챠피디아와 연동되는 OTT '왓챠'에서는 공동 시청을 통해 실시간으로 채팅할 수 있는 '왓챠파티'도 함께 진행한다. 콘텐츠를 감상하고 인증 기간 내 캘린지를 완주하면 경품까지 제공한다. 2024년 8월 캘린지에는 '중드홀릭'이라는 테마로 인터파크투어와 협업하여 중국 드라마를 감상하고 인증한 사람에게 인터파크투어의 중국 여행 패키지 할인쿠폰, 촬영지 투

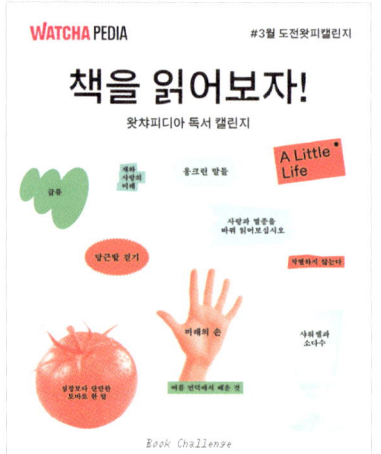

매달 다른 테마로 선별된 작품으로 진행되는 왓피캘린지
(출처: 왓챠 X)

어 상품 등을 제공했다. 2025년 3월에는 독서 캘린지를 진행하며 기존의 동영상 중심에서 독서로 콘텐츠 영역을 확장하기도 했다.

왓챠피디아는 이를 통해 선택의 역설에 빠진 사용자에게 명확한 가이드라인과 보상 시스템을 제공해 자발적 참여를 유도하면서도, 콘텐츠 감상부터 커뮤니티 참여, 경품 혜택까지 아우르는 완성도 높은 큐레이션된 경험을 구현했다.

발견과 체험의 여정을 완성하는 큐레이션

오늘날 큐레이션이 주목받는 핵심은 전문가의 일방적 제안에서 소비자가 주인공이 되어 탐험하는 방식으로 변화했다는 것이다. 소비자들은 준비된 선택지 안에서도 자신만의 여정을 펼치며, 예기치 못한 연결 고리나 새로운 관점을 발견할 때 진정한 만족을 느낀다. 이러한 변화가 큐레이션된 경험에 단순한 상품 추천과 구별되는 독특한 가치를 부여하고 있다.

이러한 능동적 탐험 욕구를 포착한 대표적 사례가 서울 연희동의 독립출판물 전문 서점 '유어마인드'다. 2009년부터 독립출판물과 아트북을 전문으로 판매해온 이 공간은 서점의 틀을 과감히 확장한다. 새로운 도서가 입고되면 단순 진열에 그치지 않고, 마치 미술관의 작품 설명글처럼 책과 저자의 메시지를 감각적으로 소개하는 글을 소셜미디어에 게시한다. 작가 특집 전시를 통해서는 도서와 관련 굿즈를 함께 선보이며 방문객이 작가의 세계관을 종합적으로 경험할 수 있도록 한다.

유어마인드는 고객이 직접 창작에 참여할 수 있는 프로그램도 운영한다. 아트북 워크숍에서는 자신의 작품으로 직접 책을 만들어보고, 에세이 워크숍에서는 한 시간 동안 쓴 글을 실제 한 권의 책으로 제작하는 과정을 경험할 수 있다. 이를 통해 고객의 역할을 책을 '구매하는 사람'에서 '만드는 사람'으로 확장시켜준다.

유어마인드의 큐레이션 방식은 명확하다. 대형서점에서는 만나기 어려운 독립 작가를 발굴해 소개하고, 이들의 작품을 단순 진열이 아닌 '전시'로 기획한다. 이에 더해 고객이 구경만 하는 것이 아니라 직접 제작과정에 참여할 수 있는 기회를 제공한다. 고객은 이러한 큐레이션된 경험에서 발견-체험-참여의 단계를 거치면서 책 쇼핑을 넘어선 의미 있는 독서 경험을 하게 된다.

김로로 작가의 신간 『계절 인사』 소개 특집전
(출처: 유어마인드 인스타그램)

유어마인드의 아트북 워크숍 홍보 포스터
(출처: 유어마인드 인스타그램)

AI 시대의 큐레이션된 경험

AI가 선사하는, 나도 몰랐던 나만의 취향

AI가 발달하며 조작된 콘텐츠를 제작하는 것이 쉬워지자, 정보 진위 파악에 피로해진 소비자들이 신뢰할 수 있는 큐레이션된 경험을 다시 찾기 시작했다. 그러나 역설적이게도 AI만이 구현할 수 있는 새로운 형태의 큐레이션 또한 등장하고 있다. 방대한 데이터 학습으로 사용자 맞춤형 결과 도출에 특화된 AI가 인간 큐레이터의 한계를 보완하며 전에 없던 초개인화 경험을 가능하게 하는 것이다.

'스포티파이'는 AI의 이러한 장점을 활용해 2024년 9월 국내에 '데이리스트(Daylist)' 기능을 출시했다. 해외에서 선출시되었던 이 기능은 사용자의 청취 습관과 기분에 따라 하루 최대 12개의 플레이리스트를 생성하며, 특정 시간대나 요일에 자주 듣는 음악 등 일상의 생활 패턴까지 반영한 초개인화 청취 경험을 제공한다. 이를 통해 이용자는 스포티파이의 2025년 캠페인 슬로건 '나보다 나를 더 잘 아는 나만의 스포티파이'처럼 나만의 취향 저격 음악을 발견하게 된다. 〈뉴욕타임스〉의 기사에 의하면, 스포티파이는 데이리스트 구현을 위해 데이터 과학자와 음악 전문가가 협업하여 장르, 분위기, 주제를 기반으로 음악적 설명어를 식별하고, 이를 음악 전문가의 부연 설명, 음향 유사성 및 트렌드 등의 방법론을 통해 특정 트랙과 연결했다. 전문가의 통찰력과 AI의 방대한 데이터 처리능력을 결합해 기계적 추천을 넘어선 감성적 큐레이션을 완성한 것이다.

데이리스트의 독특한 개인화 제목은 이러한 AI 큐레이션에 독창성을 더한다. '부끄러운 핑크 필라테스 공주의 일요일 밤(shy pink pilates princess sunday night)', '댄스 수업과 FPS* 게이밍의 월요일 아침(dance lessons fps gaming monday morning)' 등 머신러닝을 통해 조합된 이상하지만 흥미로운 제목들은, 인간이 모든 사용자를 위해 창작하기에는 물리적으로 불가능한 대규모 개인화를 실현하며 캐해* 요소까지 성공적으로 사로잡았다.

시간, 분위기, 청취 습관에 맞춘 초개인화 음악 추천 서비스, 데이리스트
(출처: 스포티파이 뉴스룸 홈페이지)

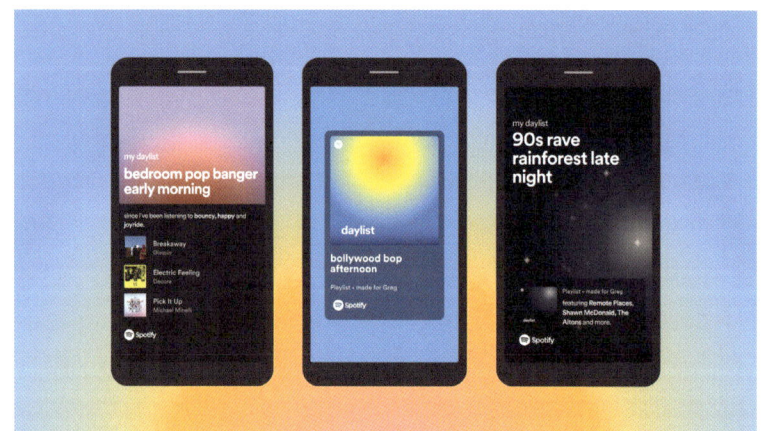

FPS 'First-Person Shooter'의 줄임말로, 1인칭 시점으로 전개되는 슈팅 게임 장르
캐해 '캐릭터 해석'의 줄임말로, 인물의 성격, 행동양식 등을 자세하게 분석하는 것

실제 성과 또한 주목할 만하다. 데이리스트는 출시 후 소셜미디어에서 화제가 되며 이용자의 자발적 공유를 이끌어냈다. 이용자들은 AI가 자신을 "꿰뚫어본다"고 표현하며, 이를 통해 자신만의 "독특한 음악 정체성"을 발견하고 표현하는 재미를 느낀다고 밝혔다. 이처럼 데이리스트는 음악 추천 기능을 넘어 스포티파이만의 독자적인 브랜드 정체성을 구축하는 핵심 역할을 하고 있다.

자신의 이상하고도 유쾌한
데이리스트 제목을 공유하는 이용자들
(출처: 틱톡 홈페이지)

AI의 큐레이션과 함께 떠나는 쇼핑 여행

국내 이커머스업계에서도 AI를 활용한 큐레이션된 경험 제공이 눈에 띄게 증가하고 있다. 무신사는 2024년 8월, 앱의 UI·UX를 전면 개편하여 카테고리별 특성을 반영한 '멀티 스토어' 형태의 홈화면을 도입했다. 동시에 1억 5,000만 건의 대규모 데이터를 기반으로 개편 전보다 50배가 넘는 AI 추천 시나리오를 구축하여 초개인화 큐레이션 서비스를 선보이며, 상품 상세 페이지 조회수, 구매 전환율, 거래액 등이 성공적으로 증가했다.

한편 '롯데온'은 2025년 8월, MZ세대를 타깃으로 한 뷰티 큐레이션 앱 '트위즈(twiz)'를 출시했다. 족집게를 뜻하는 트위저(tweezer)에서 이름을 따온 이 앱은 방대한 뷰티 정보 속에서 개인화 UI를 통해 사용자에게 꼭 필요한 콘텐츠만을 선별해 제공한다. 개인이 설정한 뷰티 프로필에 따라 실시간으로 추천상품이 변화하며, 상품을 클릭하면 롯데온으로 연결되어 자연스럽게 구매로 이어지도록 설계했다.

이러한 AI 기반 큐레이션은 상품 나열을 넘어 이용자에게 탐색의 여정을 제공한다. 개인의 취향에 맞춘 상품이 연속적으로 추천되면서 이용자는 플랫폼 내에서의 긴 체류 시간을 지루함이 아닌 새로운 발견의 과정으로 인식하게 된다. 이는 브랜드에 대한 신뢰와 충성도를 자연스럽게 강화하며, 더 많은 이용자 데이터 축적을 통해 보다 정교한 개인화가 가능해지는 선순환 구조를 만들어낸다. AI의 분석 능력으로 정교하게 큐레이션된 경험은 브랜드와 소비자 모두에게 가치를 창출하는 새로운 상호작용 방식으로 자리잡고 있다.

무신사 2.0으로 고객 경험 혁신

MUSINSA

스토어 방문객의 구매 전환율을 3배 가까이 증가시킨 무신사의 AI 기반 개인화 큐레이션
(출처: 무신사 뉴스룸 홈페이지)

AI 추천과 소셜미디어
트렌드 분석을 결합해
개인 맞춤형 뷰티 정보를
제공하는 트위즈
(출처: 롯데온)

미래 큐레이션의 과제와 기회

큐레이션의 이중 엔진 활용:
휴먼 터치와 데이터 사이언스의 조화 모색

'믿을 수 있는 정보 제공자'라고 하면 대부분 해당 분야에 전문성을 갖춘 사람을 떠올리기 마련이다. 소비자들은 그 분야를 잘 아는 전문가가 엄선하여 추천해주는 휴먼 큐레이션을 신뢰하고 선호하는 동시에, AI가 빅데이터를 학습한 뒤 도출한 데이터 기반 큐레이션의 객관적 정확성에도 매력을 느낀다.

인간의 선별에만 과도하게 의존할 경우 개인적 편향이나 주관성의 한계에 부딪힐 수 있으며, 데이터에만 의존할 경우 수치로는 포착되지 않는 인간만의 감성과 맥락적 이해가 간과될 위험이 있다. 결국 어느 한쪽이 절대적 우위를 점하지 못하는 현상황에서 인간의 통찰력과 기술의 데이터 기반 도출 능력 사이 최적의 균형점을 찾는 일이 관건이 될 것이다.

따라서 더 나은 큐레이션된 경험을 구현하기 위해서는 인간과 기술이 상호보완할 수 있는 하이브리드 큐레이션 모델이 개발되어야 할 것이다. 그저 새로운 기술을 도입하는 것이 아닌, 인간과 기술이 각각의 강점을 발휘할 수 있는 영역을 명확히 구분하고 조화시키는 섬세한 설계가 필요하다.

지속가능성: 신선함과 일관성의 균형점

큐레이션된 경험이 장기적으로 사람들의 관심을 유지하기 위해서는 지속적인 새로움과 안정적인 품질을 동시에 제공해야 한다는 과제가 있다. 사용자들의 변화하는 니즈를 파악하고 이에 맞는 경험을 설계하는 것은 앞으로도 계속 발전시켜야 할 영역이다. 디지털 환경에서 이를 보완하기 위해서는 사용자 행동 패턴의 실시간 분석을 통한 동적 큐레이션 시스템의 구축, 계절성이나 트렌드를 반영한 적응형 알고리즘의 개발, 사용자 피드백을 적극적으로 반영할 수 있는 학습 시스템의 고도화가 필요할 것이다.

서비스의 핵심 정체성은 유지하면서도 표현방식을 다양화하는 창의적 접근 방법에 대한 모색 또한 지속적으로 요구될 것이다. 큐레이션된 경험으로 안정적인 브랜드 아이덴티티를 구축한 후에도 소비자에게 반복적이거나 지루한 느낌을 주지 않는 것은 상당한 난도를 요구하는 과제다. 결국 트렌드에 민감하게 반응하며 사람들의 변화하는 니즈를 기민하게 포착하여 이를 큐레이션된 경험으로 재해석해내는 능력이 지속가능한 큐레이션 서비스의 핵심이 될 것이다.

경쟁 심화에 대한 선제적 대응: 차별화 전략 고도화

큐레이션 서비스가 일반화되면서 현대 소비자들의 눈높이 또한 높아졌다. 단순한 상품 추천이나 콘텐츠 나열 수준의 큐레이션으로는 차별화가 어렵다. 이제는 더욱 정교하고 독창적인 큐레이션된 경험 전략을 통해 고유의 가치를 창출해야 할 것이다.

앞으로는 특정 영역에서의 깊은 전문성을 바탕으로 한 니치(Niche) 큐레이션, 사용자 커뮤니티와의 적극적 상호작용을 통한 참여형 큐레이션, 기술적 혁신을 통한 새로운 형태의 경험 제공 등이 주요한 차별화 전략이 될 것이다. 핵심은 모방하기 어려운 고유한 큐레이션 철학과 실행 능력을 갖추는 것이며, 이를 바탕으로 유사한 큐레이션이 급증할 때 경쟁우위를 확보해야 한다.

이러한 도전 과제들을 선제적으로 인식하고 체계적으로 대비한다면, 큐레이션된 경험은 브랜드 아이덴티티를 성공적으로 구축하는 더욱 성숙하고 정교한 서비스로 발전할 수 있을 것이다. 각 영역에서의 지속적인 혁신과 개선 노력을 통해 큐레이션 시장은 소비자에게 더 큰 가치를 제공하는 필수적 서비스로 자리매김해나갈 것으로 전망된다.

정보의 홍수 속에서 진위 여부까지 의심해야 하는 현대인에게 큐레이션된 경험은 새로운 나침반이 되었다. 큐레이션된 경험은 과거의 단순한 추천에서 벗어나, 신뢰할 수 있는 큐레이터나 플랫폼이 일관된 테마 아래 다양한 요소들을 유기적으로 엮어 제공하는 완성된 여정으로 진화했다. 브랜드가 각자의 방식으로 소비자의 선택의 피로를 덜어주고 새로운 탐험의 기반을 마련해주며 AI의 힘을 활용해 초개인화된 경험을 선사하는 것처럼, 성공적으로 큐레이션된 경험은 신뢰성, 일관성, 다양성이라는 세 가지 핵심 요소를 균형 있게 구현한다. 물론 휴먼 터치와 데이터 사이언스의 조화, 신선함과 일관성의 균형, 치열해지는 경쟁 속 차별화 전략 등 성공적인 큐레이션을 위한 도전 과제는 늘 존재할 것이다. 하지만 이러한 과제들을 선제적으로 인식하고 체계적으로 대응한다면, 큐레이션된 경험은 일시적 트렌드를 넘어 현대인의 삶을 더욱 풍요롭게 만드는 역할로 정착할 것이다.

결국 큐레이션된 경험의 진정한 가치는 소비자에게 '나를 위한 특별한 경험'이라는 감동을 선사하는 데 있다. 앞으로 브랜드가 이러한 개인화된 감성적 연결 고리를 더욱 정교하게 구현해낼 때, 소비자는 단순한 구매를 넘어 자신만의 취향을 발견하고 표현하는 즐거움을 누리게 될 것이다. 이는 곧 브랜드 충성도와 지속적 관계 형성으로 이어지는 새로운 마케팅 패러다임을 완성하게 된다. 이처럼 성공적으로 큐레이션된 경험은 브랜드와 소비자 모두에게 긍정적인 가치를 창출할 수 있다.

디지털 부업의 탄생:

작은 채널이 맵다

2

언젠가부터 유튜브로 돈을 번다는 개념이 사람들에게 자연스러운 현상으로 인식되기 시작했고, '유튜버'라는 단어도 어엿한 직업을 지칭하게 되었다. 그리고 이제는 인스타그램, 틱톡 등 유튜브 이후 등장한 소셜미디어에서 '창작자'나 '크리에이터'로 불리며 돈을 버는 사람들도 있다. 최근 숏폼 콘텐츠가 대중화되면서 이들이 수익을 내는 방식에도 변화가 생기고 있다. 과거 유튜브에서 롱폼 콘텐츠로 유튜버가 돈을 벌어들였던 것처럼, 이제는 소셜미디어에서 숏폼 형태로 콘텐츠를 제작해 수익을 내는 크리에이터가 등장한 것이다.

크리에이터 세계의 변화를 이끄는 이들은, 많은 팔로워를 보유하고 있거나 엄청나게 중요한 정보를 다루진 않지만 팔로워나 구독자에게 꼭 필요한 소소한 정보를 알려주며 끈끈한 관계를 맺고 있는 '스몰 크리에이터'들이다. 이들은 우리가 흔히 알던 수백만 팔로워를 보유한 대형 유튜버나 인플루언서와는 다른 모습으로 우리의 피드에 등장한다.

스몰 크리에이터가 만들어내는 콘텐츠는 어디선가 알고리즘을 타고 나의 인스타그램이나 유튜브 피드에 불쑥 나타난다. 별것 아닌 것처럼 보이지만 그렇다고 그냥 지나치기에는 마침 내가 평소에 궁금해하거나 관심 있던 내용이다. 나도 모르게 무심코 끝까지 보게 되는 이 오지랖 넓은 콘텐츠는, 소셜미디어 플랫폼에서 수익을 창출해내는 생태계를 형성해가고 있다.

©Steve Gale, Unsplash

소셜미디어 피드의 새로운 풍경

피드에 등장하기 시작한 낯선 사람들

인스타그램의 피드를 내리다보면 평범해 보이는 일반인의 브이로그 같은 숏폼 콘텐츠가 느닷없이 나타난다. '성인 ADHD(주의력결핍 과잉행동장애)인 내가 업무 효율 높이는 책상 위 꿀템 TOP5', '설치하기만 해도 갓생 보장하는 루틴 앱 모음', '도파민 중독 직장인이 영화 보면서 영어 공부하는 법'. 다짜고짜 꿀팁을 알려주면서 거부할 틈도 없이 치고 빠지는 릴스 콘텐츠들이다. 물론 숏폼 형태의 영상은 어디서든 나타나지만, 언젠가부터 내가 궁금해하거나 관심을 두는 소소한 내용을 알아서 알려주고 있다. 의심스러워 혹시나 광고라는 표기가 되어 있는지 확인해봐도 그런 흔적은 없다. '내가 모르던 유명 인플루언서인가?' 하는 생각에 프로필을 확인해보면 애매한 팔로워수를 가지고 있다.

그냥 브이로그라고 하기에는 광고 같고, 광고라고 하기에는 소소한 일상적 내용을 공유하는 콘텐츠가 점점 소셜미디어 피드에 나타나고 있다. 전문 크리에이터나 인플루언서도 아니지만 광범위하게 노출되는 이런 콘텐츠로 부수입을 올리고 있는 콘텐츠 부업자, 즉 스몰 크리에이터가 소셜미디어에서 점차 늘어나며 새로운 생태계를 만들고 있다.

콘텐츠로 수익을 내는 다양한 방식

소셜미디어 세계에서는 전문적이거나 획일화된 정보보다 조금 소소하더라도 나에게 꼭 필요하거나 나의 일상과 맞닿아 있는, 그런데 굳이 공들여서 찾아보기 귀찮은 정보가 더 관심을 끈다. 스몰 크리에이터는 이런 니즈를 충족시키는 콘텐츠로 팔로우를 유도하고 관계 형성을 통해 수익을 얻는, 작지만 활발한 시장을 형성하고 있다. 이들이 수익을 올리는 방식 중 가장 흔하고 대표적인 방식은 브랜드나 제품의 광고 콘텐츠를 제작하는 것이다. 제품이나 서비스를 협찬받아 소개하거나 일상에서 제품을 사용하는 리뷰 콘텐츠를 업로드하는 식이다.

집순이 직장인 브이로그 콘텐츠를 업로드하는 크리에이터 츄라임이 대표적 예다. 팔로워는 10만 명 내외지만 '30대 집순이 퇴근 후 나이트 루틴 vlog' 같은 콘텐츠는 200만 이상의 조회수를 기록하며 스몰 크리에이터로서 확실한 파급력을 가지고 있다. 츄라임의 주요 팔로워인 30대 직장인 여성을 타깃으로 하는 디올, 삼성 비스포크, 컬리 등 다양한 브랜드의 협찬을 받아 광고 콘텐츠도 제작한다. 메가 인플루언서만큼 대대적인 광고를 기획하지는 않지만, 계정 콘셉트에 맞게 일상 콘텐츠에 브랜드를 노출시키고 끈끈한 관계의 팔로워에게 자연스럽게 임팩트를 주며 수익을 올리고 있다.

츄라임의 릴스 목록과 디올 광고 콘텐츠
(출처: @chuu_lime 인스타그램)

누군가가 내돈내산 제품을 소개하며 '구매 정보는 고정 댓글에' 혹은 '구매 링크는 프로필 클릭'이라고 안내하는 짧은 영상을 본 적이 있을 것이다. 최근에는 이렇게 링크를 이용해 시청자와 구매처를 직접 연결해주고 판매 수수료 수익을 얻는 제휴 마케팅이 스몰 크리에이터의 수익 파이프라인으로 인기를 얻고 있다. 콘텐츠를 보고 제품이나 브랜드에 관심이 생긴 소비자가 크리에이터 계정을 통해 구매할 때마다 수익이 발생하는 방식이다.

스몰 크리에이터가 자신의 채널을 통해 브랜드와 팔로워를 중개하는 '공구(공동구매)'도 수익화 방법 중 하나다. 팔로워에게 저렴한 가격 혜택을 주는 동시에 브랜드로부터 수수료를 받아 수익을 내고, 반응이 좋으면 'N차 공구'를 진행하는 경우도 있다. 스몰 크리에이터 이여름은 외출할 때마다 가방에 짐을 챙기는 콘텐츠를 업로드한다. 시청자들이 콘텐츠에 등장하는 짐 가방 외에도 함께 등장하는 텀블러, 화

이여름의 릴스 목록과 공동구매 게시글
(출처: @free_mvmt 인스타그램)

장품 등 다양한 외출템에 관심을 가지면서 이 제품들의 공구를 진행해 수익을 내고 있다.

크리에이터 자신만의 오리지널 콘텐츠를 제작하기도 한다. 전공, 직업 등 특정 분야의 정보나 개인이 직접 경험한 것을 소재로 콘텐츠를 제작해 팔로워에게 제공하는 방식이다. 이들은 강의 콘텐츠, 교육자료 등 특정 주제의 도움이 되는 정보를 팔로워들에게 유료로 판매해 수익을 올린다. 초반에는 팔로워를 모으기 위해 계정의 주제와 관련된 내용으로 흥미를 유발하는 콘텐츠를 만들고 무료로 공유한다. 그리고 이를 반복적으로 생산해 팔로워를 확보한 후, 자신만의 축적된 지식과 노하우를 판매한다. 특히, 실제 경험 사례와 노하우가 중요한 재테크, IT, 자기계발 등의 분야에서 이러한 방식이 주로 사용된다.

20~30대 직장인을 타깃으로 활동하는 스몰 크리에이터 빼콩은 부동산 재테크, 부수입 경험으로 얻은 지식과 노하우를 강의와 컨설팅 형태로 판매하고 있다. 팔로워로 구성된 커뮤니티 모임도 운영하며 재테크 강사를 초대하는 등 팔로워의 니즈에 맞는 콘텐츠를 제공해 적극적으로 수익을 내고 있다.

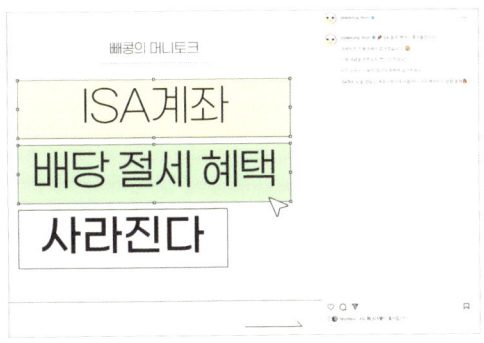

직장인의 관심 소재인 재테크를 다룬 빼콩의 게시글
(출처: @bbaekong_toon 인스타그램)

스몰 크리에이터의 탄생 배경

크리에이터의 진입장벽을 낮춘 숏폼

스몰 크리에이터가 트렌드가 될 수 있던 배경 중 하나는, 콘텐츠를 통해 부수입을 만드는 현상이 대중화되었다는 점이다. 누구나 더 많은 돈을 벌고 원하는 만큼 소비하고 싶어한다. 그러나 최근 몇 년간 집값과 물가가 소득보다 빠르게 인상되며, 본업만으로는 원하는 소비생활을 유지하기 어려운 상황이 이어지고 있다. 이러한 경제적 압박에 부수입은 선택보다는 필수에 가까워졌다. 비슷한 시기에 소셜미디어가 대중화되면서, 본업 외 소득을 마련하려는 사람들의 시선이 유튜브에 모이며 유튜버라는 직업이 많은 주목을 받았다. 한때 직장인의 2대 허언이 "나 퇴사할 거야"와 "나 유튜브 할 거야"라는 농담이 나올 정도였다. 그러나 유튜버로서 수익을 내기 위해서는 많은 구독자와 조회수를 확보해야 하고, 제작을 위한 장비, 편집 기술, 기획 등 많은 시간과 비용이 필요했다.

 그러던 중 소셜미디어의 무게중심이 인스타그램 릴스, 틱톡, 유튜브 쇼츠와 같은 숏폼 콘텐츠로 이동하면서 상황이 달라졌다. 숏폼은 1분 내외의 짧은 영상으로 가볍게 보기 편하다는 장점 때문에 콘텐츠 시장에서 급격하게 성장했다. 긴 영상을 기획하고 촬영할 필요 없이 스마트폰 하나로 간단히 찍고 편집해도 완성도 있는 영상을 만들 수 있게 되면서 진입장벽이 매우 낮아졌다. 이제는 콘텐츠의 생산과 소비 간 경계가 허물어지며, 자신의 일상, 취미, 생각을 기록하고 공유하던 활동에 약간의 편집과 기획만 더하면 완성도 있는 콘텐츠를 만들 수 있다.

지금 소셜미디어에서는 내가 잘 아는 것, 좋아하는 것, 혹은 평소하고 있는 일을 조금만 가공해도 누군가에게 '팔릴 수도 있는 콘텐츠'가 되고 있다. 그리고 이러한 콘텐츠는 새로운 것을 특별히 익혀야 하거나 큰돈을 투자해야 하는 리스크가 없기 때문에, 자신의 취향과 경험을 활용해 수익을 내는 스몰 크리에이터가 늘어나고 있다.

비슷한 일상이 연결해주는 관계

소셜미디어를 사용하는 사람의 심리적 동기와 행동 패턴도 스몰 크리에이터 트렌드를 가속화하는 요소다. 많은 소셜미디어 사용자가 자신의 일상을 기록하고 공유하고 싶어하는 동기를 가지고 있다. 이런 동기는 숏폼 콘텐츠를 제작해 자신의 일상을 기록하며 취향을 드러내는 행동의 원천이 된다. 실제로 요즘 스몰 크리에이터의 콘텐츠를 보면, '다이어트 기록용 계정', '그날 읽은 책 요약 콘텐츠', '아기 이유식 만들기 기록', '자취방 인테리어템 소개' 등 아주 개인적인 일상에서 출발한 소재를 다루고 있다. 이런 콘텐츠가 비슷한 관심사와 취향을 가진 사람에게 닿고 댓글, DM, 저장, 공유 같은 행동을 유도하며 자연스럽게 '크리에이터-팔로워'의 관계가 형성된다. 이는 스몰 크리에이터가 지속적으로 활동할 수 있는 동기부여가 되며, 다시 팔로워에게 확산되는 순환구조를 만든다.

사람들은 자신과 유사한 사람의 경험을 더 신뢰하는 경향이 있다. 이러한 '유사성 효과'는 팔로워의 반응에서도 나타난다. 나와 비슷한 사람이 알려주는 정보는 '나도 할 수 있겠다'는 가능성의 신호로 작용한다. 나와 같은 직업을 가졌거나 비슷한 연령의 아이를 키우는 부모가 소개하는 팁은 유명 전문가의 조언보다도 더 현실적이고 실용적으로 느껴진다. 소셜미디어의 알고리즘은 이를 더 강화한다. 알고리즘이 사용자의 관심사와 행동을 분석해 비슷한 취향의 스몰 크리에이터와 팔로워가 자연스럽게 연결되고 신뢰와 친밀감이 형성된다. 실제로 MZ세대는 알고리즘의 콘텐츠를 크게 신뢰하는 경향성이 있다. 보그 비즈니스(Vogue Business)가 MZ세대를 대상으로 실시한 2024년 조사에 따르면, 50% 이상이 '알고리즘은 내 부모님보다 나의 취향과 관심사를 더 잘 알고 있다'고 응답했고, '알고리즘은 나 자신보다 나를 더 잘 알고 있다'라고 응답한 비율도 3명 중 1명 이상으로 높게 나타났다.

일상을 기록하고 싶어하는 심리적 동기와 큐레이션 기술이 스몰 크리에이터와 팔로워의 관계를 형성하고, 스몰 크리에이터의 '팔릴 수도 있는 취향'을 빠르게 확산시키면서 스몰 크리에이터가 점점 더 많이 탄생하고 있다.

MZ세대의 소셜미디어 알고리즘 인식
(출처: Vogue Business)

(단위: 동의 비율 %)

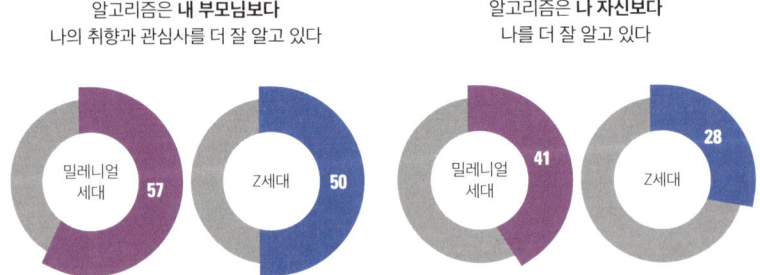

스몰 크리에이터 시장의 성장동력

소셜미디어 전략의 중심축, 스몰 크리에이터

이런 생태계가 활성화된 것은 브랜드, 팔로워, 스몰 크리에이터의 니즈가 맞아떨어지면서 생긴 우연이 아니다. 최근 소셜미디어 플랫폼이 비즈니스 전략을 변화시키면서 만들어낸 구조적 변화가 큰 역할을 하고 있다.

   인스타그램은 2024년, 리포스트된 콘텐츠보다는 창작자가 직접 만든 원본 콘텐츠를 우선 노출하고, 스몰 크리에이터에게 더 많은 기회를 주겠다고 발표하며 알고리즘을 조정했다. 특히 인스타그램 CEO 아담 모세리(Adam Mosseri)는 2025년 초 인터뷰에서 "스몰 크리에이터가 플랫폼 안에서 성장할 수 있도록 돕는 것이 우리의 핵심 과제"라고 밝히며, "앞으로 콘텐츠를 공유하는 것은 사용자의 피드에 더욱 큰 영향을 미치게 될 것이다. 그리고 인스타그램 내 검색 범위도 해시태그만이 아닌 게시물의 텍스트·오디오·사진 등 모든 요소로 확장될 것이다"라고 언급했다. 사람들이 인스타그램에서 스몰 크리에이터의 콘텐츠를 보고 공감할 때, 지인에게 추천하며 DM으로 공유하는 행동을 생각해보면 인스타그램의 방향성을 이해할 수 있다. 사용자의 적극적인 참여 행동이 스몰 크리에이터의 콘텐츠를 더욱 확산시키고 사람들이 플랫폼을 지속적으로 사용하게 하는 원동력이 된다.

인스타그램뿐 아니라 틱톡도 팔로워수가 1,000명만 넘어도 라이브 콘텐츠로 수익을 정산받도록 하고 있으며, 유튜브는 수익 창출을 할 수 있는 구독자수 조건을 기존의 1,000명에서 2023년부터 500명으로 완화하며 스몰 크리에이터의 문턱을 낮췄다. 이러한 전략에 따른 변화는 실질적으로 나타나고 있다. 글로벌 인플루언서 마케팅 플랫폼인 '아스파이어(Aspire)'에서 자사 현황을 조사해 2025년 발표한 바에 따르면, 팔로워 2,500~2만 5,000명 규모의 스몰 크리에이터의 평균 참여율은 7.2%로, 25만 명 이상의 팔로워를 보유한 크리에이터의 참여율보다 높다. 틱톡과 인스타그램 내 크리에이터의 평균 참여율과 비교해도 매우 높은 수준이다. 여기서 '참여율(Engagement Rate)'이란 좋아

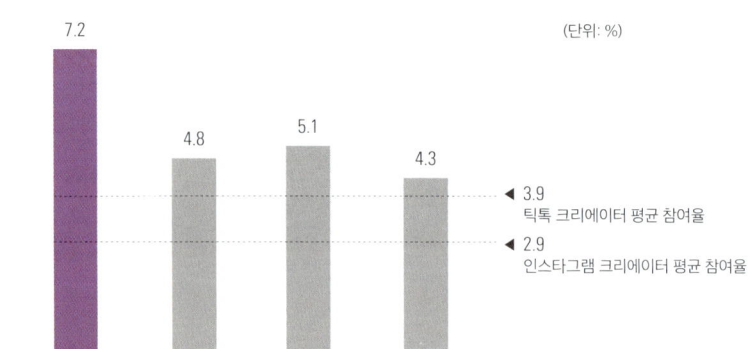

팔로워 규모별 소셜미디어 평균 참여율
(출처: Aspire, 「The State of Influencer Marketing 2025」)

요, 댓글, 저장, 공유 등으로 게시물을 본 사람들이 얼마나 적극적인 행동으로 반응했는지 보여주는 지표다. 더이상 팔로워 규모만이 크리에이터의 영향력을 반증하는 절대적인 무기가 아님을 보여준다.

오히려 팔로워가 많아질수록 관계가 느슨해져 반응률 지표가 낮아지는 경우도 있다. 10만 팔로워 계정에서 1,000명이 반응하면 참여율은 1%지만, 3,000 팔로워 계정에서 300명의 반응은 참여율 10%가 된다. 여러 연구에서도 팔로워가 일정 규모를 넘어서면 참여율이 정체되거나 감소하는 반면, 팔로워수 7,000~1만 명 구간이 가장 높은 반응률을 보인다는 결과들이 보고되며, 스몰 크리에이터의 잠재력이 주목받고 있다.

팔로워수는 적어도 반복적인 반응이 체류 시간과 광고 효율에 더 긍정적인 영향을 미치기 때문에 스몰 크리에이터가 플랫폼 전략의 중심축이 된 것이다. 과거에는 많은 팔로워와 높은 조회수가 경쟁력이었다면, 현재의 크리에이터 트렌드에서는 자신의 이야기에 더 적극적이고 진정성 있는 반응을 유도하는 것이 경쟁력이다. 크고 화려한 무대에서는 사람들보다 작은 무대에서 진정성 있는 공연을 꾸준히 이어가는 사람들이 소셜미디어에서 더 많은 기회를 얻고 있는 셈이다.

자동화와 제작 툴이 만든 새로운 수익 기회

스몰 크리에이터가 수익을 편하게 낼 수 있게 하는 생태계도 점점 촘촘해지고 있다. 콘텐츠에서 자연스럽게 볼 수 있는 여러 장치가 대부분 스몰 크리에이터의 등장과 함께 형성된 시장에서 제공하는 서비스다. 리뷰 영상에서 등장한 제품 정보가 궁금하다면 댓글에 "정보"라고 댓글을 남겨달라는 콘텐츠가 대표적인 예다. 제품이 궁금해서 댓글을 남기면 기다렸다는 듯이 곧장 DM으로 정보를 보내준다. 이러한 실시간 소통은 매니챗(ManyChat), 인포크링크(INPOCKLINK)와 같은 자동화 도구 덕분에 가능하다. 자동화 도구는 스몰 크리에이터의 등장 이후 가장 빠르게 발전한 비즈니스로, 운영자의 수고를 줄이면서도 팔로워와의 접점을 24시간 유지할 수 있어서 팔로워에게 소통하고 있다는 인식과 유대감을 제공한다. 리빙템을 소개하는 스몰 크리에이터 콩순이네도 팔로워가 1만 명 내외지만, 자동화 도구를 통해 이케아 같은 대형 브랜드의 제품을 제휴 판매할 수 있는 역량을 갖추고 있다.

콘텐츠 제작 도구도 빠르게 발전했다. 캡컷(CapCut), 캔바(Canva) 등과 같은 제작 툴은 편집·자막·음성 더빙까지 자동화해줌으로써 제작의 장벽을 낮춰준 가장 큰 공신이다. 과거에는 많은 노력을 들였던 일이 이제는 몇 번의 클릭으로 가능해서 전문성이 없는 사람들도 쉽게 제작할 수 있다. 이러한 시장의 발전으로 혼자서 모든 것을 해야 했던 시대를 지나 이제는 플랫폼과 도구, 시장이 맞물려 효율적인 창작과 수익 생태계가 만들어지고 있다.

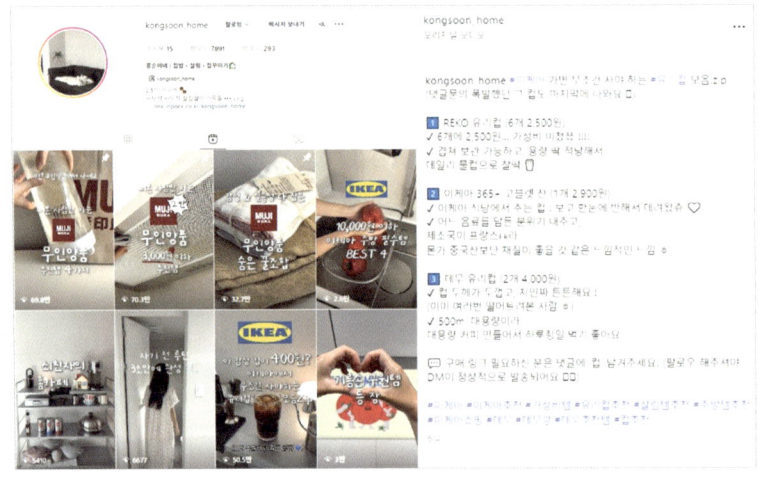

콩순이네의 릴스 목록과 자동화 도구를 이용하는 게시글
(출처: @kongsoon_home 인스타그램)

스몰 크리에이터 생태계의
변화와 전망

브랜드와 스몰 크리에이터의 접점 확장

이제 브랜드가 강조해야 할 것은 메시지만이 아니라 '어떤 사람이 우리 제품을 쓰고 있느냐'다. 유저가 브랜드 이미지를 결정할 수 있는 시대에서 스몰 크리에이터는 중요한 파트너가 될 수 있다. 네이버와 쿠팡의 최근 행보는 이러한 기대감을 잘 반영하고 있다. 네이버의 크리에이터 협업 플랫폼 '브랜드 커넥트'는 팔로워 규모와 무관하게 협업이 가능하도록 플랫폼을 개방했고, 쿠팡은 '파트너스' 제휴 마케팅을 적극적으로 활용한다. 패션 플랫폼 '지그재그'도 최근 유튜브 쇼핑 기능을 통해 크리에이터가 콘텐츠에 상품을 태그할 수 있도록 했다. 이제 패션 하울*이나 OOTD* 같은 일상형 콘텐츠는 자연스럽게 브랜드와 소비자를 연결시킨다.

플랫폼 비즈니스 외에도 마케팅산업 전반에서 스몰 크리에이터가 중요시되고 있다. 종합광고대행사 이노션은 브랜드와 크리에이터를 매칭해 판매를 연계하는 어필리에이트* 비즈니스를 전략적으로 진행하고 있다. 2025년 여성 이너웨어 브랜드 '감탄브라'가 대표적인 성공

패션 하울 자신이 한꺼번에 구매한 여러 패션 아이템을 소개하고 리뷰하는 콘텐츠
OOTD(Outfit Of The Day) 오늘 입은 옷차림이나 패션 스타일을 의미
어필리에이트(Affiliate) 크리에이터가 제공하는 링크, 플랫폼을 통해 브랜드 제품을 구매하면 브랜드가 수수료를 지급하는 방식의 제휴 마케팅

사례다. 어필리에이트 비즈니스로 매칭된 스몰 크리에이터가 감탄브라를 소재로 한 다양한 콘텐츠에 구매 링크를 제공해 매출 성과를 초과 달성했다.

이제 스몰 크리에이터는 단순 리뷰어가 아니라 실제 판매 접점으로 기능하고, 브랜드도 이 접점을 확대하면서 소비자는 콘텐츠와 브랜드를 동시에 경험할 수 있다.

콘텐츠 수익화에 들이닥치는 AI

스몰 크리에이터의 가장 큰 무기는 '나'라는 존재의 일상과 취향이다. 그러나 최근에는 고도화되고 있는 AI가 새로운 무기로 떠오르며 스몰 크리에이터 시장에서 점차 큰 파이를 차지하고 있다.

대표적인 흐름이 AI로 만들어진 캐릭터나 가상의 인물이 스몰 크리에이터처럼 활동하는 현상이다. 개인의 취향만이 아니라 AI가 창작한 캐릭터도 그 자체의 매력으로 어필한다. 이미 소비자들은 매력적인 IP 캐릭터에 지갑을 열고 있고, 이는 AI 크리에이터 영역에도 긍정적으로 작용할 수 있다. 브랜드 입장에서도 캐릭터로 탄생한 스몰 크리에이터는 관리 리스크가 적고 확장 가능성이 높다는 장점이 있다. 앞으로는 AI 크리에이터와 인간 크리에이터가 공존하며 다양한 수익 모델을 만들어낼 것으로 기대된다.

또다른 확장의 축은 음악 콘텐츠다. 영상에 국한됐던 수익화는 이제 음원으로 확장되고 있다. 음악은 그 자체로 강력한 소비재이자 재생을 통한 수익화에 최적화된 포맷이기 때문에 최근에 빠르게 확산되고 있다. 수노(Suno)와 같은 AI 작곡 도구가 보편화되면서 전문적인 작곡 교육을 받지 않은 사람들도 좋은 음악을 만들 수 있게 되었다. 특히 유튜브 채널에서 '카페에서 듣다보면 시간 가는 줄 모르는 선곡' 같은 플레이리스트 형태로 많은 조회수와 광고 수익을 얻고 있다.

이런 변화는 20년 전 블로그, 10년 전 유튜브가 그랬듯, 새로운 트렌드의 시작이 될 수 있다. 앞으로의 스몰 크리에이터는 나를 드러내든 AI를 내세우든 누구나 도전할 수 있는 현실적인 트렌드가 될 것이고, 이 변화를 잘 읽을 수 있다면 지금보다 더 수익을 얻을 수 있는 혜택을 누릴 것이다.

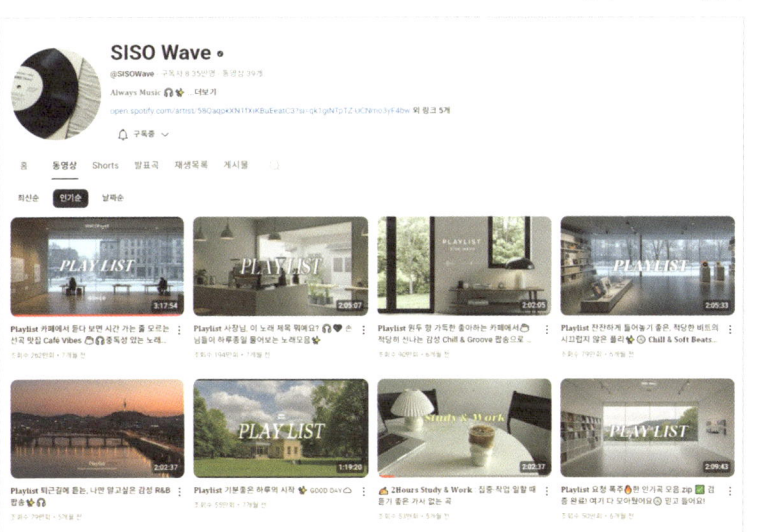

AI를 활용한 창작 음악을 업로드하는 유튜브 채널
(출처: SISO Wave 유튜브)

스몰 크리에이터는 적지만 탄탄한 관계의 팔로워를 기반으로 팔릴 수도 있는 자신의 취향을 퍼뜨린다. 그리고 그 취향이나 니즈를 콘셉트로 제품과 정보를 큐레이션하며 판매해 수익을 낸다. 이런 작은 경제 생태계에서 스몰 크리에이터가 '나'라는 존재를 중심으로 쌓아온 인간적 유대는 여전히 중요한 하나의 경쟁력으로 작용할 것이다. 스몰 크리에이터가 계속해서 콘텐츠를 생산하면서 이 시장을 유지하는 이유는 팔로워에게 닿아 연결되고자 하는 동기가 있고, 팔로워 역시 자신이 공감대를 느낄 수 있는 스몰 크리에이터를 끊임없이 찾기 때문이다. 그리고 이 무대 위에 이제는 AI로 만든 캐릭터와 가상의 목소리 그리고 음악이라는 강력한 소비재 등 새로운 경쟁 콘텐츠까지 함께 올라서고 있다. 이로 인해 자신의 취향과 관심사를 드러낼 수 있는 방식도 다양해지고, 순수한 창작물도 숏폼 형태의 콘텐츠로 생산되면서 스몰 크리에이터 시장은 물론 소셜미디어 환경이 급격한 과도기를 맞이하고 있다.

하루가 다르게 변하고 있는 소셜미디어 콘텐츠 시장에서 이제 스몰 크리에이터에게 중요한 것은 '무엇을 만들 수 있느냐'가 아니라 '어떤 방식으로 나만의 이야기를 전할 것인가'이다. 쏟아지는 콘텐츠 사이에서 팔릴 수도 있는 내 스토리를 만들기 위해서는 나의 정체성이라는 중심축을 유지하는 동시에 새롭게 확장되는 기술을 계속해서 체화해야 한다. 이 두 마리 토끼를 잡을 수 있다면, 점점 복잡해지고 경쟁이 심화되는 크리에이터 세계에서 경쟁력을 갖출 수 있을 것이다.

> 크고 화려한 무대에 서는 사람들보다
> **작은 무대에서 진정성 있는 공연을**
> 꾸준히 이어가는 사람들이 **소셜미디어에서**
> **더 많은 기회**를 얻고 있다.

진격의 덕후:

주류가 되어가는 서브컬쳐

2023년에 개봉한 〈스즈메의 문단속〉과 〈더 퍼스트 슬램덩크〉는 나란히 크게 흥행하며 한국 박스 오피스 기록을 갈아치웠다. 〈스즈메의 문단속〉은 한국과 미국을 제외한 제3국 영화 중에서 처음으로 500만 명 이상의 관람객을 동원하였으며, 〈더 퍼스트 슬램덩크〉는 극장에서 연속으로 가장 오랜 기간 상영된 영화가 되었다. 이 두 작품의 흥행을 기점으로 다양한 매체에서 '서브컬처'라는 단어가 눈에 띄기 시작했다.

서브컬처(Subculture)는 본래, 특정 시대나 사회에서 대다수 구성원이 공유하는 주류문화(Mainstream Culture)와 구별되는 소수집단의 고유한 문화를 의미한다. 힙합, 펑크, EDM 등 특정 음악 장르를 중심으로 형성된 문화나 스트리트 패션, 고스 룩* 등 특정 패션 스타일을 추구하는 집단 역시 서브컬처라고 할 수 있다.

서브컬처는 주류문화와 끊임없이 영향을 주고받는다. 이 과정에서 비주류로 여겨지던 문화가 대중적인 인기를 얻어 주류문화로 편입되기도 한다. 예를 들어, 국내에서 주류문화를 대표하는 K-pop도 초기 글로벌 시장에서는 소수의 팬덤이 향유하는 서브컬처였으나, 〈케이팝 데몬 헌터스〉의 흥행에서 보듯 최근에는 주류문화로 발돋움하고 있다. 반대로, 주류문화였던 것이 인기를 잃고 다시 서브컬처로 돌아가기도 한다. 〈쇼미더머니〉의 흥행으로 부상했던 힙합문화가 "어느새부터 안 멋져"지면서 대중의 관심에서 멀어진 것이 대표적인 예다.

출처: Mnet

고스 룩(Goth Look) 중세 고딕양식에서 영향을 받은 패션 스타일로, 인기 넷플릭스 시리즈 〈웬즈데이〉 주인공의 스타일로 유명함

국내 서브컬처 대중화의 배경

국내에서 서브컬처의 의미

국내에서 서브컬처라는 용어는 본래의 의미와 조금 다르게 오타쿠* 문화의 대체 표현으로 사용될 때가 많다. 비주류 취향이라는 기존 의미에 더해, 1990년대 일본 대중문화 개방과 함께 이 용어가 통용되면서 만화나 애니메이션 등의 일본 문화와 깊이 연관되었기 때문이다. 2020년 게임 '원신'의 출시 이후로는 오타쿠 문화에서 파생된 '서브컬처 게임'이라는 장르가 새로 정립되면서 이런 인식이 더욱 굳어졌다.

그러나 서브컬처는 더이상 소수의 열광적인 팬만 즐기는 문화가 아니다. 대표적으로 웹툰과 웹소설이 있다. 본래 서브컬처의 한 갈래로 취급되던 이들은 이제 대중적인 취미로 자리잡았다. 관련 시장의 규모가 커졌을 뿐 아니라, 수많은 인기 작품이 드라마나 영화로 제작되는 등 콘텐츠 시장 전반에 막대한 영향을 미치고 있다.

서브컬처의 사회적 수용

서브컬처가 대중화된 배경에는 사회적 인식의 변화가 자리한다. 본래 오타쿠는 일본 문화 마니아를 향한 멸칭으로 쓰였다. 그러나 개인의

오타쿠   일본 애니메이션이나 만화 등 특정 취향에 강하게 몰두하는 사람을 의미하는 일본어 표현으로, '오덕후', '오덕', '덕후' 등으로 부르기도 함

취향을 존중해야 한다는 인식이 확산되고, 여러 대중매체에서 '덕후'라는 표현을 '한 분야에 깊은 관심과 애정을 지닌 사람'이라는 긍정적 의미로 이용하기 시작했다. 그 결과 덕후나 너드(Nerd) 같은 용어에서 부정적인 의미가 희석되었고, 내향적이면서 자신의 취미에 열중하는 하나의 라이프스타일로 받아들여지게 되었다. 때로는 기존 오타쿠의 인물상과는 상이한 매력적인 인물이 덕후나 너드라고 자칭하기도 했는데, 이로 인해 인터넷 커뮤니티에서는 '빼앗긴 덕후', '빼앗긴 너드' 같은 유행어가 등장하기도 했다.

또한 최근의 젊은 세대는 과거 세대와 달리 일본과 일본 문화를 받아들이는 데에 거리낌이 없다. 2025년 2월 〈머니투데이〉에서 실시한 설문조사에 따르면, 젊은 세대일수록 일본과 일본 문화에 대한 호감도가 높게 나타났다. 이는 젊은층이 과거사 문제에서 비교적 자유롭기 때문으로 풀이된다. 전체 응답자 기준 일본에 대한 호감도는 '호감이 간다'와 '호감 가지 않는다'가 각각 47%로 동률을 이뤘는데, 이는 2022년 동일 설문을 진행했을 때 '호감이 간다'가 21%, '호감 가지 않는다'가 70%로 나타난 것과 현격한 차이이다. 지난 2년 반 사이에 일본에 대한 호감도가 크게 높아진 것으로, 이는 근 몇 년간 엔저 현상에 따른 일본 여행 증가와 한일 관계 개선 등이 영향을 미친 것으로 보인다.

일본인에 대한 호감 여부(2025년) (출처: 머니투데이)

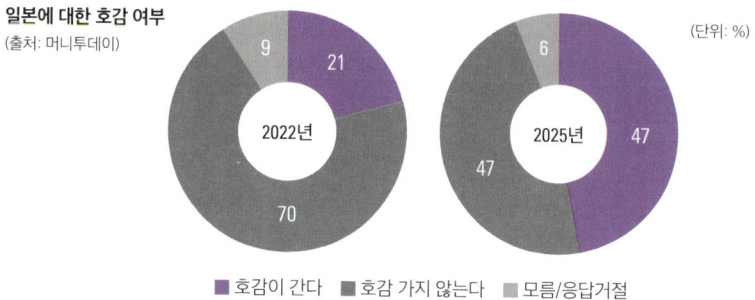

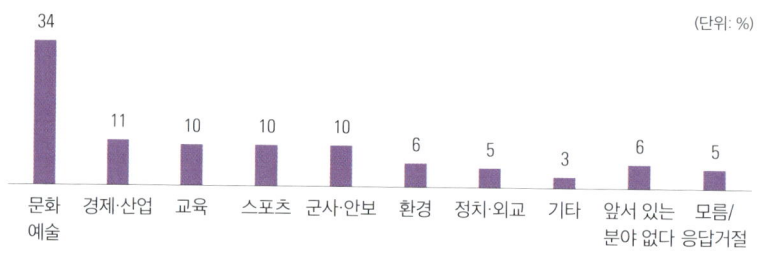

서브컬처의 경제적 동인

시장과 기업의 관점에서 서브컬처가 주목받게 된 배경에는, 다른 어떤 문화보다 강력한 팬덤의 경제적 가치가 자리하고 있다. 서브컬처 팬덤은 콘텐츠를 1회성으로 소비하는 데 그치지 않고, 관련 굿즈 구매, 팝업스토어 방문, N차 관람 등 지속적이고 반복적인 소비를 통해 애정을 증명한다. 이처럼 기꺼이 지갑을 여는 충성도 높은 팬덤의 존재는 기업 입장에서 매우 안정적이고 예측 가능한 수익 모델을 의미하며, 서브컬처 IP에 적극적으로 투자하는 핵심 동력이 된다.

팬덤의 진정한 힘은 단순한 소비력을 넘어, 자발적인 '확장성'에 있다. 이들은 소셜미디어와 온라인 커뮤니티에서 누구보다 열정적으로 작품을 '영업'하는 자발적 마케터이자, 다채로운 2차 창작활동으로 원작의 세계관을 끊임없이 확장시키는 콘텐츠 파트너이기도 하다. 팬들의 활발한 활동은 거대 자본의 광고보다 효과적으로 신규 팬을 유입시키고 콘텐츠의 생명력을 연장시킨다. 결국 안정적인 수익이 보장될 뿐 아니라 팬들이 스스로 시장을 키우고 성장시키는 강력한 팬덤 경제 생태계야말로 서브컬처를 주류의 자리로 이끈 핵심 동력이다.

'홍키하바라', 주류가 된 서브컬처의 상징

홍대 상권은 서브컬처에 대한 인식의 변화를 가장 상징적으로 보여주는 공간이다. 본래 홍대는 인디 록 밴드나 힙합 클럽 문화가 주를 이루던, 대한민국 청년문화의 최전선이었다. 동시에 미술로 유명한 홍익대학교의 영향으로 주변에 입시 미술학원이 밀집하면서, 자연스럽게 만화나 애니메이션에 친숙한 유동인구가 많은 독특한 배경을 지닌 곳이기도 했다. 1990년대에는 일본 록 음악이 국내 인디 씬에 큰 영향을 주기도 하는 등, 이전부터 일본 대중문화와의 교류가 활발히 이루어지던 공간이었다.

하지만 젠트리피케이션*으로 인해 오랜 시간 자리를 지켜온 가게들이 떠나며 상권이 흔들렸고, 코로나19가 결정타를 날렸다. 이 위기 속에서 홍대는 새로운 정체성을 찾기 시작했다. 2021년 이후 홍대입구역 AK플라자를 중심으로 애니메이션 굿즈 숍, 피규어 전문점, 유명 IP와

★

젠트리피케이션(Gentrification)　도심 인근의 낙후지역이 활성화되면서 외부인과 자본이 유입되고, 임대료 상승 등으로 원주민이 밀려나는 현상

협업하는 컬래버레이션 카페 등 다양한 서브컬처 관련 상점들이 침체되었던 거리를 빠르게 채워나갔다. 이는 일본 오타쿠 문화의 성지 '아키하바라'를 연상시켰고, 사람들은 이곳을 '홍키하바라'라고 부르기 시작했다.

　이제 홍키하바라는 더이상 소수 마니아만을 위한 공간이 아니다. 주말이면 이곳의 상점들은 특정 작품의 팬뿐 아니라, 호기심에 이끌린 연인이나 친구, 심지어 아이들의 손을 잡고 온 가족 단위 방문객으로 인산인해를 이룬다. 과거 음지에 머물렀던 서브컬처가 이제는 누구나 쉽게 구경하고 즐길 수 있는 하나의 놀이문화이자 대중적인 여가활동으로 자리잡았음을 보여준다. 이는 서브컬처가 그들만의 리그를 넘어, 어엿한 주류문화의 한 축으로 부상했음을 증명하는 가장 확실한 증거다.

홍키하바라가 된 홍대
(출처: 나나미의 혼덕일지
nanami journal 유튜브)

아니메의 대중화

아니메가 대중화된 계기와 배경

최근 국내에서는 아니메*가 대중화되고 있다. 기존에 디즈니, 픽사 등의 미국 애니메이션이 대중문화로 소비되던 것과 달리, 아니메는 소수의 오타쿠들만 소비하는 마니아적 콘텐츠로 인식되었다. 그러나 최근에는 이런 경향이 옅어지며 대중적인 취향의 하나로 자리매김하고 있다. 가장 큰 계기는 코로나19와 OTT의 확산이다. 코로나19로 인해 비대면 문화가 자리잡으면서 사람들은 집안에서 즐길 거리를 찾게 되었다.

애니메이션 이용자 조사표 (출처: 한국콘텐츠진흥원)

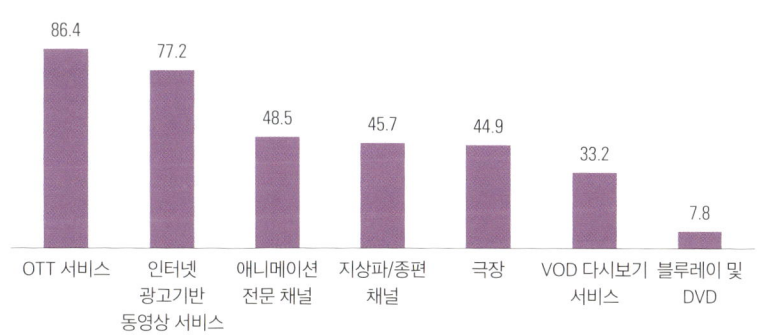

아니메   애니메이션의 일본식 표현. 일본 애니메이션

자연스럽게 콘텐츠의 수요가 늘어났고, 기존의 드라마나 예능을 넘어선 새로운 볼거리가 필요해졌다. 이 시기에 넷플릭스 같은 OTT가 빠르게 확산되면서 아니메에 대한 접근성이 크게 개선되었다. 그전까지 아니메는 대부분 전문 케이블 채널에서만 방영되거나, 일부 마니아층 사이에서만 비공식적인 경로로 소비되고 있었다. 그러나 OTT 플랫폼을 통해 누구나 다양한 아니메를 쉽게 시청할 수 있게 되면서 새로운 콘텐츠를 갈구하던 대중의 니즈를 충족시키며 서브컬처를 넘어선 주류문화로 자리잡게 된 것이다.

　아니메의 대중화는 밀레니얼세대의 문화적 특성에 근간을 둔다. 1980년대 이후 출생한 이들은 지상파 TV에서 〈세일러 문〉, 〈드래곤볼〉, 〈슬램덩크〉 같은 작품을 보고 자랐으며, 이후 세대는 〈포켓몬스터〉, 〈원피스〉 등의 콘텐츠를 즐기며 성장했다. 이처럼 어린 시절부터 서브컬처 콘텐츠를 자연스럽게 접했기에 해당 장르에 대한 심리적 장벽이 낮을 수밖에 없다. 한국콘텐츠진흥원에 따르면, 2024년 전체 애니메이션 시청자의 약 41%가 30~40대로 나타났다. 이들이 성인이 된 지금도 꾸준히 애니메이션을 시청하고 있는 것이다. 중요한 것은 이들이 단순히 시청률을 구성하는 수동적인 소비자를 넘어, 기꺼이 지갑을 여는 소비력을 갖추었다는 점이다. 그 대표적인 사례가 바로 〈달빛천사〉다. 어린 시절 작품을 즐겼던 팬들이 성인이 되어 2020년 한국 더빙판 DVD 출시를 위한 펀딩을 진행했고, 이를 크게 흥행시키며 그들의 팬심과 소비력을 증명했다.

〈귀멸의 칼날〉과 〈진격의 거인〉

〈귀멸의 칼날〉은 동명의 일본 만화를 원작으로 한 아니메다. 혈귀에게 가족을 잃고 여동생마저 혈귀로 변한 소년 카마도 탄지로가 여동생을 인간으로 되돌리고 가족의 원수를 갚기 위해 귀살대에 들어가 벌이는 모험을 그린 다크 판타지 시대극이다. 2025년 8월 개봉한 〈극장판 귀멸의 칼날: 무한성편〉은 단 이틀 만에 100만 관객을 동원하며, 2025년 개봉작 중 최단 기록을 세웠다. 이는 가장 최근 1,000만 관객을 달성한 〈파묘〉가 개봉 3일 만에 100만 관객을 달성한 것보다도 빠른 기록이다. 또한 개봉 직전 90만 7,000여 명의 사전 예매를 기록하였는데, 이는 역대 국내 개봉 일본 영화 중 최고 기록이자, 전체 개봉 영화를 기준으로도 역대 5위에 해당하는 수치다.

국내에서 〈귀멸의 칼날〉의 인기는 2021년으로 거슬러올라간다. 전작인 〈극장판 귀멸의 칼날: 무한열차편〉은 2020년 글로벌 시장에서 개봉 후 총 5억 달러 이상의 수익을 거두며 2020년 월드와이드 박스 오피스 1위, 역대 일본 애니메이션 월드와이드 흥행 1위를 차지했다. 국내에서도 이듬해인 2021년 개봉하며 그해 박스 오피스 7위, 국내 개봉 일본 애니메이션 흥행 5위를 기록하는 등 엄청난 성공을 거두었다. 같은 해 2월부터는 TV 시리즈가 국내 넷플릭스에서도 스트리밍되기 시작하였고, 5월 중순까지 약 3개월간 TOP10을 유지하며 인기를 이어갔다.

〈극장판 귀멸의 칼날: 무한성편〉 포스터
(출처: 애니맥스브로드캐스팅코리아)

국내에서 큰 인기를 끈 또다른 아니메 시리즈로는 〈진격의 거인〉이 있다. 역시 동명의 만화를 원작으로 하는 이 작품은, 인류를 위협하는 거인들의 습격에 맞서 싸우는 인류의 처절한 사투와 그 이면에 숨겨진 세계의 비밀을 그린 다크 판타지다. 〈진격의 거인〉은 2013년에 첫 시즌이 방영된 비교적 오래된 작품으로, 당시에도 국내에서 큰 인기를 끌었다. 당시 최고의 인기 예능 프로그램이었던 〈무한도전〉에서 패러디하기도 했고, 키가 큰 연예인에게는 '진격의 ○○'이라는 별명이 붙기도 했다. 심지어 지상파 뉴스에서 하나의 문화 신드롬으로 소개될 정도였다.

그러나 당시 〈진격의 거인〉이 대중적인 작품이었다고 보기는 어렵다. 시리즈 자체의 인기는 당시 아니메의 주 소비층이었던 10대와 소수의 오타쿠에 국한되었다. 여러 패러디가 양산되었지만 주로 서브컬처 팬덤 내에서만 소비되었고, 대중이 접하는 경우에도 그것이 〈진격의 거인〉 IP에서 비롯된 것임을 인지하지 못하는 경우가 많았다.

〈무한도전〉 '유혹의 거인' 특집
(출처: MBC 유튜브)

〈진격의 거인〉이 본격적으로 대중화된 것은 2020년, 마지막 시즌이 넷플릭스를 통해 방영되면서부터다. 전 세계적인 인기가 국내로도 이어지며, 새 에피소드가 공개될 때마다 1위를 달성하는 등 대중의 관심을 받았다. 이러한 인기는 지금도 계속되고 있다. 2025년 3월 국내에 개봉한 〈극장판 진격의 거인 완결편 더 라스트 어택〉은 메가박스 단독 개봉과 87편에 달하는 이전 서사를 모두 알아야 하는 완결편이라는 불리한 조건 속에서도 누적 관객 94만 명에 달하는 높은 성적을 거두었다.

이 외에도 최근 한국 넷플릭스의 주간 시리즈 TOP10에는 〈사카모토 데이즈〉, 〈괴수 8호〉, 〈체인소 맨〉 등 일본 애니메이션이 꾸준히 이름을 올리고 있다. 이는 아니메가 더이상 소수의 취향이 아닌 주류문화의 하나로 받아들여지고 있음을 보여준다.

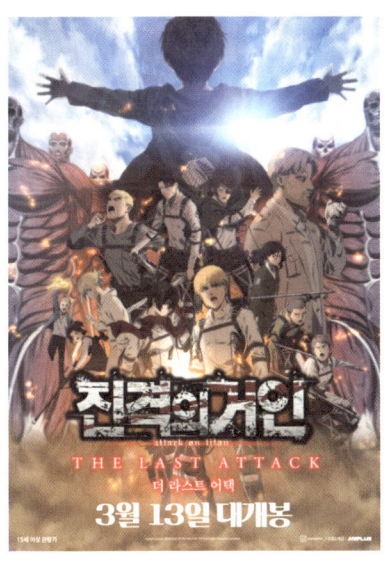

〈극장판 진격의 거인 완결편 더 라스트 어택〉 포스터
(출처: 애니플러스)

서브컬처 게임과 블루 아카이브

서브컬처 게임의 정의와 특징

서브컬처 게임이란 주로 아니메풍의 미소녀 캐릭터를 전면에 내세운 캐릭터 수집형 게임을 의미한다. 다른 분야와 달리 게임계에서는 이미 서브컬처가 주류로 올라선 지 오래다. 매력적인 캐릭터와 그래픽을 중심으로 IP를 다방면으로 확장하기 용이하며, 이용자의 충성도가 다른 게임보다 월등히 높기 때문이다.

캐릭터와 스토리를 근간으로 하여 팬덤의 2차 창작이 활발하게 공유되고 온라인 밈(Meme)으로 확산되면서 대중적 영향력 또한 커지는 추세다. 또한 서브컬처 게임은 다른 장르에 비해 이용자 1인당 평균 매출이 높은 편이다. 이 때문에 다수의 게임사가 너 나 할 것 없이 서브컬처 게임 개발에 뛰어들고 있으며, 넷마블, 스마일게이트, 엔씨소프트 등의 대형 게임사에서 서브컬처 게임을 이미 출시하였거나 근시일 내에 출시할 계획이다.

수많은 서브컬처 게임 중, 한국에서 가장 대중적인 게임을 하나 꼽

블루 아카이브 공식 일러스트
(출처: 블루 아카이브 홈페이지)

으라면 단연 넥슨게임즈의 '블루 아카이브'다. 2021년 출시된 블루 아카이브는 매출과 이용자수 양면에서 꾸준히 앱스토어 상위권을 유지하고 있다. 또한, 팬덤의 높은 인기와 충성도를 바탕으로 여러 기업과 협업하며 대중 친화적인 행보를 이어가는 중이다.

블루 아카이브×GS25

블루 아카이브는 2025년 7월부터 GS25와 협업하여 블루 아카이브 빵을 선보였다. 이는 2024년 5월에 이은 두번째 협업이다. 2024년 행사 당시, 빵에 동봉된 스티커를 모으려는 팬들의 구매 행렬이 이어져 품절 사태가 빚어졌고, 3개월 만에 300만 개 이상의 판매고를 올렸다. 게임 쿠폰이 포함된 도시락 역시 초도 물량 100만 개가 빠르게 소진되어 70만 개를 추가 생산하는 등 뜨거운 반응을 얻었다. 첫 협업의 성공에 힘입어, 2025년에는 품목과 굿즈를 더욱 늘려 한층 큰 규모로 행사를 진행하였다.

    편의점과의 협업은 블루 아카이브에 디지털 플랫폼을 넘어 오프라인에서 팬덤과의 접점을 확대하는 중요한 기회다. 이를 통해 팬들에게 색다른 경험을 선사함으로써 브랜드 충성도를 높일 수 있다. 동시에 편의점은 다양한 소비자가 오가는 공간인 만큼, 기존 팬덤을 넘어 일반 대중에게 브랜드를 알리고 신규 유저를 확보하기 위한 최적의 플랫폼이다.

2024 블루 아카이브
팝업스토어 행사에 줄 선 모습
(출처: GS리테일)

블루 아카이브×무신사

블루 아카이브가 진행한 여러 협업 중 가장 이색적인 사례는 패션 플랫폼 무신사와의 컬래버레이션이다. 일반적으로 게임 유저는 패션과 거리가 먼 집단으로 여겨져왔다. 블루 아카이브와 무신사의 만남은 이러한 고정관념을 완전히 뒤엎었다. 블루 아카이브 IP를 기반으로 무신사 입점 브랜드인 '크리틱'과 '디스커스 애슬레틱'이 참여해 티셔츠, 재킷, 모자 등 다양한 패션용품을 출시했다. 온라인 예약판매부터 일부 상품이 인기 순위 상위권을 휩쓸었다. '베리타스 캔버스 후디드 재킷'은 신규 상품 카테고리 1위를 기록했고, 총 5종의 제품이 인기 순위 10위권에 진입했다. 오프라인 팝업스토어 역시 오픈 직후 3일간 모든 시간대 예약이 마감될 정도로 많은 관심을 받았다. 한정 굿즈와 전시 중심으로 꾸며진 홍대점에는 일주일간 약 3,000명이 방문했으며, 일부 굿즈는 3일 만에 품절되기도 했다. 성수 팝업스토어는 캐릭터 포토존, 굿즈 뽑기, 라이브 프린팅 등 체험형 콘텐츠로 차별화하여 게임 팬과 Z세대 방문객의 취향을 모두 만족시켰다.

블루 아카이브와 무신사의 컬래버레이션 의상 룩북
(출처: 무신사 홈페이지)

블루 아카이브×대한적십자사

블루 아카이브는 대한적십자사와 손잡고 헌혈 캠페인을 진행하기도 했다. 2025년 4월에 열린 이 캠페인은 전국 헌혈의집에서 헌혈을 마친 선착순 5,000명에게 기념 굿즈를 제공하는 방식으로 진행되었다. 이 외에도 SNS 팔로우 이벤트, 특별 네 컷 만화 등 다양한 연계 프로모션을 선보이며 큰 성공을 거두었다. 굿즈 신청은 단 5일 만에 마감되었으며, 높은 인기에 힘입어 6월과 8월에 2, 3차 이벤트가 연이어 진행되었다. 헌혈 인구 감소와 혈액 부족 문제가 심화되는 상황에서, 블루 아카이브의 IP를 공익적으로 활용하여 선한 영향력을 확산한 좋은 사례라 할 수 있다.

블루 아카이브 외에도 시프트업의 '승리의 여신: 니케', 호요버스의 '붕괴: 스타레일', 사이게임즈의 '우마무스메 프리티 더비' 등 다양한 서브컬처 게임이 큰 인기를 얻고 있다. 이들은 기업과의 컬래버레이션 외에도 OST 오케스트라 콘서트를 개최하거나, 자체 IP를 활용한 테마 카페 및 팝업스토어를 운영하는 등 IP 비즈니스를 다방면으로 넓혀가고 있다. 이는 충성도 높은 덕후 팬덤을 넘어서 보다 폭넓은 대중을 공략 대상으로 삼고 있다는 점에서 주목할 만하다.

블루 아카이브×대한적십자사 캠페인 홍보 이미지
(출처: 대한적십자사 인스타그램)

불과 몇 년 전까지만 해도 일본 애니메이션을 보거나 미소녀 캐릭터가 등장하는 게임을 즐기는 것은 소수만이 공유하는 낯선 취미였다. 그러나 최근에는 다른 양상을 보이고 있다. 극장가에서는 애니메이션 영화가 박스 오피스 1위를 차지하고, 다양한 서브컬처 게임이 출시되며 영향력을 확대하고 있다. 과거 '그들만의 문화'로 여겨졌던 서브컬처가 사회 전반에 막대한 영향력을 미치는 새로운 주류로 떠오른 것이다.

유튜브나 OTT의 확산으로 개개인이 자신만의 알고리즘에 따라 확고한 취향을 향유하게 되면서, 대다수가 공유하는 주류 취향이라는 개념은 점차 희미해지고 있다. 또한 덕질이라는 용어가 긍정적인 의미로 사용될 만큼, 특정 분야에 몰입하고 깊이 파고드는 태도가 새로운 자기표현 방식이자 트렌드로 인정받고 있다. 이런 상황에서 서브컬처 콘텐츠는 대중문화의 새로운 동력이 되었고, 둘 사이의 경계는 점차 흐릿해지고 있다.

이제 기업들은 새로운 성장동력을 확보하기 위해 서브컬처 팬덤의 잠재력을 적극적으로 활용하고 있다. 앞으로 우리는 콘텐츠뿐 아니라 유통, 패션 등 다양한 산업에서 서브컬처의 영향력을 활용하는 시도를 더욱 자주 접하게 될 것이다.

이런 현상은 소비시장에서 기존의 성공방정식이 더는 통하지 않음을 의미한다. 취향이 다변화된 시대에는 박리다매 전략보다 소수의 강력한 팬덤에 기반한 충성도 높은 소비를 공략하는 것이 더 중요하다. 콘텐츠 IP의 이야기를 넘어, 기업에 강력한 브랜드 파워가 절실해지는 이유다.

> **서브컬처**는 이제
> 소수 마니아를 위한 전유물을 넘어,
> 어엿한 **주류문화의 한 축**으로
> 자리잡고 있다.

Long Time Yes See :

길어도 보더라

2025년 5월, 제61회 백상예술대상에서 유튜브 채널 뜬뜬의 웹 예능 〈풍향고〉가 방송 부문 예능 작품상을 받았다. 〈풍향고〉의 에피소드는 평균 90분이 넘는다. 그럼에도 첫번째 에피소드는 공개한 지 한 달도 되지 않아 1,000만 뷰를 넘겼고, 매 에피소드가 공개될 때마다 유튜브 급상승 동영상 최상위권에 진입했다. 동일 채널의 콘텐츠인 〈핑계고〉 역시 긴 분량에도 인기 에피소드는 조회수가 1,200만~1,400만 회에 달한다. 유튜브 채널 침착맨도 한 시간이 넘는 영상이 대다수임에도 296만 명의 구독자를 보유하고 있으며, 다섯 시간이 넘는 '침착맨 삼국지 완전판' 영상은 2025년 9월 기준 조회수가 2,500만 회를 넘어섰다. 〈풍향고〉의 수상과 롱폼 콘텐츠의 유행은 숏폼에 대한 싫증과 숏폼이 아닌 다른 콘텐츠 포맷에 대한 욕구를 동시에 보여준다.

최근 몇 년간 숏폼 콘텐츠가 급성장하면서 롱폼 콘텐츠는 주류에서 밀려난 것처럼 보였지만, 롱폼 콘텐츠만의 차별화된 영역을 구축하며 중요한 콘텐츠 포맷으로 다시 떠오르고 있다. 지나치게 자극적이고 단편적인 콘텐츠로 인해 숏폼에 피로감을 느낀 사람들은 차분하고 자연스러운, 맥락이 살아 있는 장편의 콘텐츠를 다시 찾고 있다. 롱폼 콘텐츠는 이러한 흐름에 따라 수다형 콘텐츠, 비디오 팟캐스트 등으로 다양하게 분화하고 있으며, 브랜드 또한 커뮤니케이션 방향성에 따라 숏폼과 롱폼을 전략적으로 선택하여 활용하는 양상이 나타난다.

출처: 뜬뜬 인스타그램

재조명되는 롱폼 콘텐츠

숏폼 콘텐츠에 대한 인식 변화

2024년, 숏폼 콘텐츠의 대표적인 플랫폼인 틱톡은 30분 길이의 영상 콘텐츠 업로드를 지원하는 기능을 테스트중이라고 발표했다. 지난 몇 년간 숏폼이 지배했던 콘텐츠 시장에 변화의 움직임이 포착되고 있다. 먼저, '디지털 피로감', '스크롤 피로 증후군' 등 숏폼에 대한 피로감을 드러내는 단어가 생겨나고 있다. 사람들은 끊임없이 콘텐츠를 제공하는 숏폼 플랫폼에서 무의식적으로 계속해서 스크롤을 내리고 무수히 많은 콘텐츠를 마주하게 된다. 찰나의 순간에 사람들의 주목을 끌기 위해 자극적으로 편집된 콘텐츠는 피로감을 느끼게 한다. 한국언론진흥재단에서 발간한 자료에 따르면, 숏폼 콘텐츠가 중독성이 있다고 부정적으로 평가한 이용자는 87.1%였다. '숏폼이 일상에 나쁜 영향을 미쳤다'고 응답한 사람들은 그 이유로 '집중력이 나빠졌다'고 가장 많이 응답하였으며, 이어서 '기억력이 나빠졌다', '글을 이해하기가 어려워졌다' 등의 이유를 언급했다. 숏폼이 여가시간을 재미있게 보낼 수 있는 방법으로 자리잡고 많은 사람이 활용하고 있지만, 점차 숏폼의 부정적인 면을 자각하기 시작하면서 숏폼이 아닌 콘텐츠 포맷도 관심을 받고 있다.

숏폼 콘텐츠에 대한 긍정·부정 평가 (출처: 한국언론진흥재단 미디어연구센터)

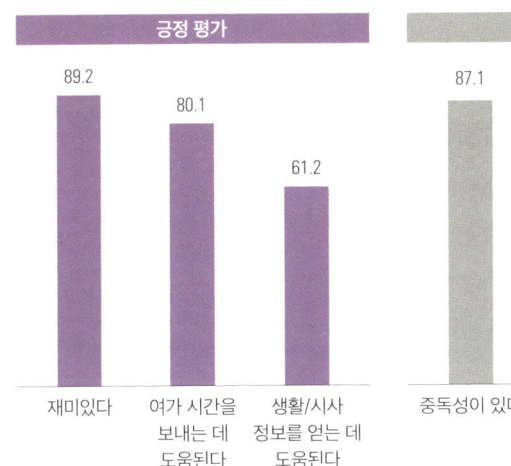
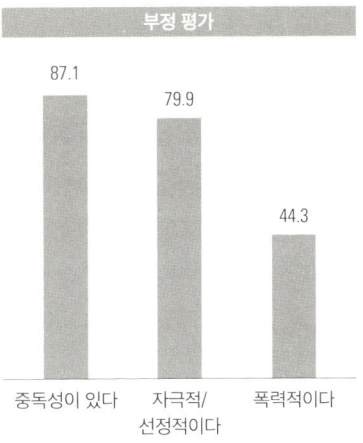

숏폼의 부정적 영향력 (출처: 한국언론진흥재단 미디어연구센터)

숏폼의 피로감을 해소해주는 롱폼 콘텐츠

숏폼의 부정적인 측면에 대한 반발 작용으로 롱폼에 대한 관심과 소비가 증가하고 있다. 사람들의 이러한 행태를 반영하듯 기존 유명 유튜버의 영상도 점점 길어지는 양상이 나타난다. 200만 명이 넘는 구독자를 보유한 여행 유튜버 곽튜브의 경우 3년 전에는 영상 하나의 길이가 대부분 20분 미만이었는데, 최근에는 50분짜리 롱폼 영상도 업로드하고 있다. 75만 명이 넘는 구독자를 보유한 유튜버 트위티도 40분이 넘는 분량의 일상 브이로그를 업로드하고 있음에도 해당 영상들이 수십만 회의 조회수를 기록하고 있다. 이를 통해 좋아하는 크리에이터이거나 관심 있는 콘텐츠라면 영상 길이가 시청 여부를 결정하는 중요한 요인이 아니라는 점을 알 수 있다. 즉, 롱폼은 자극적인 편집으로 만들어진 숏폼과 달리 자극이 적은 콘텐츠라는 특징뿐 아니라 관심사와 선호, 팬심을 기반으로 차별점을 강화하며 숏폼의 영역을 해치지 않는 독자적인 영역을 구축하고 있다는 사실을 알 수 있다.

롱폼 콘텐츠 소비 이유

밥 친구, 롱폼

사람들에게 롱폼은 일명 '밥 친구'로 통한다. 콘텐츠 측면에서 밥 친구는 기존의 '밥 먹을 때 함께 시간을 보내고 불편함 없이 식사를 할 수 있는 사람'이라는 의미에서 확장되어, 식사 등 혼자 시간을 보낼 때 틀어놓고 편하게 볼 수 있는 콘텐츠를 의미한다. 따로 집중하거나 관심을 두지 않아도 되는, 내 할 일을 하면서 가볍게 볼 수 있는 콘텐츠인 것이다. 유튜브 시청 상황 내 '밥 친구'의 감성 연관어를 분석한 결과, 재미와 웃음은 물론이고 내가 좋아하는 것과 관련된 콘텐츠가 밥 친구인 것으로 나타났다.

'밥 친구' 감성 연관어
(출처: 이노션 인사이트전략본부 / 2024년 1월~2025년 8월)

순위	연관어	언급량(건)
1	재밌다	646
2	좋다	577
3	웃기다	409
4	최애	400
5	좋아하다	312
6	귀엽다	190
7	기대	182
8	맛있는	178
9	새로운	170
10	다양한	122

더 나아가, 재미 또는 웃음과 함께 언급되는 단어를 보면 '소소하게', '잔잔하게'가 눈에 띈다. 밥 친구로는, 큰 웃음을 주고 쉴 새 없이 재미있는 자극적인 콘텐츠보다는 소소하고 잔잔하게 재미를 주는 콘텐츠를 선호하는 것으로 보인다. 짧은 시간에 사람들의 주목을 끌기 위한 작위적인 편집을 기본으로 하는 숏폼 콘텐츠와 달리 롱폼 콘텐츠는 굳이 자극적인 편집이 필요하지 않기 때문에 상대적으로 차분한 분위기를 담아낼 수 있다. 대표적인 롱폼 콘텐츠로 언급되는 유튜브 채널 뜬뜬의 〈핑계고〉나 유튜브 채널 테오의 〈살롱드립〉을 보면, 진행자와 게스트가 앉아서 이야기를 나누는 모습이 대부분이고 시끄럽게 소란을 피우거나 과하게 분위기를 띄우는 장면도 거의 없다. 웃긴 장면도 박장대소보다는 입가에 절로 미소가 지어지는 수준으로 연출되어 자연스럽다. 이러한 롱폼 콘텐츠의 자연스러운 연출은 보는 사람도, 출연자도 편안함을 느끼게 한다.

뜬뜬 채널의 〈핑계고〉
(출처: 뜬뜬 DdeunDdeun 유튜브)

테오 채널의 〈살롱드립〉
(출처: TEO 테오 유튜브)

관계성 맛집, 롱폼 콘텐츠

편안한 환경에서 촬영한 롱폼 콘텐츠에서는 출연자들 간의 관계성이 잘 드러난다. 출연진의 대화와 행동이 물 흐르듯 이어지는 과정에서 인간적인 면모와 그들이 본래 갖고 있던 케미가 자연스럽게 드러나게 되는 것이다. 롱폼 콘텐츠는 이런 흐름을 인위적으로 끊지 않고 그대로 보여줌으로써 출연진의 리얼한 모습을 생생하게 전달한다. 과도한 편집 대신 긴 호흡을 유지하며 있는 그대로를 보여주는 방식은 시청자에게도 함께 시간을 보내고 있는 듯한 몰입감을 제공한다. 한국심리학회지의 롱폼과 숏폼의 심리적 경험을 비교한 논문에서도 롱폼 콘텐츠가 숏폼보다 미디어 인물과 심리적 유대감을 강하게 형성함으로써 사회적 연결성과 정서적 안정감을 향상시키는 효과가 더 크다고 이야기한다.

롱폼과 숏폼의 심리적 경험 비교
(출처: 박은아, 최주형, 「숏폼과 롱폼(Short-form, Long-form) 이용동기와 이용만족도, 지속시청의도의 관계: 몰입, 의사사회적관계★, 외로움 해소를 중심으로」)

구분	롱폼(Long-form)	숏폼(Short-form)
몰입도	상대적으로 **낮음**	**높음** 짧고 강렬한 오락성 중심
의사사회적관계(PSR)	**높음** 장르·시간이 관계 형성에 유리	**낮음** 반복 시청에도 관계 형성 한계
외로움 해소 수준	**높음** 정서적 안정·사회적 연결감 강화	상대적으로 **낮음**

의사사회적관계 개인이 연예인, 가상의 캐릭터, 온라인 인물 등 미디어 인물과 일방적으로 맺게 되는 심리적 유대감을 의미

대표적인 콘텐츠로는 수다형 콘텐츠가 있다. 수다형 콘텐츠는 출연진의 일상적인 대화와 감정의 흐름을 비교적 긴 시간 동안 자연스럽게 노출하며 함께 있는 듯한 친밀한 경험을 제공한다. 수다형 롱폼 콘텐츠를 핵심 포맷으로 삼고 있는 유튜브 채널은 앞서 언급한 〈핑계고〉, 〈살롱드립〉 외에도 유튜브 채널 요정재형의 〈요정식탁〉, 혜리의 〈헬's club〉, 짠한형 신동엽의 〈짠한형〉 등이 유명하다. 이 콘텐츠들은 초기에는 20~30분 분량으로 시작했지만 콘텐츠가 인기를 얻고 시청자와의 관계가 강화되면서 최근에는 40분 이상으로 러닝타임이 늘어났다. 그럼에도 대부분의 에피소드가 여전히 평균 조회수 100만 회를 웃도는 점은 롱폼 콘텐츠가 차별화된 장점을 가지고 있음을 반증한다. 시청자들은 길어진 영상 속에서 출연진의 말투, 표정, 리액션까지 자연스럽게 접하며 출연자를 친숙하게 인식하게 되고, 이는 곧 몰입과 충성도로 이어진다.

2023년~2025년 콘텐츠 러닝타임 변화

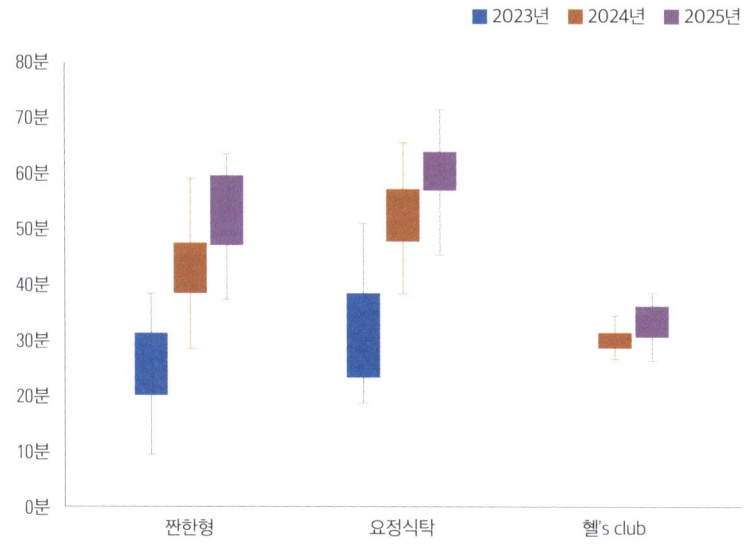

*〈헬's club〉은 2024년부터 시작함

길이보다 깊이, 딥폼

롱폼 콘텐츠가 부상하면서 수다형 콘텐츠 외에 전문적이고 정보 중심적인 콘텐츠로 관심이 확장되는 흐름도 보인다. 특히 최근에는 콘텐츠의 길이뿐 아니라 내용의 깊이에 집중하는 형태를 일컫는 '딥폼(Deep-form)'이라는 개념이 등장했다. 딥폼은 경제, 재테크, 역사, 인문, 정치 등 특정 분야에 대한 깊이 있는 지식을 담고 있는 콘텐츠를 의미한다. 딥폼은 빠르게 소비되는 정보에 피로감을 느끼거나 자극적인 편집에 대한 반감이 점차 늘어나면서 한 가지 주제를 충분히 설명하고 맥락과 배경까지 짚어주는 콘텐츠에 대한 선호가 높아지면서 생겨났다. 딥폼은 재테크 관련 유튜브 채널에서 특정 경제 이슈나 투자 전략을 40분 이상에 걸쳐 분석하거나, 역사나 인문학을 다루는 채널에서 다큐멘터리 형식으로 배경지식과 해석을 곁들이는 구성으로 높은 충성도를 끌어낸다.

    딥폼 콘텐츠는 젊은 세대의 선호가 특히 두드러진다. 숏폼에 열광하며 주요 소비층으로 자리잡았던 20~30대는 숏폼 콘텐츠에서 전문성과 진정성에 대한 아쉬움을 느끼고 이를 해소하기 위해 딥폼 콘텐츠를 찾고 있다. 특히 AI가 보편화되면서 이를 이용한 딥페이크 영상이나 이미지는 물론이고 일상적으로 사용하는 챗GPT 등의 생성형 AI에서 거짓을 진실처럼 이야기하는 할루시네이션 현상까지 더해지자, 진실성에 대한 욕구가 더욱 증가하고 '진짜' 정보를 선별하는 일이 매우 중요해졌다. 따라서 디지털 채널과 AI에 친숙하여 부작용에 대한 체감도 상대적으로 높았던 20~30대는 다른 세대보다 숏폼에 큰 피로감을 느끼며 깊이 있는 지식에 대한 니즈가 두드러지게 나타나는 것으로 보인다.

딥폼의 대표적인 콘텐츠 유형에는 팟캐스트, 심층 다큐멘터리, 에세이 형식의 유튜브가 있다. 특히 2023년에 유튜브에서 새롭게 도입한 팟캐스트 기능이 무섭게 성장하고 있다. 팟캐스트는 오디오 콘텐츠로, 하나의 주제를 심도 있게 다루다보니 주로 언론인이나 전문가를 중심으로 활성화된 콘텐츠 유형이었다. 그러나 유튜브에서 팟캐스트 기능을 론칭하면서 '비디오 팟캐스트'라는 새로운 장르가 생겨났다. 대표적인 예로, 침착맨은 명사나 전문가를 초청하여 전문지식을 나누는 〈침착맨과 함께 듣는 특강〉, 한 가지 주제를 정하고 그와 관련된 사람들을 초청하여 대화를 나누는 〈침착맨의 둥지〉 등 유튜브 팟캐스트 콘텐츠를 활발하게 운영하고 있다. 대부분의 콘텐츠가 한 시간을 훌쩍 넘는데도 조회수가 100~500만 회에 달한다. 또한 건강, 의학, 교양, 교육, 과학, 인문학 등 사회 전반적으로 유익한 내용에 대해 전문가를 초대하여 인터뷰를 진행하고 지식을 전달하는 유튜브 채널인 지식인사이드는 1년 전에 비해 구독자 수가 45.4% 증가하여 2025년 9월 기준 300만 명의 구독자를 보유하고 있다. 기본적으로 20~30분 정도의 러닝타임이며, 1시간 가까이 되는 콘텐츠도 많다. 딥폼 콘텐츠의 유행은 롱폼이 숏폼에 대한 반작용을 넘어서 사람들의 지적 호기심에 대한 욕구를 충족하고 관심 주제에 대한 몰입을 유도하고 있다는 사실을 보여준다.

침착맨 채널의 〈침착맨과 함께 듣는 특강〉
(출처: 침착맨 유튜브)

지식인사이드 채널의 〈지식인 초대석〉
(출처: 지식인사이드 유튜브)

롱폼 콘텐츠의 마케팅 시사점

롱폼과 숏폼의 관계성

유튜브의 「유튜브 컬처 & 트렌드 보고서」에 따르면 전 세계 Z세대의 59%가 숏폼 동영상 앱을 사용하여 콘텐츠를 찾은 후 해당 콘텐츠의 긴 버전을 시청하고 있으며, 한국도 물론 예외는 아니다. 유튜브 쇼핑 엑셀러레이터(Accelerator) 행사 중 한 유튜브 관계자의 인터뷰 내용에 따르면, 쇼츠로 먼저 핵심을 파악한 후 더 깊이 있는 내용을 보기 위해 롱폼을 시청하는 식의 콘텐츠 패턴이 나타난다고 한다. 또한 '패트리온'*의 창업자 잭 콘티(Jack Conte)는 한 인터뷰에서 숏폼은 발견의 수단, 롱폼은 관계의 수단으로 정의했다. 숏폼은 사람들이 알고리즘이 제공하는 대로 콘텐츠를 보다가 관심이 가는 콘텐츠를 발견하게 되는 구조인 반면, 롱폼은 알고리즘에 관계없이 내가 좋아하는, 관심이 있는 주제의 채널 내 콘텐츠를 반복적으로 소비하면서 친밀감과 신뢰를 쌓게 되는 구조인 것이다. 이에 잭 콘티는 "사람들은 짧은 영상엔 돈을 쓰지 않지만 깊이 있는 콘텐츠에는 돈을 쓴다"라고 말했다.

앞서 언급한 동일한 유튜브 쇼핑 행사에서 쿠팡 관계자는 2025년 2분기에 유튜브의 쇼핑 제휴 프로그램을 적용하여 업로드된 전체 콘

패트리온(Patreon) 콘텐츠 창작자가 구독자로부터 정기적 또는 일시적 후원을 받고 후원받은 금액에 해당하는 가치의 본인 창작물로 보상하는 구조를 갖춘 플랫폼

텐츠 중에서 숏폼이 비중은 컸지만 평균 구매 금액은 롱폼 콘텐츠에서 가장 높았다고 밝혔다. 특히 관여도가 높은 고가의 럭셔리 브랜드 제품은 롱폼 콘텐츠로 소개하는 것이 유리하다고 한다. 이러한 점에서 숏폼과 롱폼은 제로섬이 아닌 상호보완적인 관계라고 할 수 있다. 숏폼이 퍼널(Funnel)의 가장 상단에서 인지도를 높이고 고객을 유입시키는 역할을 한다면, 롱폼은 고객과 브랜드 간 긴밀한 관계를 형성하여 퍼널의 전환을 유도하는 역할을 하게 되는 것이다. 이에 따라 기존의 롱폼 영상을 활용해 숏폼을 재생산하는 콘텐츠 운영 방식도 보편화되고 있다.

실제로 롱폼 콘텐츠만 업로드하는 채널보다 쇼츠와 롱폼 콘텐츠를 모두 업로드하는 채널이 전체 시청 시간과 구독자 증가율이 높게 나타난다고 한다. 그 예로 올리브영은 이벤트 정보를 알리는 콘텐츠를 꾸준히 올리고 있는데, 숏폼으로 제품에 대한 관심을 유도하고 제품에 대한 자세한 정보나 프로모션을 알고 싶은 경우 롱폼 콘텐츠를 시청하도록 만들었다. 여기에 유튜브 쇼핑 기능을 연동하여 상품의 이미지와 링크까지 확인할 수 있도록 하면서 구매 전환을 높이고자 했으며, 유튜브 채널을 통한 디지털 마케팅의 ROI도 측정할 수 있게 되었다. 무신사 또한 멀티 포맷을 잘 활용하는 브랜드다. 초기에는 직장인의 출근룩을 소개하는 하나의 콘텐츠를 롱폼과 숏폼에 활용했는데, 롱폼은 사람들이 입은 옷의 브랜드를 자세히 알려주거나 무신사를 홍보하는 등 브랜드와 관련된 이야기를 구체적으로 하는 반면, 숏폼은 롱폼에서 임팩트 있는 부분에 간결하고 후킹하는 문구를 추가한 형식이다. 무신사는 멀티 포맷 전략을 꾸준히 유지하며 멀티 포맷의 콘텐츠를 브랜드 메시지 전달에서 프로모션, 신사업 소개 등 브랜드 활동 홍보로 확장하여 숏폼으로 고객을 유인하고 롱폼에서 신뢰도와 충성도를 확보하면서 고객 록인 효과를 극대화하고 있다.

브랜드 마케팅 관점에서의 롱폼 콘텐츠 활용

롱폼 콘텐츠는 다양한 측면에서 마케팅 전략을 발전시킬 수 있다. 먼저, 브랜드 메시지를 충분히 전달할 수 있는 브랜디드 콘텐츠를 확장할 수 있다. 기존의 짧은 광고는 제품 중심 메시지를 반복적으로 노출하는 데 효과적이었지만, 브랜드의 세계관이나 철학, 가치 중심 메시지를 전달하기에는 한계가 있었다. 반면 롱폼은 하나의 주제를 중심으로 스토리를 구성할 수 있어, 브랜드가 추구하는 방향성과 정체성을 자연스럽게 녹여낼 수 있다. 관련 사례로 현대자동차가 2025년 온라인 동영상 서비스 '웨이브'를 통해 공개한 다큐멘터리 〈위대한 유산―자동차〉가 있다. 총 5부작, 350분 분량으로 현대자동차 디자인의 과거와 현재, 미래를 아우르는 내용이다. 구체적으로 드러나지 않았던 현대자

현대자동차 디자인 헤리티지
다큐멘터리 〈위대한 유산―자동차〉
(출처: 현대자동차그룹 뉴스룸)

동차의 디자인 개발 과정 속 현실적인 고민과 도전을 진정성 있게 전달하고자 한 점이 인상적이다.

또한 콘텐츠를 통해 브랜드 신뢰를 강화할 수 있다. 특히 금융, 건강, 식품, 교육 등 고관여산업에서는 정보의 깊이와 정확성이 마케팅의 핵심 경쟁력이 되기 때문에 단발성 광고보다 전문가의 해설이나 경험담을 중심으로 구성된 롱폼 콘텐츠는 시청자의 몰입도를 높이고, 브랜드에 대한 신뢰를 구축하는 데 유리하다. 브랜드의 관점을 직접 드러내기보다는, 제3자의 목소리를 빌리거나 현재의 사회적 배경과 연결함으로써 시의성을 강조하는 전략이 효과적으로 활용되고 있다. 토스에서 운영하는 유튜브 채널 머니그라피의 〈B주류경제학〉 시리즈가 이에 해당한다. 현시점의 트렌드나 사회적 현상에 숨겨진 문화나 이유를 해석하고 알려주는 콘텐츠로, 관련 분야의 전문가가 출연하여 심도 있는 이야기를 나눈다. 토스 브랜드를 전면에 내세우지 않지만 사회경제적 이슈를 몰입감 있고 재미있게 풀어낸다는 측면에서 긍정적인 브랜드 이미지를 전달하고 있다.

머니그라피 채널의
〈B주류경제학〉
(출처: 머니그라피
Moneygraphy 유튜브)

마지막으로 커뮤니티 및 팬덤을 기반으로 고객 관계를 견고하게 만들 수 있다. 숏폼 콘텐츠가 즉각적인 관심과 빠른 반응을 유도한다면, 롱폼은 시청자와 관계를 지속적으로 유지하도록 한다. 인기 있는 롱폼 콘텐츠는 시청자가 반복 시청을 통해 감정적 유대감을 쌓고 서로 정보를 공유하며 팬덤을 형성한다. 브랜드가 이 흐름에 적절히 개입할 경우, 단순한 메시지 전달을 넘어 콘텐츠 자체를 중심으로 한 관계 기반 마케팅이 가능하다. 컬리에서 운영하는 유튜브 채널 '일일칠-117'의 〈냉터뷰〉는 10~20대에게 인기 있는 아이돌이나 트렌디한 인물이 출연하여 식재료와 관련된 자신의 사연이나 유용한 팁을 호스트와 이야기하는 인터뷰 포맷의 콘텐츠다. 이들이 소개하는 대부분의 제품들은 컬리에서 판매하고 있어, 영상을 보다가 바로 구매할 수 있도록 댓글에 구매 링크가 포함되어 있다. 초기에는 콘텐츠보다는 출연자에 대한 반응 위주였으나 점차 식재료를 소개하는 콘텐츠 자체에 대한 인기가 높아지면서 컬리 브랜드를 향한 호감으로 자연스럽게 확장되었다.

'일일칠-117' 채널의
〈사나의 냉터뷰〉
(출처: 일일칠-117 유튜브)

콘텐츠 소비 환경은 빠르게 변하고 있다. 자극적이고 즉각적인 반응을 끌어내는 숏폼 콘텐츠가 주력 포맷으로 자리잡았지만, 그 이면에는 피로감이 누적되어왔다. 이러한 흐름 속에서 다시 주목받는 것이 롱폼 콘텐츠다. 롱폼 콘텐츠는 단순히 영상 길이가 길다는 형식적 정의를 넘어 사람들에게 다양한 모습으로 다가가고 있다. 긴 러닝타임만이 가질 수 있는 자연스러움과 편안함, 그 속에서 느껴지는 유대감은 사람들이 롱폼을 찾는 이유가 된다. 또한 사람들은 롱폼에서 사세하고 이해기 쉬운 '찐 정보'도 얻을 수 있다. 따라서 롱폼 콘텐츠는 콘텐츠 시장에서 소비자와 공급자가 진정성을 기반으로 소통할 수 있는 매개체라고 볼 수 있다.

브랜드 또한 롱폼의 이러한 특성을 마케팅 전략에 적극 반영하고 있다. 다양한 형식의 브랜디드 콘텐츠가 롱폼 포맷으로 제작되고 있으며, 이는 단기적인 노출을 넘어 장기적인 유대 형성과 감정적 신뢰를 축적하는 수단이 되고 있다. 숏폼이 사람들의 반짝하는 관심과 일명 '오픈발'로 주목받는 신상 맛집이라면, 롱폼은 우연히 들어갔다가 사장님의 손맛과 친절함에 매료되어 자주, 오래 찾게 되는 단골집 같다. 앞으로도 롱폼과 숏폼은 현재의 독자적인 영역을 유지하며 서로의 아쉬운 점을 보완할 것으로 보인다. 따라서 브랜드는 전략에 알맞은 콘텐츠를 적재적소에 활용할 필요가 있다.

마케팅

Part 4
비즈니스 현장의 마케팅 전문가들이 주목한
라이프스타일 인사이트

Brand New Art:

브랜드가 예술이 될 때

1

요즘 아트 행사에 가면, 일상에서 쉽게 마주하는 브랜드가 예술작품 사이에 자리를 차지하고 있는 것을 볼 수 있다. 불과 얼마 전까지만 해도 기업의 아트 마케팅 활동은 전시나 행사 또는 박물관의 후원사로 이름을 올리는 것이 일반적이었고 예술가를 후원하거나 그들과 컬래버레이션 작품을 만드는 정도였다. 하지만 최근에는 브랜드의 철학과 비전을 상징적으로 표현한 작품을 제작하거나 자사의 상품을 예술작품화하여 브랜드가 직접 아트 행사에 참가하는 현상이 눈길을 끈다.

가전 브랜드가 아닌 자동차나 화장품, 식품 같은 이종산업 브랜드가 국제전자제품박람회(CES)에 참여하는 일은 더이상 새롭지 않은 현상이 되었다. 기술의 발전으로 인해 산업 간의 경계가 모호해지는 상황에서, 다양한 기업 관계자에게 브랜드를 소개하며 사업 기회를 만들고 자사의 기술력을 홍보할 수도 있기 때문이다.

이제는 이러한 상업적인 이벤트 참여를 넘어 예술의 영역에도 기업의 관심이 높아지고 있다. 이미 예술적 감수성이 높은 럭셔리 브랜드는 물론이고, 다수의 글로벌 자동차 브랜드도 10여 년 전부터 모터쇼가 아닌 본업과 직접적인 연관성이 먼 행사에 참여하여 소비자와 만나려는 노력을 해왔다. 예를 들어 전 세계 소비자와 언론의 관심이 높은 패션위크나 밀라노 가구 박람회(Salone del Mobile Milano)에서 차량을 전시하거나 지원하며 아티스트와 컬래버레이션 제품을 선보이는 등 브랜드를 알리기 위한 다양한 활동을 전개하고 있다.

©Spencer Chow, Unsplash

브랜드 마케팅 영역의 확장

브랜드 경험 공간이 된 아트 페어

다양한 예술작품을 관람하거나 작품 경매 등에 참여하기 위해 모이는 아트 페어에 예술작품과는 크게 관련이 없는 브랜드들이 자리잡기 시작했다. 대표적인 행사가 스위스에서 시작해서 마이애미, 홍콩 등 전 세계 주요 도시로 확장되어 현대미술계에서 중요한 위치를 차지한 아트 바젤(Art Basel)이다.

2024년 12월에 열린 아트 바젤 마이애미 비치(Art Basel Miami Beach)에도 다양한 브랜드가 참여했다. 세계적인 명품 그룹 루이비통 모엣헤네시(LVMH)는 아티스트가 자신의 창작 여정을 공유할 수 있도록 컬처 하우스라는 팝업 공간을 운영하고, 관람객이 참여할 수 있는 아티스트 토크쇼 등의 프로그램을 진행함으로써 브랜드와 아트 페어의 연결성을 높였다. 그 외에도 까르띠에, 구찌, 메종 마르지엘라 등 다양한 럭셔리 브랜드가 아티스트와 협업한 컬렉션이나 작품들을 선보였다.

이처럼 럭셔리 브랜드가 브랜드 가치를 높이기 위해 아트 페어에 참여하는 것과 더불어 최근에는 대중 브랜드가 진입하기 시작했고, 예술품 전시가 아닌 각종 이벤트를 개최함으로써 축제 분위기를 확장하는 것이 추세다. 2024년 아트 바젤 마이애미 비치에 참여한 이케아는 '슬리프이지(Sleepeasy)'라는 테마의 팝업스토어를 오픈하였다. 이 팝업스토어에서는 침대 포토존, 슬리퍼 꾸미기 등 자사 제품을 이용한 체험 콘텐츠와 함께 조명, 소리 등 수면의 핵심 요소들에 대한 인터랙티브 디스플레이를 선보임으로써 색다른 경험을 제공하였다. 또한 루이 비통 산하의 이탈리아 럭셔리 브랜드 푸치(Pucci)는 '펀 페어(fun fair)' 콘셉트의 파티 공간을 준비하여 큰 인기를 끌었다. 브랜드 프린트에서 영감을 받은 젤라토 등의 간식과 각종 인터랙티브 게임, 디스코 파티 등 놀이 요소를 결합함으로써 낮의 예술적 여운이 흥겨운 파티로 이어질 수 있도록 했다.

2024 아트 바젤 마이애미 비치에서
열린 푸치의 펀 페어
(출처: Gossip Stone TV 홈페이지)

최근에는 국내 아트 페어에서도 이러한 변화를 찾아볼 수 있다. 매년 9월 국내 최대의 아트 행사인 키아프 서울(KIAF SEOUL)과 영국의 아트 페어인 프리즈(FRIEZE)의 서울 행사가 동시에 개최되는데, 여기서도 많은 갤러리뿐 아니라 일반 기업의 참여가 눈길을 끈다. 2024년 행사에서는 LG전자, BMW, 조 말론 등 다양한 카테고리의 브랜드가 유명 아티스트와 함께 컬래버레이션 작품을 선보였으며, 현대백화점은 '더현대 VIP 라운지'를 운영하여 아트 작품이 전시된 휴식 공간과 함께 과테말라 게이샤 커피 등 다양한 음료를 제공함으로써 자사 우수 고객만을 위한 차별화된 경험을 제공하였다. 한편 CJ그룹은 직접적으로 본 행사에 참여하는 대신 리움미술관에 전 세계 문화예술계 인사 400명을 초대하여 'CJ 나잇 셀레브레이션 오브 프리즈 서울(CJ Night in Celebration of Frieze Seoul)'을 개최하고 그룹의 핵심사업인 K-뷰티, K-푸드, K-콘텐츠 등을 소개하였다.

아트 페어는 이제 문화예술계만의 이벤트가 아닌 기업과 소비자가 만나는 또 하나의 접점이다. 특히 소비자의 라이프스타일에 더 가깝게 다가가면서도 브랜드 고유의 가치를 전달하기 위해, 본 행사가 열리는 전시장뿐 아니라 도시 곳곳에서 다양한 행사를 펼치며 이색적인 경험을 제공하고 있다.

갤러리처럼 변하는 브랜드 스페이스

매체가 다변화하고, 기업이 만드는 메시지에 대한 관심도가 점점 낮아지면서 소비자와 직접 만나고 시간을 보내는 브랜드 경험 공간의 중요성이 점점 더 커지고 있다. 코로나19 이후 팝업스토어가 폭발적으로 성장한 것도 그러한 맥락이다. 과거에는 기업의 철학, 역사, 대표적인 상품을 소개하기 위해 플래그십 스토어를 운영하는 경우가 많았다. 하지만 온라인에서 많은 정보를 얻을 수 있는 시대인 만큼 기업에 대한 정보를 있는 그대로 보여주는 것은 소비자에게 그다지 매력적이지 않을 수 있다. 그보다는 예술적 영감을 주는 콘텐츠로 자연스레 브랜드 경험을 쌓아가는 것이 브랜드에 대한 긍정적인 이미지를 더 효과적으로 강화할 수 있다. 이러한 이유에서 브랜드 공간이지만 제품 자체를 소개하는 대신 아티스트와 협업하여 콘텐츠를 구성하는 사례가 증가하고 있다.

국내 대표적인 디자이너 브랜드인 송지오는 플래그십 스토어 겸 현대미술 갤러리인 갤러리 느와(GALERIE NOIR)를 운영하며 다양한 작가의 전시회를 지속적으로 개최하고 있다. 2025년 2월에는 최초로 여성복 브랜드를 론칭하며 이 공간에서 론칭 파티와 함께 현대미술 작가 수린(SURIN)의 개인전을 열었다. 새롭게 선보이는 실험적이면서도 우아한 여성 컬렉션과 작가 수린의 디지털 아트 기반 독창적인 작품을 조화롭게 전시함으로써 예술과 패션의 경계를 허무는 브랜드 시도를 직접 체험할 수 있게 한 것이다.

더 나아가 스웨덴의 패션 브랜드인 아크네 스튜디오(Acne Studios)는 아예 매장 하나를 영구적인 갤러리로 변신시켰다. 2025년 6월 파리

에서 문을 연 '아크네 페이퍼 팔레 루아얄(Acne Paper Palais Royal)'
은 전시, 아티스트 토크 등 다양한 문화 행사를 운영함으로써 예술로
브랜드의 철학을 체험할 수 있도록 했다.

파리에 오픈한 아크네 스튜디오의 갤러리 공간
(출처: 아크네 스튜디오 홈페이지)

브랜드가 아트에 눈을 돌리는 이유

예술에 대한 젊은 세대의 관심 증가

2000년대 초반까지만 하더라도 예술작품에 관심이 많거나 작품을 직접 구입하는 사람은 예술에 조예가 깊은 사람이거나 일정 수준 이상의 자산이 있는, 소위 고상한 취미를 가진 상류층이라고 생각하는 경향이 있었다. 하지만 2008년 금융위기 이후 본격적인 경제활동을 시작한 밀레니얼세대 사이에서 대체 자산으로 예술작품에 대한 관심이 커졌다. 이제 아트는 젊은 세대에게 단순한 취미 이상의 투자 자산으로 관심을 받고 있다.

세계 최대의 아트 페어 주관사인 아트 바젤과 그 후원사 스위스 투자은행(UBS)이 매년 발행하는 「미술시장보고서 2025(The Art Market Report 2025)」에 의하면 세계 미술 시장 규모는 약 575억 달러로 2024년 대비 12% 정도 감소하였으나, 거래 건수는 약 4,050만 건으로 오히려 약 3% 정도 증가한 것으로 나타났다. 이는 상대적으로 가격대가 낮은 작품의 거래가 늘어난 것이라 볼 수 있는데, 이러한 변화에는 밀레니얼세대를 포함한 젊은 세대의 영향이 컸을 것으로 보인다.

이러한 현상은 글로벌 시장뿐 아니라 국내에서도 유사하게 나타난다. 하나금융연구소가 2024년 12월 발표한 보고서 「아트에 빠진 금융」

에 의하면 30~40대가 다른 세대 대비 미술품을 유망한 투자 자산으로 인식하는 경향은 물론 향후 구매 의향도 가장 높은 것으로 나타났다.

젊은 세대가 예술에 관심을 갖는 것은 꼭 투자 목적 때문만은 아니다. 팬데믹을 겪는 과정에서 온라인 전시, VR을 이용한 미술관 체험 등 다양한 예술작품을 접할 기회가 늘어난 것도 예술에 대한 관심 증가에 영향을 미쳤다. 그뿐 아니라 소셜미디어를 통해 자신의 일상을 공유하는 소비자가 늘어나면서 예술작품과 아트 페어 관련 정보를 접할 기회 또한 자연스레 많아졌다.

요즘 젊은 세대는 시간 효율성을 중시하기에, 특정 주제로 꾸며진 공간에서 한 번에 다양한 콘텐츠나 제품을 경험할 수 있는 박람회나 전시회를 찾는 경우가 많다. 이러한 맥락에서 아트 페어의 인기가 점점 높아지고 있다. 2025년 9월 개최된 '키아프 서울-프리즈 서울' 공동 할인 티켓은 행사 3개월 전인 6월에 판매를 시작했는데도 단 이틀 만에 전량 매진될 정도로 큰 인기를 끌었다. 또한 행사가 열리는 기간에

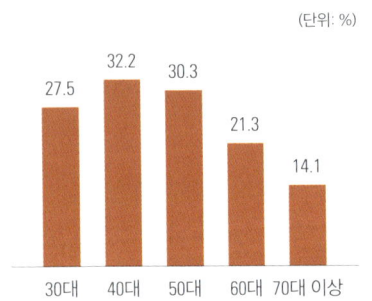

미술품 투자 자산 인식 현황
(출처: 하나금융연구소)

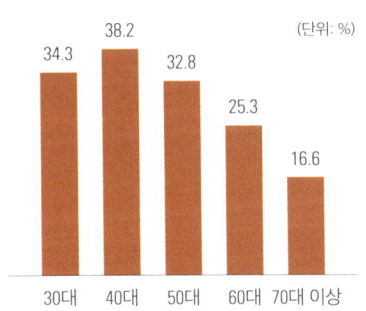

향후 미술품 구입 의향
(출처: 하나금융연구소)

는 갤러리들이 밀집한 한남, 삼청, 청담, 을지로에서 야간에도 갤러리를 방문할 수 있도록 늦은 시간까지 운영하고 칵테일 파티, DJ 퍼포먼스 등 다양한 즐길 거리를 제공하여 젊은층이 예술에 보다 쉽게 다가갈 수 있게 했다.

굳이 소비자를 모으려 애쓰지 않고도 많은 소비자가 자발적으로 모이는 공간에 함께 존재하도록 만드는 일은 브랜드에 충분히 매력적이다. 기업이 만든 홍보 공간이 아닌 소비자 스스로 라이프스타일을 즐기기 위해 방문한 공간에서 자연스럽게 브랜드를 경험할 기회를 제공하기 때문이다.

브랜드의 문화적 가치 향상

브랜드 간 경쟁이 치열해지고 소비자의 충성도도 이전보다 낮아지는 상황에서 브랜드의 차별적 매력을 어필하기는 쉽지 않다. 또한 하루에도 수많은 콘텐츠에 노출된 소비자에게 브랜드 역사나 철학을 있는 그대로 알리려고 해서는 관심을 끌 수 없다. 상업 전시와 문화행사가 동시에 열리는 디자인 위크 같은 대형 이벤트에 브랜드들의 참가율이 증가하는 것도 바로 이러한 이유 때문이다.

가장 대표적인 디자인 행사인 밀라노 디자인 위크(Milan Design Week)에는 이미 많은 브랜드가 참가하여 브랜드의 철학을 예술적으로 표현하고 있다. 초기에는 루이 비통, 에르메스, 구찌 등 럭셔리 브랜드 중심으로 참가했지만 소비자들의 관심이 높아지면서 최근에는 자동차 브랜드와 대중적인 라이프스타일 브랜드의 참여가 점차 확대되고 있다.

2021년 새로운 디자인 철학 '오퍼짓 유나이티드'*를 발표한 기아는 글로벌 소비자에게 디자인 철학을 직관적으로 이해시키기 위해 2023년부터 밀라노 디자인 위크에 참가하고 있다. 2025년에는 아티스트 필립 파레노(Philippe Parreno), A.A.무라카미(A.A.MURAKAMI)와 협업해 디자인 철학을 재해석한 예술작품을 선보였으며, PBV(Platform Beyond Vehicle) 및 EV 콘셉트 차량의 전시인 '초월의 여정(Transcend Journey)'에서는 글로벌 아웃도어 브랜드로 성장한 헬리녹스 및 국내 스모어 디저트 전문 브랜드 포틀러와 함께 아웃도어 분위기를 자연스

기아의 디자인 철학을 해석한
A.A.무라카미의 작품
(출처: 기아 홈페이지)

헬리녹스와 협업한
기아의 PV5 전시 공간
(출처: 기아 홈페이지)

오퍼짓 유나이티드(Opposites United) 상반된 개념의 창의적 융합

럽게 연출하였다.

  디자인 위크에 참여하는 브랜드 대다수는 디자인 철학이 어떻게 구현되는지를 느낄 수 있는 유형(有形)의 제품을 가지고 있다. 하지만 특이하게도 무형(無形)의 서비스를 제공하는 구글이 수년째 밀라노 디자인 위크에서 존재감을 드러내고 있다. 매년 몰입형 설치 예술을 통해 새로운 경험을 제공하는 구글은 2025년에는 '보이지 않는 것을 보이게 한다(Making the Invisible Visible)'는 콘셉트로 미국 아티스트 래클런 터잔(Lachlan Turczan)과 협업하여 안개와 대형 광학 장치로 구성된 루시다(Lucida)를 선보였다. 이 작품은 관람객의 움직임에 반응하는 빛의 베일이 예술과 기술을 창의적으로 결합하였다는 평가를 받으며 전시 기간 내내 큰 인기를 끌었다.

  브랜드와 예술 간의 협업은 브랜드의 가치를 높이는 데 기여한다. 단순히 제품이나 서비스를 제공하는 것이 아닌 문화적 경험을 선사하

래클런 터잔과 협업하여 몰입형 전시를 선보인 구글
(출처: 〈월페이퍼 매거진〉)

는 브랜드로서의 이미지를 형성할 수 있기 때문이다. 특히 아트 페어 같은 행사에는 대중적인 브랜드가 쉽게 접근하기 어려운 고소득층, 오피니언 리더, 인플루언서 등 사회적 영향력이 있는 사람이 몰리는데, 이러한 공간에서 자연스럽게 예술 감각이 좋은 브랜드라는 인식을 형성할 수 있다면 프리미엄 이미지를 확보하기에 훨씬 유리하다.

창의적인 실험을 통한 브랜드 활성화

브랜드와 예술이 결합하는 것의 장점은 브랜드의 정체성과 철학에 대한 해석을 무한히 확장할 수 있다는 것이다. 같은 브랜드라 하더라도 아티스트마다 각자의 관점에서 창의적으로 해석한 작품을 만들어내기에 브랜드에 지속적으로 활력을 줄 수 있으며, 소비자에게도 새로운 경험을 제공할 수 있다.

 BMW는 1975년부터 알렉산더 콜더, 로이 리히텐슈타인, 앤디 워홀 등 세계적인 아티스트와 협업하여 가장 빠른 예술품이라 불리는 아트카를 제작하는 프로젝트를 진행해왔다. 2024년에는 스무번째 프로젝트로 현대 예술가 줄리 메레투(Julie Mehretu)와 협업한 아트카를 공개했다. 이 아트카는 줄리 메레투가 BMW의 'M 하이브리드 V8 레이싱카'에 자신의 핵심 모티브인 공간, 움직임, 에너지를 담아 화려한 예술작품으로 표현하여 많은 찬사를 받았다. 지난 50년간 BMW는 그 시대에 주목받는 아티스트와 컬래버레이션을 기획함으로써 동시대성을 잃지 않고 꾸준히 새로운 영감을 주는 브랜드로 진화해왔다.

 매년 프리즈 서울에 참가하고 있는 BMW 코리아는 2025년에는 한국 진출 30주년과 아트카 50주년을 기념하기 위해 한국 현대미술의 거장 이건용 작가와 협업한 쇼카를 공개했다. 브랜드의 핵심가치인 '움직임의 즐거움'과 그의 예술에 대한 철학을 THE i7에 창의적으로 담아내어 관람객의 이목을 끌었다.

    아티스트와의 협업은 브랜드가 다양한 실험을 할 수 있는 발판이 된다. 브랜드가 자체적으로 하면 쉽게 공감을 받기 어려운 활동도 아티스트와의 협업이라면 예술적인 관점에서 새로움을 줄 수 있는 것이 일반적이다. 브랜드가 명확한 철학만 지니고 있다면, 다양한 분야에 있는 수많은 아티스트와의 협업이 브랜드의 노후화를 막고 브랜드에 새로운 자극을 주는 데 긍정적인 기여를 할 수 있다. 또한 예술가와의 협업 작품은 한정판으로 제작되기에, 희소성을 중시하는 소비자의 구매욕을 자극할 수 있다.

프리즈 서울 2025에서 공개된
BMW 코리아×이건용의 쇼카 (출처: BMW)

아트 마케팅 활동의 미래

컬처 플랫폼으로 진화

과거에는 유명 작가의 작품을 구입하는 것에 관심이 많았다면, 요즘 시대에는 무명의 신진작가 작품이라 하더라도 취향에 맞으면 관심을 보이고 구매하는 사람들이 늘어나고 있다. 세계 최대 온라인 미술작품 거래 플랫폼 '아트시(Artsy)'가 발표한 보고서 「아트 컬렉터 인사이트 2024(Art Collector Insights 2024)」에 따르면, 플랫폼을 이용하여 예술품을 구입하는 밀레니얼세대의 약 73%가 감정적 연결이나 개인적 공감이 예술품 구매의 중요한 이유라고 응답한 것으로 나타났다. 이처럼 소비자가 아티스트의 명성이 아닌 자신의 취향에 반응하게 되자 기업의 아트 마케팅에 대한 태도도 점차 바뀌고 있다. 미술관을 후원하거나 유명 아티스트와의 협업에 집중하기보다는, 유망한 젊은 아티스트를 발굴하는 프로젝트를 진행하거나 팬들과 교감하며 브랜드 고유의 아트 마케팅 플랫폼을 만들어내기도 한다.

텍사스주 기반의 왓어버거(Whataburger)는 2021년부터 팬들이 인스타그램에 왓어버거의 제품과 로고를 활용하여 만든 작품을 전시할 수 있는 왓어버거 미술관(Whataburger Museum of Art, WMOA)을 운영하며 팬들과 교감하고 있다. 창립 75주년인 2025년에는 같은 텍사스주에서 열리는 축제인 사우스 바이 사우스웨스트*에 200여 점의 팬 작품을 전시한 오프라인 미술관을 오픈하여 오프라인에서도 소비자와 교감했다.

　이처럼 팬 아트 기반의 플랫폼을 구축하는 것은 브랜드와 팬의 관계를 강화하고 충성도를 높이는 데 유의미한 역할을 한다. 특히 AI로 인해 누구나 쉽게 콘텐츠를 만들 수 있는 시대가 된 만큼 소비자가 예술에 접근하는 일은 더 많아질 것으로 보인다. 또한 플랫폼 내 축적된 콘텐츠를 기반으로 아트 페어 같은 이벤트에 보다 적극적으로 참여할 수 있기에, 독자적 아트 플랫폼을 구축하는 일에 많은 기업이 매력을 느낄 수 있다.

SXSW 기간에 열린 왓어버거 오프라인 미술관
(출처: 왓어버거 홈페이지)

사우스 바이 사우스웨스트(South by Southwest, SXSW)　미국 텍사스주 오스틴에서 매년 3월 개최되는 세계적인 예술 축제

몰입 경험의 확장

요즘은 예술에 VR(가상현실), AR(증강현실), MR(혼합현실) 같은 인터랙티브 기술을 결합하는 경우가 많다. 기존의 일방향적인 그림이나 조각품과는 달리, 기술을 이용하여 보다 훌륭한 몰입 경험을 제공할 수 있기 때문이다. 더 나아가서는 예술에 데이터를 결합하여 혁신적인 경험을 제공하기도 한다.

2024년 스위스 아트 바젤에서 터키항공은 세계적인 미디어 아티스트 레픽 아나돌(Refik Anadol)과 협업했다. 그는 여행 경험이 전혀 없는, 각기 다른 네 대륙에서 온 네 명이 첫 여행을 하는 과정에서 변화하는 생체 데이터를 기반으로 만든 작품 '내면의 초상(Inner Portrait)'을 선보였다.

기술의 발전은 예술이 더이상 순수예술 영역에 머무르지 않게 하고 있다. 과거 예술과의 협업이 브랜드의 프리미엄 가치를 높이는 데 기여했다면, 데이터 기반 AI 아트 등 과학과 예술이 융합된 협업은 미래지향적 이미지를 형성하는 데 핵심적인 동력이 될 수 있다.

터키항공과 레픽 아나돌의 작품
(출처: A news)

요즘은 브랜드 대부분이 소비자의 일상에 스며드는 라이프스타일 브랜드가 되고자 노력한다. 음악, 예술, 스포츠 등 다양한 라이프스타일 플랫폼은 소비자의 취미와 관심을 분석하고 그들에게 브랜드의 존재감을 자연스레 드러내고자 다양한 시도를 하고 있다. 각각의 플랫폼 모두 소비자와 교감하는 과정에서 다양한 콘텐츠를 만들어낼 수 있지만, 예술은 그중에서도 좀더 특별한 가치가 있다. 특히 아티스트와의 협업, 팬 아트 등으로 만들어진 작품은 브랜드 자산으로 축적될 수 있을 뿐 아니라, 소비자의 오감을 자극하는 직접적인 경험을 제공할 수 있기 때문이다. 공연을 관람하며 느끼는 희열도 분명히 존재하지만 그 과정에서 브랜드와 연관된 경험을 직접적으로 느끼긴 쉽지 않다. 그러나 예술작품은 제작 과정에서 브랜드의 가치를 담아내려 하기에 브랜드 연상을 강화하기가 상대적으로 쉽다. 특히 최근의 예술작품은 첨단기술이 결합되어 몰입된 경험을 주기 때문에 미래지향적 이미지를 심어주기에도 유리하다.

아트와 함께하는 브랜드는 창의적인 실험으로 콘텐츠를 만들어내는 과정에서 유기적인 생명체처럼 꾸준히 진화하고 발전할 수 있다. 그 과정에서 예술을 이해하고 예술과 공존하는 브랜드라는 인식을 소비자들에게 심어주는 것도 가능하다. 그렇기에 브랜드가 상업의 경계를 넘어 예술적 가치를 갖는다는 것은 지속가능한 성장의 강력한 무기가 된다.

마케팅 아레나:

브랜드의 새로운 무대가 된 스포츠

2

스포츠의 인기가 심상치 않다. 프로야구와 프로축구는 최근 수년간 연이어 관중 수 신기록을 세우며 아이돌 못지않은 열성 팬덤을 확보하고 있다. 마니아층에 국한되던 모터스포츠 경기장에는 수만 명의 관중이 몰리고, 한때 비주류로 밀려났던 프로레슬링은 어린이 팬덤의 호응을 얻으며 부활하고 있다. 대중적인 인기 종목을 넘어 다양한 스포츠가 일상의 중심으로 소환되고 있다.

이 변화의 중심에는 달라진 팬덤이 있다. 새롭게 유입된 관객층은 승패에만 몰두하던 기존의 관람 방식에서 벗어나, 응원과 현장 분위기 자체를 즐기며 스포츠를 하나의 문화 콘텐츠로 소비한다. 아이돌 팬덤의 방식이 스포츠로 옮겨오면서 포토카드, 굿즈, 직관 인증 등 새로운 응원 문화가 자리잡았다. 젊은 여성 팬과 부모가 된 밀레니얼세대가 이 흐름을 주도하며, 경기장은 단순한 관람 공간을 넘어 하나의 '놀이 공간'으로 탈바꿈했다.

미디어 환경의 변화도 빼놓을 수 없다. 유튜브와 OTT 플랫폼이 중계권 경쟁에 뛰어들면서 과거에는 접하기 어려웠던 종목을 쉽게 즐길 수 있게 되었고, 차별화된 해설과 새로운 중계 방식은 스포츠 콘텐츠의 지평을 넓혔다. 여기에 팬들은 소셜미디어를 통해 실시간으로 반응하고 콘텐츠를 재생산하는 적극적 참여자가 되었다. 이러한 흐름에서 다양한 브랜드가 스포츠 마케팅을 강화하고 있다. 전통매체의 영향력이 줄어드는 가운데, 스포츠는 브랜드가 메시지를 전달하고 소비자와 공감대를 형성할 수 있는 강력한 마케팅 대안으로 부상하고 있다.

©wonderkim, Unsplash

국내 프로스포츠의 인기

전성기를 맞은 프로야구와 프로축구

국내 프로스포츠 양대 산맥이라고 할 수 있는 야구와 축구의 인기가 매년 신기록을 경신하며 새로운 전성기를 맞이하고 있다. 명실상부 국내 최고 인기 종목인 프로야구는 2024년 최초로 1,000만 관중을 달성한 것에 이어 2025년까지 두 시즌 연속 1,000만 관중을 달성했다. 2025년에는 불과 350경기 만에 누적 관중 600만 명을 돌파했는데 이 또한 리그 역사상 가장 빠른 기록이다. 프로야구가 독점하던 국내 프로스포츠 시장에서 프로축구 K리그의 존재감도 무섭게 성장하고 있다. K리그는 2023~2024년 2년 연속 300만 관중을 모아 날로 높아지는 인기를 실감케 했는데, 2025년에는 7월 기준 278경기 만에 200만 관중을 돌파했다. 2013년 승강제* 도입 이후 최단 경기 수로 200만 관중을 달성한 것이다. 2025년 5월 서울 월드컵 경기장에서 열린 FC서울과 전북현대모터스 FC(이하 전북현대)의 경기에는 4만 8,000명이 넘는 관객이 몰렸으며, 이 경기의 입장권은 예매 개시 하루 만에 3만 장이 팔렸다. 두 달 후인 7월에는 스페인 축구 명문 구단 FC바르셀로나와 FC서울의 친선 경기가 열린 서울월드컵경기장에 폭염을 뚫고 6만 2,000여 명의 관중이 모였다.

승강제 한 시즌이 끝나면 성적에 따라 하위 리그 팀은 강등되고, 상위 리그 팀은 승격하는 제도로, 유럽 축구 리그(프리미어리그, 분데스리가 등)에서는 오래전부터 운영해온 시스템

코로나19로 끊겼던 관중의 발길을 돌리기 위한 노력 중 하나로, 프로야구 구단들은 수년 전부터 다양한 캐릭터와 컬래버레이션을 추진하며 시즌에 새로운 활력을 불어넣었다. 이를 통해 신규 MZ세대 팬덤을 확보하고, 경기장 수익에 더해 MD 매출을 다각화할 수 있었다. 프로야구의 이러한 흐름이 프로축구에도 이어지며, 2025년에는 특히 K리그의 구단 연합 마케팅이 돋보였다. 서울 성수동 '무신사 스토어 성수 대림창고'에서 열린 'K리그×산리오캐릭터즈 팝업스토어'는 하루 평균 약 3,800명, 총 누적 약 6만 명의 방문객을 기록하며 '무신사 스토어 성수'의 역대 최고 매출을 달성했다. 그 밖에도 디즈니 애니메이션 〈주토피아〉와의 협업으로 더현대 서울에서 100평 규모의 'K리그-주토피아 팝업스토어'를 성황리에 개최했다. 그뿐 아니라 '부루마불 K리그 에디션'과 '도블 K리그'를 출시하며 국내 프로스포츠 최초로 보드게임 시장까지 진출했다. 이처럼 프로축구는 부상하는 인기에 힘입어 연맹 차원의 적극적인 마케팅을 통해 K리그 자체의 IP 경쟁력까지 강화하고 있다.

오픈 첫날부터 인산인해를 이룬
'K리그×산리오캐릭터즈
팝업스토어' (출처: K리그)

프로스포츠 팬덤의 변화

국내 프로스포츠가 전에 없던 르네상스를 맞이한 배경에는 젊은 여성 팬덤의 대거 유입이 있다. 티켓링크에 따르면 2025년 8월까지 KBO리그 온라인 예매자의 성비는 남성 42.5%, 여성 57.5%로, 여성 비중이 과반을 차지하며 20~30대 예매자 가운데 여성의 비율이 꾸준히 증가하고 있다. 특히 소비 여력이 큰 30대 여성 팬들은 프로야구 시장의 '큰손'으로 떠올랐다. 한국야구위원회 조사에 따르면 이들의 연평균 야구 용품 지출액은 27만 3,000원으로, 전체 평균 23만 5,000원을 웃돈다. 남성 팬이 모자나 티셔츠를 주로 찾는 반면, 여성 팬은 유니폼과 점퍼 같은 고가 굿즈 소비에 적극적이다. 또한 젊은 여성 팬들은 아이돌 팬덤 문화를 야구장에 이식했다. 선수별 포토카드 수집, 팬카페 주도의 생일 이벤트나 커피 트럭, 선수 하이라이트 영상과 팬 아트 공유 등이 대표적이다. 여기에 거의 매일 열리는 경기 일정과 뮤지컬이나 콘서트 대비 비교적 저렴한 티켓 가격이 더해지며, 프로야구 관람은 '가성비 좋은 문화생활'로 자리매김하고 있다.

2025 포토카드 다이어리를 출시한 삼성 라이온즈
(출처: 삼성 라이온즈 유튜브)

과거의 막대풍선과 비닐 응원봉이 경기 상황에 따라 색과 불빛이 자동으로 변하는, 콘서트 현장에서만 볼 법한 응원봉 형태로 변화했다. 선수들의 포토카드는 아이돌 팬 문화와 맞닿아 이제 야구장의 필수 굿즈로 자리잡았다. 경기마다 기념으로 포토카드를 구매하고 야구장을 배경으로 사진을 찍어 소셜미디어에 공유하는 것이 하나의 직관 문화가 됐다. 또다른 직관 인증샷으로는 '야구피스'가 있는데 양손의 엄지와 검지를 둥글게 말아 깍지를 끼워 야구공 모양을 만드는 포즈다. 누구나 따라할 수 있는 귀여운 포즈로 젊은 세대 사이에서 인기를 끌었다. 이같이 소셜미디어에서 스포츠 경기 직관 인증이 유행하면서 구단들은 인스타그램 필터, GIF 스티커 같은 디지털 굿즈를 출시하며 젊은 팬덤의 '직관 인증' 욕구에 부응하고 있다. 대학생 팬덤에서는 경기 직관을 함께 가기 위한 '직관 동아리'와 '직관 번개'도 등장했다. 몇몇 야구 직관 동아리는 신입 부원 면접까지 진행할 정도로, 꽤나 진정성을 지닌 커뮤니티로 자리잡고 있다. 이처럼 젊은 세대를 중심으로 프로스포츠는 단순한 스포츠 경기를 넘어 굿즈 소비, 디지털 경험, 커뮤니티까지 결합된 문화 활동으로 진화하고 있다.

응원하는 팀의 카메라
필터를 자체 제작하는 영상
(출처: @berryveryloveyou 틱톡)

야구 경기 직관 인증샷으로
유행한 '야구피스'
(출처: 20대 뭐 하지? 페이스북)

대학생 커뮤니티에 올라온
롯데자이언츠 직관 동아리 모집 공고
(출처: 캠퍼스픽)

프로스포츠의 인기 확산에는 20~30대 여성과 대학생뿐 아니라 부모가 된 밀레니얼세대도 한몫한다. 1990~2000년대 유소년기에 야구와 축구를 접했던 이들은 이제 30~40대가 되어 자녀와 함께 경기장을 찾는 가족 팬으로 돌아오고 있다. 기아 타이거즈는 어린이들에게 인기가 높은 애니메이션 〈캐치! 티니핑〉과 손잡아 선수 이름을 결합한 한정판 유니폼과 굿즈를 출시했고, 이는 어린이와 성인 구분 없이 전 세대에게 큰 호응을 얻었다. 전북현대는 어린이날 경기에서 어린이 장내 아나운서를 선발해 선수 소개를 맡겼고 넥슨과 협업해 경기장 스카이박스를 'FC 온라인 라운지'로 꾸며 가족 팬에게 게임 체험과 현장 관람을 결합한 특별 이벤트를 제공했다. 이처럼 유소년기의 추억이 부모가 된 세대의 가족 경험으로 이어지면서, 프로스포츠는 단순한 경기 관람을 넘어 세대를 잇는 생활문화로 자리매김하고 있다.

전북현대×넥슨 컬래버레이션을 통해
실시간 축구 경기와 FC 온라인 게임을 함께 즐길 수 있는 특별석
(출처: 전북현대 홈페이지)

어린이보다 성인 매출이 높았던
기아 타이거즈×티니핑 컬래버레이션 유니폼
(출처: MBC Sports+ 유튜브)

프로스포츠 구단의 변화

전 세대를 아우르는 인기에 힘입어, KBO와 K리그 구단들은 자체 기획력으로 기업 수준의 마케팅과 팬 경험을 만들어내고 있다. 이들은 과거 성적 중심의 홍보에서 벗어나 팬 경험을 설계하는 역량이 강화됐다. 외부 브랜드와의 컬래버레이션 외에도 자체 보유한 다양한 채널 관리가 더욱 세밀해진 것이다. 가장 먼저 경기장 시설 운영이 달라졌다. 한화 이글스가 새로 개장한 대전한화생명볼파크는 단순한 야구장이 아니다. 관람석 옆에는 수영장이 마련되어 있고, 라운지와 카바나석 등 다양한 프리미엄 좌석이 팬들의 체류 경험을 넓혔다. 전북현대는 홈구장인 전주월드컵경기장 내 구단의 내러티브를 전달하고 팬들에게 새로운 경험을 제공하는 '팬 익스피리언스 센터(FAN EXPERIENCE CENTER)'를 오픈하며 팬들과의 다양한 경험 접점을 만들어가고 있다.

구단들은 유튜브 채널을 통한 자체 디지털 미디어를 운영하며 경기장 밖 팬들의 일상까지 점유하고 있다. 경기 비하인드나 선수들의 브이로그, 심지어 다큐멘터리 스타일의 콘텐츠까지 제작하며 팬들의 덕질을 적극적으로 지원한다. 또 시즌 티켓 구매 회원들을 대상으로 서비스를 다각화하고 있다. 예를 들어 FC서울은 시즌권 회원들에게 경기 전 선수단과의 하이파이브, 포토 타임 같은 참여 기회를 제공하고, 전북현대는 시즌권 회원 대상 사인회와 공개 훈련 등으로 충성도를 높이고 있다. 이처럼 경기장 운영, 미디어, 팬덤 관리 세 축이 맞물리며 구단들은 단순히 경기 주최자가 아니라 문화 플랫폼의 기획자로 변신하고 있다. 스포츠 팬덤이 경기 승패를 넘어 현장 자체를 즐기는 문화가 확산된 배경에는 바로 이러한 구단들의 마케팅 고도화가 큰 역할을 했다.

대중화되는 마니아 스포츠

콘텐츠의 힘을 보여준 F1의 부흥

모터스포츠는 올림픽, 월드컵과 함께 세계 3대 스포츠로 불리지만, 포뮬러 1(F1)은 오랫동안 '엘리트 취향의 귀족 스포츠'라는 인식 탓에 대중의 진입장벽이 높았다. 그러나 2017년 리버티 미디어가 약 9조 3,000억 원에 F1을 인수한 뒤 상황이 달라졌다. 리그 운영 방식을 혁신한 리버티 미디어는 팀 간 접근성을 높이고 미디어 공개를 확대했으며, 이를 계기로 넷플릭스 오리지널 다큐멘터리 시리즈 〈F1, 본능의 질주〉가 제작돼 F1의 인기를 폭발적으로 끌어올렸다. 2019년 첫 시즌 이후, 미국 내 F1 중계 평균 시청자는 54만 명에서 117만 명으로 두 배 이상 뛰었고 소셜미디어의 F1 공식 계정 팔로워수는 1,200만 명에서 9,600만 명, 여성 팬 비율은 8%에서 40%까지 올랐으며 팬 평균 연령은 36세에서 32세로 내려갔다. 여기에 엔터테인먼트와 럭셔리 문화의 상징인 라스베이거스, 마이애미 같은 도시에서 대규모 이벤트형 그랑프리를 신설해, 화려한 쇼와 스포츠를 결합함으로써 F1은 미국 시장에서 가장 빠르게 성장하는 스포츠로 떠올랐다.

이러한 흐름은 한국에도 이어졌다. 2025년 개봉한 영화 〈F1 더 무비〉는 364만 관객을 동원하며 F1의 존재감을 대중에게 각인시켰고,

쿠팡플레이의 F1 독점 중계는 단순히 경기 생중계를 넘어, 질 높은 해설과 현장 밀착형 콘텐츠로 시청 경험을 풍부하게 했다. 연습 주행, 예선, 정식 레이스까지 전 일정을 생중계하고, 현장감을 극대화하는 중계진의 리포트와 실시간 해설이 더해져 팬들의 몰입을 끌어올렸다. 이러한 인기에 힘입어 유튜브에서는 F1에 대한 배경지식을 쉽게 설명하거나, 어느 팀을 응원해야 하는지 등에 대한 콘텐츠가 호응을 얻고 있다. F1의 인기와 함께 국내 모터스포츠 현장에서도 대중화의 바람이 불고 있다. 국내 최고 등급 챔피언십 프로 대회인 '오네 슈퍼레이스 챔피언십'은 2024년 누적 관중 14만 8,000여 명을 기록했다. '현대 N 페스티벌'은 2024년 첫 관중을 맞이했는데도 약 5만여 명의 관중을 모았다. 한편 패션업계에서는 2023년부터 모터코어, 레이싱코어 등으로 럭셔리 하우스부터 스트리트 브랜드까지 레이싱 슈트와 F1 레이싱팀 로고가 있는 패션 아이템이 유행하면서 셀럽의 스타일링에 지속적으로 활용되고 있다. 일반인이 직접 할 수 없는 스포츠였던 모터스포츠는 이제 마니아의 영역을 넘어, 누구나 소비하고 경험할 수 있는 라이프스타일로 확장되고 있다.

모터스포츠 입문자들의 허들을 낮춘 쿠팡플레이
(출처: 쿠팡플레이 스포츠 유튜브)

골프 대회의 다각화

또다른 대표적 엘리트 스포츠인 골프 역시 대중적 엔터테인먼트와 결합하며 새로운 변화의 물결을 타고 있다. 새로운 골프 대회인 리브 골프(LIV Golf)와 TGL(TMRW Golf League)이 그 중심에 있다. 리브 골프는 사우디 국부펀드의 전폭적 지원을 기반으로 2022년 출범했으며, 2025년 현재 전 세계 9개국에서 열네 개의 대회를 개최하며 시즌을 이어가고 있다. 경기 방식은 기존 72홀에서 54홀로 줄이고, 모든 선수가 동시에 출발하는 샷건 방식을 도입했으며, 팀 단위 경쟁을 도입해 긴장감과 응집력을 높였다. 이러한 형식은 경기 시간을 단축해 젊은층이 부담없이 즐기도록 설계되었다. 2025년 시즌 개막전에서는 평균 8만 9,000명이 시청했으며, 최고 기록은 미국 FOX 메인 채널에서 48만 4,000명을 기록했다. 전 세계적으로는 약 872만 가구에 중계되었고 경기당 시청자 수는 250만~350만 명에 달했다. 특히 '리브 골프 코리아'는 2025년 5월 인천 잭 니클라우스 골프클럽 코리아에서 열려 한국 팬들에게 강렬한 인상을 남겼다. 대회 후에는 지드래곤, 아이브, 다이나믹 듀오, 거미 등이 출연해 K-pop 공연을 펼쳤고 푸드 트럭, 체

다양한 엔터테인먼트 요소가 결합된
신개념 골프 대회인 리브 골프
(출처: 골프쿠킨 유튜브)

험존, 키즈존으로 구성된 팬 빌리지가 운영되며 페스티벌 같은 분위기를 연출했다. 조용한 경기라는 골프의 고정관념을 무너뜨리며 골프의 대중화에 새로운 가능성을 보여주고 있다.

한편 2025년 1월 첫 시즌을 연 TGL은 타이거 우즈와 로리 매킬로이가 주도해 만든 새로운 형식의 팀 기반 실내 골프 리그다. 최첨단 스크린과 증강현실을 접목한 경기 방식을 도입해 현장의 몰입감을 극대화했으며, ESPN 생중계 기준 개막전은 약 92만 명의 시청자를 끌어모았다. TGL은 전통적인 골프 코스가 아닌 첨단 실내 경기장에서 진행돼 날씨나 장소의 제약이 없고, 짧은 시간 안에 하이라이트를 제공해 젊은 세대에게 어필하고 있다. 기존 PGA 투어나 리브 골프와는 다른 새로운 형태의 엔터테인먼트로 자리잡으며, 골프가 단순히 경기 스포츠를 넘어 미디어와 테크놀로지를 결합한 차세대 콘텐츠로 확장되고 있음을 보여줬다.

국내 프로레슬링의 부활

국내에서는 서브컬처라는 인식이 강했던 프로레슬링의 인기도 되살아나고 있다. 한때 비주류로 밀려났던 프로레슬링이 최근 PWS(Pro Wrestling Society)를 중심으로 새로운 팬덤을 형성하며 부활의 기세를 보여주고 있다. PWS의 유튜브 채널 구독자는 7만 명을 넘어섰으며, 2025년 5월 KBS아레나에서 열린 대회는 3,000석 규모를 가득 채우며 매진을 기록했다. 17회 연속 전석 매진이라는 성과는 더이상 일시적인 관심이 아니라 꾸준한 성장세임을 증명했다.

최근 국내 프로레슬링의 인기가 다시 오르는 배경에는 초등학생 팬덤이라는 독특한 현상이 있다. 그 계기는 초등학생 대상 유튜브 채널 급식왕과의 협업이었다. 2025년 8월 기준 150만 명의 구독자를 보유한 급식왕에 PWS 선수들이 출연하면서 아이들의 눈길을 끌었다. 기본적으로 권선징악의 서사를 담은 프로레슬링은 악당을 물리치는 이야기로 각색되어 협동, 용기, 정의와 같은 메시지를 전달하며 교육적 콘텐츠로도 받아들여졌다. 이로 인해 실제 PWS 경기 관람객의 약 80%가 어린이와 함께 온 가족 단위로 구성되었고 폭력성보다는 스토리와 오락성이 강화됐다. 이러한 인기에 힘입어 PWS는 어린이들이 직접 참여할 수 있는 정규 교육 프로그램까지 운영하며, 프로레슬링을 가족 모두가 즐길 수 있는 콘텐츠로 발전시키고 있다.

세계적으로 프로레슬링의 위상은 국내와 달리 꽤 높은 편이다. 세계 최대 프로레슬링 단체 WWE의 유튜브 채널은 2025년 8월 기준 구독자 1억 1,000만 명에 이르며 모든 스포츠 종목 중 1위다. 이처럼 디지털 환경에서 레슬링이 압도적 우위를 점한다는 사실은, 국내에서 초등학생 세대가 주도해 형성한 새로운 팬덤이 향후 글로벌 무대와 연결될 가능성을 보여준다. PWS가 쌓아올린 가족 친화적 이미지와 교육적 스토리텔링은 국경을 넘어 공유될 수 있는 보편적 가치로, 한국 프로레슬링이 장기적으로 아시아를 넘어 세계 무대에서 새로운 성장 기회를 잡을 수 있다는 기대까지 낳고 있다.

초등학생 팬덤이 유입되며 전성기를 맞이한 국내 프로레슬링
(출처: 14F 일사에프 유튜브)

브랜드, 스포츠에 주목해야 하는 이유

콘텐츠이자 라이프스타일이 된 스포츠

인기 종목인 야구와 축구부터 모터스포츠와 프로레슬링 같은 비주류 종목까지 스포츠가 새롭게 전성기를 맞이한 공통된 이유는 라이트 팬의 유입, 즉 팬덤의 저변 확대에 있다. 이들은 응원 문화를 새롭게 만들고, 승패에 대한 집착보다는 경기 자체를 즐기며 스포츠를 하나의 문화 콘텐츠로 성장시킨다. 브랜드와 서비스가 궁극적으로 소비자의 라이프스타일에 스며들어야 가치를 인정받듯, 스포츠 역시 팬들의 라이프스타일로 자리잡을 때 그 의미가 경험, 소속감, 문화적 가치로 확장된다. 건강한 라이트 팬덤이 이러한 변화를 이끌며, 다양한 종목이 라이프스타일로서의 가치를 새롭게 획득하고 있다.

   스포츠의 인기를 견인한 또다른 요인은 미디어 환경의 변화다. 유튜브 같은 스트리밍 플랫폼부터 넷플릭스와 쿠팡플레이 같은 OTT 서비스까지, 많은 기업이 중계권 확보 경쟁에 막대한 자금을 쏟아붓고 있다. 이 과정에서 중계권 시장이 확대되며 과거 TV 중계에 국한되어 시공간적 제약을 받던 다양한 글로벌 대회에 대한 접근성이 높아졌다. 특히 뉴미디어가 제공하는 중계는 단순 경기 전달에 그치지 않고, 풍부한 해설과 다각화된 중계 범위로 무장하며 '콘텐츠'로서의 가치를 강화하고 있다. 쿠팡플레이는 유료 요금제인 '스포츠 패스'를 도입해 광고 없는 초고화질 스트리밍뿐 아니라 PIP(Picture in Picture), 타임머신, 실시간 채팅 등 부가 기능을 제공하며 스포츠 콘텐츠의 몰입도를 높였다. 앞으로도 더 많은 이용자와 시청 시간을 확보하기 위한 뉴미디어의 경쟁은 지속될 것이며, 이는 다양한 스포츠 종목이 새롭게 대중 앞에 소개되고 재평가받는 계기가 될 것이다.

브랜드와 스포츠의 만남은 이렇게!

스포츠의 인기가 높아질수록 스포츠 마케팅도 함께 발전하고 있다. 수많은 브랜드가 프로스포츠 구단들과 협업을 진행하는 가운데, 팬들의 호응을 받은 사례를 살펴보면 공통점은 팀과 팬덤의 서사에 적극적으로 참여한다는 점이다. 패션 브랜드 '산산기어'는 삼성 라이온즈의 블루 색상에 자사의 시그니처 컬러를 더해 유니폼, 웜업 재킷, 스웨트셔츠 등 다양한 제품을 선보였는데, 무엇보다 주목받은 것은 홍보 영상 '본 인 블루(Born in Blue)'였다. 영상은 한 어린 소년이 삼성 라이온즈를 응원하며 성장해 자녀에게도 팬심을 이어주는 모습을 담아, 세대가 달라져도 변함없는 팬들의 사랑을 표현했다. 특히 과거 절대 강자이던 시절의 투수 김시진과 현재의 에이스 원태인을 연결 짓는 연출은 팀의 긴 역사를 압축적으로 드러내면서, 영구결번* 선수 이만수의 22번, 양준혁의 10번 등 팬들만이 알아볼 수 있는 이스터에그*를 배치하기도 했다. 유튜브 영상에는 팬들의 공감과 감동의 댓글이 이어졌고 영상

영구결번 특정 선수가 팀에 남긴 탁월한 업적, 상징성, 공헌을 기리기 위해 해당 선수의 등번호를 영구적으로 사용하지 못하도록 구단이 공식적으로 결번 처리하는 제도

이스터에그(Easter Egg) 영화나 게임 등의 콘텐츠 또는 소프트웨어에 창작자가 숨겨둔 메시지나 기능으로, 관객이 우연히 발견했을 때 즐거움을 주기 위한 장치

제목인 'Born in Blue'를 구단 슬로건으로 바꿔야 한다는 의견까지 나왔다. 또다른 사례로는 두산 베어스와 캐릭터 '망그러진곰'(이하 망곰)과의 협업이 있다. 2024년 시작된 이 협업은 팝업스토어 오픈 일주일만에 매출 7억 원을 기록할 정도로 폭발적인 반응을 얻었고 2025년까지도 협업이 이어지고 있다. 인기 비결은 귀여운 디자인을 넘어 다양한 이벤트와 소셜미디어에서의 소통으로 팬덤과 공감대를 형성한 데 있다. 망곰은 인스타그램을 통해 두산 베어스 입단부터 시구까지의 이야기를 유쾌하게 풀어내며, 캐릭터 세계관을 구단과 자연스럽게 연결했다. 이를 통해 팬들의 열띤 호응을 이끌어내며 협업 효과를 극대화할 수 있었다.

캐릭터 세계관과 서사가 결합되어 팬덤의 호응을 얻은
두산 베어스×망그러진곰 컬래버레이션
(출처: 망그러진곰 X)

산산기어×삼성 라이온즈 캠페인 영상 'Born in Blue'
(출처: 삼성 라이온즈 유튜브)

글로벌 스포츠 스폰서십의 최근 트렌드를 살펴보면, 단순히 브랜드 노출을 넘어 브랜드가 추구하는 철학과 가치를 스포츠 정신과 연결하려는 흐름이 두드러진다. 도브, 렉소나 등 다양한 바디 케어 브랜드를 보유한 유니레버는 FIFA 여자 월드컵과 UEFA 여자 유로 등을 후원하며 평소 강조하는 '여성의 건강한 아름다움'이라는 철학을 스포츠 영역까지 확장했다. 1999년부터 FIFA의 공식 파트너사로 활동해온 현대자동차는 긴 파트너십의 역사만큼 FIFA를 통한 마케팅에서도 눈에 띄는 진화를 보여줬다. 2022 FIFA 카타르 월드컵에서는 단순히 브랜드를 노출하는 차원을 넘어, 대회 자체를 브랜드 비전을 전달하는 플랫폼으로 활용했다. 당시 '세기의 골(Goal of the Century)' 캠페인의 골은 축구의 '득점'을 넘어 지속가능한 세상을 만들기 위한 인류의 더 큰 목표를 상징했으며, 이는 현대자동차의 비전인 '휴머니티를 향한 진보(Progress for Humanity)'와 직결된다. 이러한 철학과 연계된 메시지를 중심으로 현대자동차는 축구와 연대를 통한 긍정적 변화를 강조하고, 탄소중립 실천을 독려하는 다양한 참여형 프로그램을 운영했다. 이처럼 기업의 스포츠 파트너십은 이제 단순히 제품이나 기술의 지원, 브랜드와 제품을 노출시키는 것 그 이상의 역할을 수행하고 있다. 스포츠는 브랜드의 철학과 가치를 담은 경험을 만들어내며, 하나의 완성도 높은 마케팅 플랫폼으로 진화했다.

'더 많은 소녀가 운동할 수 있는 자신감과 기회를 가져야 한다'는 메시지를 전달하는
탈취제 브랜드 렉소나
(출처: Special Olympics Australia 페이스북)

탄소 중립과 증오범죄 제로를 의미하는 등번호 0이 적용된 '팀 센추리'(월드컵 캠페인
'세기의 골'의 일환으로 결성된 프로젝트팀)의 유니폼
(출처: 현대자동차)

'각본 없는 드라마'라 불리는 스포츠는 누구도 예측할 수 없는 결과와 과정이 실시간으로 펼쳐지는 콘텐츠라는 점에서 앞으로 그 가치가 더욱 높아질 것이다. AI와 자동화가 일상이 된 시대에 스포츠는 인간만이 보여줄 수 있는 극한의 능력과 한계를 넘어서는 서사가 담긴 휴머니티의 정수이기 때문이다. 이러한 매력 때문에 스포츠 팬들은 팀과 선수를 위해 기꺼이 시간과 비용을 쏟고, 승리와 패배의 순간을 함께하며 정서적 결속과 유대감을 형성한다. 스포츠 마케팅은 단순한 후원을 넘어, 이 열정과 서사가 교차하는 순간에 브랜드를 자리매김하게 한다. 다른 어떤 영역에서도 쉽게 보기 힘든 이러한 독보적 팬덤이야말로 스포츠 마케팅이 대체 불가능한 이유다.

스포츠는 이제 팬과 브랜드 모두에 단순한 경기를 넘어선 경험이 되었다. 새로운 스포츠 팬덤은 팀의 승패 못지않게 응원과 경기장 경험 자체를 즐기며 스포츠를 하나의 문화 활동이자 콘텐츠로 소비한다. 기업 역시 스포츠를 단순한 로고 노출의 광고판이 아니라, 브랜드 메시지를 전달하고 팬덤과 소통하는 전략적 마케팅 플랫폼으로 활용하고 있다. 또한 미디어 기술의 발달로 스포츠는 이제 경기장을 넘어 일상 깊숙이 침투하며 그 범위와 기세를 확장하고 있다. 브랜드는 스포츠라는 무대 곳곳에서 팬들이 스포츠를 더 풍성하고 몰입적으로 즐길 수 있도록 지원함으로써 브랜드의 가치를 더욱 높일 수 있을 것이다.

> **스포츠**는 단순한 로고 노출의 광고판을 넘어,
> **브랜드의 철학을 전달**하고 **팬덤과 소통**하는
> **전략적 마케팅 플랫폼**이 되고 있다.

쁘(브+브)랜드십:

전략적 팀플레이

시장 경쟁은 날로 치열해지고, 소비자의 정보 접근성은 극대화되고 있다. 소비자가 언제든 다른 선택으로 이동할 수 있는 지금, 마케터는 소비자에게 브랜드와 함께할 '명확한 이유'를 제시해야만 한다. 한동안 컬래버레이션은 이러한 문제에 대한 효과적인 솔루션처럼 보였다. 낯선 조합이 주는 신선함, 짧지만 강한 화제성, 소비자와의 이야깃거리를 만들어낼 수 있어 소비자의 관심이 브랜드에서 멀어지지 않도록 하는 수단으로 활용되었다. 이러한 효용성으로 인해 컬래버레이션은 패션부터 식품, 전자제품, 자동차까지 다양한 영역에서 적극적으로 활용되었다. 하지만 형식이 익숙해질수록 놀라움은 줄고, 반짝임은 더 빨리 사라진다. 주목은 얻되 다음의 경험으로 이어지지 않는 순간이 잦아지면서, "얼마나 주목받을 것인가"보다 "어떻게 관계를 형성하고 유지해갈 것인가"가 중요해지고 있다.

마케터들은 이러한 상황에서 브랜드 파트너십에 주목하고 있다. 브랜드 파트너십은 단순한 컬래버레이션 이벤트를 통해 관심을 끄는 것을 넘어, 서로의 강점을 결합해 공동 기획·운영·평가로 설계하고, 한 팀처럼 움직이며 고객 여정 전반을 함께 책임지는 접근이다. 멤버십·결제·콘텐츠·서비스를 엮어 일상 루틴에 자연스럽게 스며들게 하고, 재방문·체류·전환이라는 공동 목표를 공유하며, 일회성 화제 대신 축적되는 신뢰와 습관을 만든다. 관심의 순간을 습관이라는 반복의 시스템으로 바꾸는 것, 그것이 오늘날 마케터가 고민해야 하는 과제다.

ⓒChatGPT로 생성

컬래버레이션의 한계와
파트너십의 부상

컬래버레이션 마케팅의 현재와 한계

2025년 6월, '곰표맥주'로 큰 인기를 누렸던 세븐브로이가 기업 회생을 신청하였다. 한때 곰표맥주는 품절과 재입고 공지가 반복될 만큼 성공적인 컬래버레이션의 사례로 회자되었다. 하지만 상표권 이슈와 유사 제품 확산 속에서 차별화가 약해지면서 사업의 본원적인 경쟁력을 잃기 시작했다. 맥주 시장의 변화에 주목한 다양한 브랜드가 엇비슷한 컬래버레이션 제품을 쏟아내면서 수제 맥주 시장에 뛰어들었지만, 정작 각 맥주 양조장이 지닌 고유 가치를 소비자에게 전달하는 데는 실패했다. 소비자들이 화려한 패키지에 비해 맛이나 품질 면에서 큰 차이를 느끼지 못함에 따라 수제 맥주에 대한 관심은 급격하게 사그러들었다.

   컬래버레이션은 낯선 조합이 주는 신선함과 한정판이 만드는 긴장감으로 단기간에 가시적인 성과를 만들 수 있다. 하나의 제품이나 이미지로 브랜드가 추구하는 '지금'의 모습을 상징적으로 보여줄 수 있다는 점에서 여전히 활발히 사용되는 마케팅 도구다. 하지만 한계점도 분명하다. 무엇보다도 관심의 지속 기간이 점차 짧아지고 있다. 컬래버레이션이라는 포맷이 대중화되며 협업이 잦아질수록 소비자는 결과를 쉽게 예상할 수 있고 놀라움도 빠르게 소진된다. 그 결과, 관심이 사용으로, 사용이 또다른 관심으로 이어지는 흐름이 약해지면서 브랜드와 소비자의 관계는 깊게 형성되지 못하게 된다. 또한 차별성이 희석되는 문제도 있다. 유사 카테고리나 유사 톤 협업이 누적되면 그 브랜드만의 해결 방식보다 컬래버레이션 자체가 메시지가 되는 경우들이 발생한다. 다양한 컬래버레이션 대상과 콘셉트를 공유하면서 브랜드의 정체성이 점차 흐려져 브랜드가 제공해야 하는 본질적인 약속이 무너지게 되고, '그 컬래버레이션이 왜 이 브랜드여야 하는가'라는 물음이 소비자의 마음에 남는다. 운영 방식에도 제약이 있다. 컬래버레이션은 캠페인 단위로 분절적으로 진행돼 경험과 데이터가 장기적으로 이어지기 어렵다. 캠페인 당시에는 관심을 모으는 데 유효하지만 캠페인 이후에 재방문·재구매를 만드는 힘은 제한적이다. 마케터 입장에서는 매번 '처음부터' 다시 효과를 쌓아야 하는 어려움에 직면하는 것이다.

브랜드 파트너십 전략으로의 진화

컬래버레이션에 대한 피로도가 증가하는 가운데, 브랜드 파트너십이 마케팅 전략의 새로운 키워드로 주목받고 있다. 브랜드 파트너십은 서로 다른 브랜드의 서비스와 혜택을 상시로 묶어 고객의 재방문과 체류 시간을 늘리는 전략이다. 컬래버레이션이 단기간에 큰 관심을 얻어 주목도를 향상하는 데 목적이 있다면, 파트너십은 고객과의 관계를 만들고 유지하는 데 초점이 있다는 점에서 목표가 다르다. 컬래버레이션이 예상치 못한 조합을 찾기 위해 노력한다면, 브랜드 파트너십은 소비자가 선호하는 두 브랜드가 하나의 팀처럼 기획 및 운영을 공동으로 수행하여 일상에서 반복적으로 사용될 수 있는 경험을 설계한다. 구독 피로와 생활비 부담이 커진 지금, OTT·배달·커머스·교통 등 자신이 선호하거나 자주 쓰는 카테고리에서 '로그인-결제-혜택' 단계가 자연스럽게 연결이 되면서, 비용 절감과 편의를 누리는 것은 강력한 설득 요소가 된다. 파트너십은 쿠폰과 적립의 합을 넘어, 행위 간 연결을 촘촘히 설계해 '다음 행동'을 자연스레 유도한다. 데이터 측면에서도 장기적인 운영을 전제로 하는 파트너십의 경우, 고객 데이터의 확보 및 누적이 용이함에 따라, 개인화 캠페인과 세그먼트 운영이 가능해진다. 결과적으로 브랜드 파트너십은 컬래버레이션의 주목도를 출발점으로 삼되, 사용 루틴과 재방문을 만들며 관계의 깊이를 키운다.

다양하게 전개되는
브랜드 파트너십의 사례

유료 구독 멤버십과 OTT의 파트너십

네이버플러스 멤버십, 배민클럽, 쿠팡 와우 등 유료 구독 멤버십에서 핵심은 지불 금액을 상회하는 체감 혜택을 꾸준히 제공하는 것이다. 이때 일상화된 OTT와의 결합은 멤버십 가치 방정식을 보완하는 수단으로 활용된다. 2024년 말 네이버플러스 멤버십이 넷플릭스 광고형 스탠다드 상품을 디지털 혜택에 포함한 '네넷'이 이런 흐름을 보여준다. 도입 이후 네이버는 '일평균 신규 가입자 수 1.5배'와 '리텐션 95% 이상'이라는 내부 성과를 발표했고 외부 조사에서는 2025년 4월 기준 국내 넷플릭스 이용자 중 약 27%가 네이버플러스 멤버십 경로로 시청한다는 수치가 공개되었다. 커머스 측면에서는 유입 고객의 네이버 쇼핑 지출이 30% 이상 확대되었다는 결과도 함께 제시되었다. 네이버 관점에서 보면 멤버십 가입·잔존 지표의 개선과 커머스로의 자연스러운 이동이 주요 효과이고, 넷플릭스는 광고형 상품의 도달 확장과 신규·비활성 고객의 활성화라는 기회를 얻었다. 이용자는 하나의 결제 안에서 콘텐츠와 커머스 혜택을 묶어 누리며, 총비용 절감과 사용 편의를 동시에 체감하기 쉽다. 네이버는 이후 웹툰·엑스박스 PC 게임 패스 등 선택형 구성을 늘려 타깃별 효용을 세분화하는 방향으로 확장하고 있다. 전반적으로 네넷은 멤버십-콘텐츠-커머스의 연결이 어떤 방식으로 가치를 만들 수 있는지 보여주는 사례로, 성과 지속성은 향후 운영과 선택형 혜택의 정교성에 좌우될 것이다.

또 하나의 주목할 만한 파트너십의 사례는 바로 배민클럽과 티빙이 결합된 이른바 '배빙'이다. 배달의민족은 2025년 6월 무료배달, 할인 쿠폰 이용을 할 수 있는 유료 멤버십 배민클럽과 OTT 티빙 광고형 스탠다드 상품을 묶은 결합 상품을 론칭했다. 배빙의 파트너십은 식사와 함께 예능·스포츠 등 영상을 즐기는 '밥친구' 루틴이 보편화된 라이프스타일에서 착안하여, 20~30대 이용자의 배달앱 사용 현황과 OTT 시청 경험을 연결하는 생활 밀착형 구독 모델을 추구하고 있다. 배빙은 심리적 장벽을 줄이기 위해 '첫 달 100원' 프로모션과 함께, 야구 중계를 시청하면서 맛있는 음식을 먹을 수 있도록 '야구푸드'와 '럭키드로우'를 결합한 '야구푸드로우' 이벤트를 전개하기도 했다. 실제로 출시

쇼핑 멤버십 이용률 추이 (출처: 컨슈머인사이트 홈페이지)

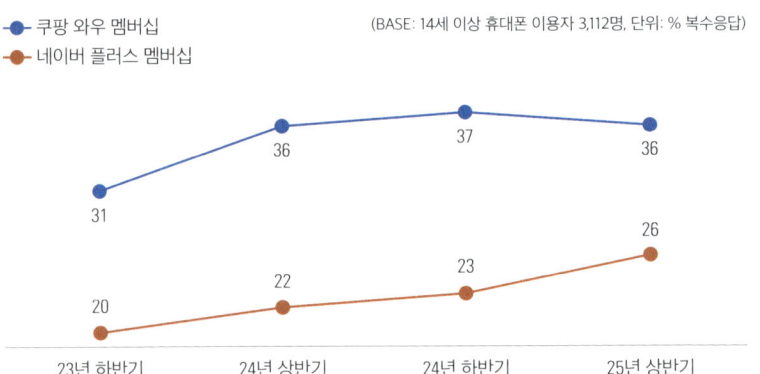

두 달 만에 배민·티빙 제휴 신규 가입자가 첫 주 대비 세 배 이상 증가했고, 이용 패턴에서도 '배달·장보기와 동시 시청'이라는 생활 밀착형 소비가 관찰되었다는 발표가 이어졌다. 2025년 9월에는 배민클럽-유튜브 프리미엄 제휴 상품을 출시하면서 파트너십을 확장하였다. 이 또한 밥을 먹으며 영상을 시청하는 사용자의 일상 루틴 내 배달의민족의 영향력을 강화하고자 하는 의도가 담긴 파트너십이라 할 수 있다.

이러한 파트너십의 배경은 '구독 피로' 속에서 지불 가치를 즉시 체감하고 싶고 생활비 최적화를 추구하는 소비자 인식 변화에 있다. OTT가 범용화되며 콘텐츠 차별성은 낮아지고, 광고형 요금제 확산으로 가격 민감도가 높아지자, 이용자는 여러 구독을 따로 결제하기보다 생활 루틴과 결합된 멤버십을 통해 효용을 극대화하려 한다. 결국 파트너십을 통해 소비자에겐 총비용 절감, 기업에겐 리텐션 및 록인 강화라는 가치 교환이 성립하는 것이다.

배민클럽×티빙 론칭 이벤트
(출처: 우아한형제들 홈페이지)

카드사의 격전지로 부상하는 PLCC 시장

카드사의 격전지로 급부상한 상업자 표시 신용카드(Private Label Credit Card, PLCC)는 특정 브랜드와 카드사가 공동으로 설계하고 운영하는 전용 신용카드다. 카드 플레이트부터 혜택 구조, 마케팅까지 브랜드가 깊숙이 개입해 '그 브랜드를 이용할 때 가장 강력한 카드'라는 포지션을 만든다. 단순 포인트 적립 중심의 범용 카드와 달리, 자주 이용하는 생활 영역에서 체감할 수 있는 혜택을 집중적으로 제공해 브랜드 충성도를 높이는 것이 핵심이다.

국내 PLCC 시장은 현대카드가 2015년 이마트 PLCC를 시작으로 코스트코, 대한항공, 스타벅스, 네이버, 무신사 등 카테고리 챔피언과 연이어 파트너십을 맺으며 성장시켜왔다. 주목해야 하는 점은 그동안 현대카드가 독점해왔던 PLCC를 최근 주요 카드사들이 새로운 성장 동력으로 삼으면서 치열한 경쟁이 예상된다는 점이다. 시장이 커지고 경쟁자 다수가 참여하면서 새로운 파트너십을 발굴하고자 하는 카드사의 노력으로 그 범위도 커지고 있다. 스타필드나 편의점, 호텔, KTX와 같은 생활 접점의 파워 브랜드뿐 아니라, 인터넷 뱅크나 핀테크와 같은 금융 영역의 파트너십까지도 PLCC의 영역으로 확장되는 것이다.

PLCC가 소비자에게 주목받는 이유도 분명하다. 첫째, 인플레이션과 가계부채 부담 속에서 '내가 자주 쓰는 곳에서 즉시 아끼는' 혜택의 체감이 가능하다. 둘째, 인지하지 못하는 다양한 혜택이 있는 일반 카드에 비해 혜택이 '좁고 깊어' 자신이 받는 혜택을 명확히 예측할 수 있다. 셋째, PLCC의 파트너는 일반적으로 카테고리 대표거나 팬덤이 뚜렷한 브랜드이기에 파트너 브랜드를 선호하는 소비자의 생활 루틴과 쉽게 결합된다. 앱에서 '주문-결제-적립'이 끊김 없이 이어지고, 멤버십 등급·전용 바우처·생일 및 행사 쿠폰 같은 관계형 보상이 자동 적용되어 사용 빈도가 자연스럽게 늘어난다. 이런 이유로 PLCC는 생활비 최적화, 루틴 친화적 경험, 브랜드 애착을 한 장의 카드로 묶음으로써 일반 카드 대비 '명확한 이유'를 주며 고객을 확보하는 것이다.

브랜드 파트너십을 통한 디지털 세계관의 결합

글로벌 게임 브랜드인 '포트나이트(Fortnite)'는 다양한 IP와 결합된 스킨을 제공하거나 이벤트 게임 등 단기 컬래버레이션을 넘어, 장기적인 파트너십을 통한 생태계를 구축하는 방향으로 전략을 전환하고 있다. 대표적인 사례가 레고와 디즈니다. 2023년 말 공개된 '레고 포트나이트'는 에픽게임즈와 레고가 공동 설계한 상설 디지털 세계관이다. 계정, 리워드, 크리에이터 툴을 레고 IP에 맞게 통합해 '플레이-보상-창작'이 하나의 순환을 이루도록 설계했다. 새롭게 만들어진 디지털 세계관은 출시 직후 동시 접속자 240만 명을 기록하며 큰 반향을 일으켰다. 이후 2024년에는 '레고 허브'로 확장되면서 업데이트와 UGC 참여가 끊임없이 순환하는 구조를 갖추게 되었다. 한편 디즈니는 2024년 2월, 에픽게임즈에 15억 달러를 투자하며 포트나이트 엔진과 계정 체계를 기반으로 마블, 스타워즈, 픽사 등 IP가 상시 확장되는 엔터테인먼트 유니버스를 함께 만들겠다고 발표했다. 이는 단기 이벤트성 노출이 아닌, 게임·콘텐츠·커머스를 통합한 지속 운영형 플랫폼으로의 진화를 보여준다. 게임 안에서 즐기고, 관련 영상과 스토리를

UGC(User-Generated Content) 사용자 생성 콘텐츠의 약자로, 일반 사용자나 소비자가 자발적으로 제작·공유하는 모든 형태의 콘텐츠를 의미

확인하고, 그 맥락에서 스킨·패스·연계 굿즈를 손쉽게 구매하는 것이 동일 계정과 동일 리워드로 연결되는 방식이다. 사용자는 플레이로 얻은 보상을 다음 시청·구매 경험과 자연스럽게 연결하고, 파트너 IP는 시즌성 노출이 아니라 상시 업데이트와 UGC를 통해 일상 접점을 넓힌다. 그 결과 포트나이트는 체류 시간과 재방문을 키우고, 레고와 디즈니는 새로운 세대와의 지속적인 관계를 설계한다. 요컨대 포트나이트와 레고·디즈니의 협업은 한시적 컬래버레이션에서 장기적 세계관 운영으로 이동하는 글로벌 파트너십의 새로운 방향을 상징한다.

컬래버레이션 명가가 주목한 브랜드 파트너십

나이키의 변화도 주목할 만하다. 나이키의 협업 전략은 오랫동안 한정판 컬래버레이션 중심이었다. 슈프림, 스투시, 사카이, 오프화이트 등 글로벌 스트리트 및 디자이너 브랜드와 함께 만든 에어포스, 덩크, 와

레고 포트나이트
(출처: 에픽게임즈 홈페이지)

플 시리즈는 매 시즌 소비자들에게 주목받으며 패션 아이콘으로 자리잡았다. 하지만 이들 협업은 기본적으로 단발성 혹은 시즌 단위 반복 구조에 가까웠고 소비자 인식에서도 '특별 에디션'의 성격이 강했다. 하지만 2025년 발표된 나이키스킴스(NikeSKIMS)는 질적으로 다른 변화를 보여주고 있다. 단순한 제품 라인이 아니라, 여성 스포츠·트레이닝 카테고리를 겨냥한 합작 브랜드로 출범하여, 로고와 네이밍을 통합한 '공동 정체성'을 전면에 내세운다. 이는 특정 아이템의 희소성에 의존하는 대신, 일상의 루틴에서 지속적으로 소비자와 접점을 만들어가는 장기 파트너십 모델이다. 나이키가 축적해온 컬래버레이션 문화가 '한정판의 순간적 열광'에서 '생활 속 지속적 선택지'로 확장되는 것이다.

나이키스킴스
(출처: 나이키 홈페이지)

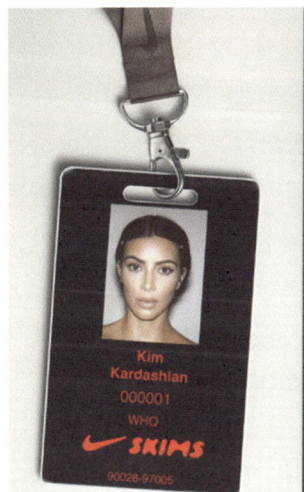

앞으로의 브랜드 파트너십

브랜드 파트너십에 주목해야 하는 이유

브랜드 파트너십은 이제 단순한 마케팅 협업이 아니라 소비자와 기업 모두에 장기적 가치를 창출하는 구조로 자리잡았다. 소비자 측면에서 가장 먼저 체감되는 변화는 '선택의 자유'다. 기존 번들형 구독은 원하지 않는 혜택까지 함께 따라와 불필요한 비용을 지불해야 했지만, 최근 브랜드 파트너십은 각자의 생활 패턴에 맞는 혜택을 조합할 수 있도록 설계된다. 예를 들어, 구독 멤버십에서 OTT, 음악, 게임 등 원하는 콘텐츠를 이번 달에는 A로, 다음 달에는 B로 바꾸어 선택할 수 있는 방식이다. 자신의 라이프스타일과 연동되어 가장 자주 이용하는 OTT, 배달앱, 커피 브랜드가 혜택에 포함될 때, 소비자의 지불 가치는 즉각적으로 높아지고 만족감도 확연히 달라진다. 이러한 구조는 단발적인 할인이나 프로모션을 넘어서는 지속적인 경험을 가능하게 한다. 또한 두 파트너가 제공하는 혜택이 하나의 계정과 연결되면서 이용이 편리해지고, 반복 사용이 자연스럽게 습관으로 전환될 수 있다.

 기업 관점에서 파트너십의 핵심은 운영 연속성이다. 네넷, 배빙 멤버십×콘텐츠, PLCC의 브랜드×신용카드, 레고 포트나이트의 플랫폼×

IP처럼 조합은 다양하지만 원리는 같다. 적은 비용으로 더 많은 유입을 만들고, 사용을 습관으로 바꾸며, 가격경쟁 대신 경험으로 차별화하는 것이다. 두 브랜드의 회원과 트래픽을 연결하면 별도 광고를 크게 늘리지 않아도 새로운 유입이 생기고, 일상 속에서 사용이 루틴화되어 고객의 장기적인 가치는 향상된다. 이를 위해서는 소비자들의 라이프스타일에 맞아야 한다는 점을 잊으면 안 된다. 또한 핵심 카테고리 몇 개에 보상을 집중하고 조건은 최소화하는 것도 중요하다. 사용자가 들이는 노력에 비해 받는 혜택이 항상 많도록 하는 것, 이것이 재방문을 꾸준히 만드는 가장 확실한 장치다.

무엇보다 중요한 성과는 가격경쟁에서 벗어나 독자적인 가치를 만든다는 점이다. 동일한 혜택을 조금 더 싸게 주는 경쟁은 결국 수익을 잠식할 수밖에 없다. 누구나 따라 할 수 있는 할인 대신 특정 조합에서만 가능한 사용 경험을 제공하면 단순 가격 비교의 압력이 약해지고, 고객은 "그래서 이 조합을 계속 쓴다"는 이유를 얻는다.

앞으로의 전망과 시사점

앞으로 브랜드 파트너십은 더욱 정교하고 긴밀한 방식으로 진화할 것이다. 소비자는 이제 더 많은 혜택이 아니라 '내가 실제로 매일 쓰는 혜택'을 원한다. 생활비 절감과 자신이 서비스를 이용하는 데 있어서 들이는 노력을 줄여주는 것이 구독 선택의 가장 중요한 요인이 된 지금, 식사·이동·여가·결제처럼 일상의 루틴에 맞물리는 파트너십이야말로 가장 강력한 효과를 낼 수 있다. 이 과정에서 데이터의 역할은 점점 더 중요해진다. 단순히 로고만 함께 올리는 제휴가 아니라, 소비자의 맥락과 행동 패턴을 세밀히 분석해 맞춤 경험을 설계해야 한다. 이용자가 '나를 위해 만들어졌다'고 느낄 때 파트너십은 진정한 차별화가 된다. 한 번의 결제로 여러 효용을 얻고, 생활비를 실질적으로 줄여준다는 확신이 있을 때 파트너십은 유지력을 가진다. 결국 브랜드 파트너십은 단순히 비용 분담이나 일회성 협업이 아니라, 소비자의 루틴 속에서 지속적으로 작동하는 브랜드 경험을 설계하는 장치다. 경쟁의 초점은 개별 브랜드의 역량이 아니라, 어떤 파트너십을 통해 얼마나 견고한 생태계를 만들 수 있느냐로 바뀌고 있다.

브랜드 간 경쟁이 심화되는 지금 이 시대는 단기적인 주목보다 관계의 지속성이 더 중요하다. 새로움은 소비자를 끌어오지만, 관계를 유지하는 힘은 생활에서 반복되는 효용에서 나온다. 네이버와 넷플릭스, 배달의민족과 티빙, 카드사와 다양한 카테고리 파트너들, 나이키와 스킴스, 포트나이트와 레고·디즈니 같은 사례는 모두 이러한 점에 주목하였고 장기적인 파트너십의 구축이 중요하다는 점을 보여주고 있다. 이들의 공통점은 단순히 브랜드를 나란히 세우는 것이 아니라, 소비자의 루틴에 들어가 스며드는 경험을 설계했다는 점이다.

기술이 카테고리 경계를 허물고, 소비자의 기대가 높아지는 상황에서 개별 브랜드만으로는 차별성을 유지하기 점점 더 어려워지고 있다. 하지만 두 개 이상의 브랜드가 각자의 강점을 묶어 새로운 순환 구조를 만든다면, 이 새로운 브랜드 경험은 소비자에게 관계 지속의 이유를 제공한다. 소비자에게는 지출을 아끼고 시간을 줄이는 최적화된 선택지가 되고, 기업에는 안정적인 록인과 데이터 자산으로 돌아온다. 이제 마케팅은 단기에서 장기로, 캠페인 중심에서 운영 중심으로 전환해야 한다. 또한 두 브랜드가 함께 만든 경험이 특별한 의미를 지니도록 공동 정체성을 구축하기 위한 노력이 필요하다.

결국 미래의 브랜드 경쟁력은 단일 기업의 역량이 아니라 어떤 파트너와 어떤 방식으로 생태계를 만들었는지에서 갈릴 것이다. 지금이야말로 컬래버레이션의 시대를 넘어 일상을 침투하는 브랜드 파트너십의 시대를 준비해야 할 때다.

서치 레볼루션:

AI 시대 브랜드 노출 전략

검색은 오랫동안 소비자와 브랜드를 이어주는 가장 중요한 연결 수단이었다. 예를 들어, 소비자는 특정 제품을 구매하기 위해 포털에서 가격 비교 사이트를 방문하고, 블로그 리뷰 또는 유튜브 언박싱 등의 콘텐츠까지 확인해야 결정을 내릴 수 있었다.

그러나 AI가 중심이 되는 검색 환경은 이러한 연결 성격을 근본적으로 바꾸고 있다. 소비자가 직접 키워드를 입력하고 여러 링크를 방문하며 정보를 얻는 과정은 점차 사라지고, 이제 소비자의 결정은 AI가 제시하는 답에서 이루어진다. 클릭 이전에 이미 소비자가 원하는 답변이 제시되고 결정이 이뤄지는 이른바 '제로 클릭' 환경은 소비자의 여정을 압축하며 의사결정을 훨씬 더 빠르게 만든다.

소비자 의사결정 과정의 변화는 마케팅 전략의 근본적 전환을 요구한다. 이제 단순히 웹사이트를 노출시키고 방문자를 늘리는 것만으로는 충분하지 않다. 중요한 것은 소비자가 질문을 던지는 그 순간, AI가 답변을 구성하는 과정에서 브랜드가 '신뢰할 수 있는 선택지'로 자리잡는 것이다. 이를 위해서는 단순히 사람들의 클릭을 유도하는 콘텐츠가 아니라, AI가 인용하기 적합한 구조와 맥락을 갖춘 콘텐츠가 필요하다. 또한 AI 검색 환경에서는 소비자 인지도뿐 아니라 AI의 브랜드 인지도를 관리하는 것도 중요하다. 이제는 소비자가 AI에 질문을 던지는 순간, AI 답변에 존재감 있는 브랜드만이 소비자의 선택을 받을 수 있을 것이다.

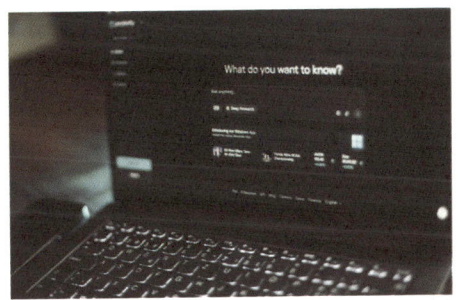

ⓒKazuo ota, Unsplash

다가오는 '제로 클릭' 시대

전통 검색엔진의 진화

사람들에게 검색은 필요한 정보를 얻기 위한 가장 일상적인 도구라고 할 수 있다. 지금까지 일상적으로 사용해왔던 검색 방식은 키워드를 입력한 뒤 나열된 링크를 하나씩 클릭해 비교하는 것이었다. 그러나 AI 기술의 발전으로 이러한 방식은 점차 달라지고 있다. 최근 구글은 'AI 오버뷰', 네이버는 'AI 브리핑' 기능을 강화하면서, 요약된 답변을 검색 결과 화면 상단에 직접 제공하기 시작했다. 이제 검색 행동은 단순히 나열된 결과를 확인하는 수준을 넘어, 곧바로 답변을 얻을 수 있는 경험으로 전환되는 것이다. 실제로, 글로벌 컨설팅 기업인 베인앤컴

네이버의 AI 브리핑 기능
(출처: 네이버)

퍼니가 2024년 진행한 조사에 따르면, 전 세계 검색의 약 60%가 다른 웹사이트로 이동하지 않고 검색 페이지에서 종료된다고 한다. 흥미로운 점은 AI에 회의적인 사용자들마저 절반 이상이 검색 화면에서 곧바로 답을 얻는다고 답했다는 것이다. 이는 기술에 대한 태도와 관계없이, 새로운 검색 방식이 이미 일상적인 정보 탐색 습관에 깊숙이 스며들고 있음을 시사한다.

검색의 패러다임을 바꾸는 생성형 AI 검색엔진

챗GPT, 제미나이(Gemini), 퍼플렉시티(Perplexity)와 같은 생성형 AI 플랫폼의 등장은 검색 행동을 근본적으로 바꿔놓기 시작했다. 이제 소비자는 단순 키워드를 입력하는 대신 '서울에서 비건 파스타와 와인을 즐길 수 있는 조용한 레스토랑'처럼 구체적인 개인의 니즈가 반영된 대화형 문장으로 질문한다. 이에 AI는 질문 속 의미를 해석하고 맥락을 종합적으로 고려해 곧바로 답변을 제공한다. 소비자는 더 이상 수많은 링크를 클릭하며 정보를 조합할 필요 없이, 하나의 대화에서 정리된 결과를 얻게 된 것이다. 프랑스 IT 컨설팅 기업 캡제미니(Capgemini)의 「소비자 트렌드 2025(Consumer Trends 2025)」 조사에 따르면, 전 세계 소비자의 58%가 제품·서비스 추천을 받을 때 생성형 AI를 사용한다고 응답했다. 이는 불과 1년 전 25% 수준에서 두 배 이상 늘어난 수치다. 또한 68%는 AI의 추천에 따라 곧바로 행동할 의사가 있다고 밝혔다. 이러한 결과는 생성형 AI가 주도하는 새로운 검색 환경으로 인해 '제로 클릭 시대'가 더 가속화되고 있음을 시사한다.

콘텐츠 최적화 방식의 변화

전통적으로 검색 환경에서 소비자와 브랜드가 만나는 첫 무대는 바로 검색 엔진 결과 페이지(Search Engine Results Page, SERP)였다. SERP에는 검색 광고를 포함해 수많은 웹사이트 링크가 나열되는데, 브랜드는 이 화면에서 최대한 위쪽에 위치하기 위해 치열한 경쟁을 벌였다. SERP 상단에 노출되는 것은 곧 소비자의 시선을 이끌고 클릭을 선점할 수 있는 기회를 의미했기에, 검색 엔진 최적화(Search Engine Optimization, SEO)를 통해 상위 노출을 확보하고 클릭을 유도하는 전략이 중요했다.

그러나 최근 AI 검색 환경이 중요해지면서 콘텐츠 노출 최적화 방식에도 큰 변화가 일어나고 있다. 구글의 AI 오버뷰, 네이버의 AI 브리핑 같은 검색 환경에서는 단순히 '상위 노출'을 확보하는 것이 아니라, 검색 결과의 화면 속 답변에 포함되는 것이 중요하다. 바로 이러한 환경에서 등장한 개념이 답변 엔진 최적화(Answer Engine Optimization, AEO) 전략이다. AEO는 검색 결과에서 사용자의 질문에 대한 답변으로 브랜드 또는 자사 콘텐츠가 직접 노출되도록 하는 최적화 과정을 의미한다. AEO에서 중요한 요소는 단순히 키워드 삽입이 아니라, 답변으로 활용되는 구조적 특징을 갖추는 것이다. 대표적으로 질문과 답변 형식의 콘텐츠, 간결한 정의와 수치, 표나 그래프를 통한 시각적 정리, 그리고 스키마 마크업*과 같은 구조화된 데이터 기술이 있다. 이러한 요소들이 결합될수록 AI는 해당 콘텐츠를 신뢰할 만한 답으로 판단하고, 결과 화면 상단의 요약 답변에 포함시킬 가능성이 높아질 수 있다.

스키마 마크업　웹페이지 정보를 구조화해 AI가 더 정확히 이해할 수 있도록 하는 표준 표기 방식

생성형 AI 플랫폼은 콘텐츠 노출의 최적화 기준을 한 단계 더 발전시켰다. 단순히 검색 결과에서 단편적인 답변을 보여주는 수준을 넘어, 여러 정보를 조합해 포괄적인 답변을 만들어내기 때문이다. 이러한 검색 환경에서는 생성 엔진 최적화(Generative Engine Optimization, GEO)가 중요하다. GEO는 생성형 AI가 답변을 생성하는 과정에서 브랜드 또는 자사 콘텐츠가 신뢰할 만한 출처로 인식되도록 하는 전략을 의미한다. 웹 전반의 데이터를 학습하고, 그중 신뢰할 수 있다고 판단되는 정보를 조합해 답변을 만들도록 유도하는 것이다. 따라서 중요한 것은 키워드를 반복하는 것이 아닌, 구체적인 데이터와 명확한 출처, 반복적으로 인용 가능한 정보, 표나 수치로 정리된 구조화된 포맷 등이 GEO 환경에서 신뢰받는 새로운 기준이 된다. 2024년에 진행된 GEO 관련 학술 연구 「GEO: Generative Engine Optimization」에 따르면, 통계 수치와 출처가 포함된 문장은 AI 응답에서 인용될 확률이 30~40% 이상 높아지는 반면, 단순 키워드 삽입은 효과가 낮거나 오히려 부정적 영향을 끼쳤다. 이는 GEO가 중요해진 환경에서는 더이상 '키워드 단위'가 아니라, AI가 선택할 가치가 있는 다양한 맥락의 '정보 단위'를 어떻게 설계할 것인지 중요하다는 것을 의미한다.

GEO 가시성 향상에 대한 2024년 연구
(출처: Princeton University & IIT DELHI, 「GEO: Generative Engine Optimization」)

GEO 최적화	가시성 향상률
정량적 통계 데이터 포함으로 신뢰성 향상	+41%
전문가 인용문으로 권위 강화	+40%
신뢰할 수 있는 출처 명시적 인용	+28%
읽기 쉬운 자연스러운 문체	+25%
전문 용어 사용으로 전문성 강화	+15%
인위적인 키워드 반복 삽입	-9%

AEO와 GEO 전략이 필요한 이유

달라지는 소비자 의사결정

검색 행동이 중요해지면서 소비자 의사결정은 일본의 광고대행사 덴츠가 제안한 다섯 단계의 모델인 'AISAS(Attention-Interest-Search-Action-Share)'를 통해 설명되어왔다. 이 모델은 소비자가 광고나 콘텐츠를 통해 인지 또는 관심을 느낀 이후에 검색으로 더 많은 정보를 수집하고 최종적으로 구매와 구전으로 이어진다고 설명한다. 그러나 AI 검색 환경에서는 소비자의 정보 탐색 과정이 크게 줄어들고, 고객 여정은 한층 더 짧아질 수 있다. 실제로 이노션은 이러한 변화하는 소비자의 행동을 진단하기 위해 'NDAS(Needs-Dialogue-Action-Share)' 모델을 수립하기도 했다. NDAS 모델에서는 소비자의 니즈가 AI와의 대화에서 해결 실마리를 얻고, 곧바로 구매 또는 공유 행동으로 이어지는 단축된 흐름을 전제로 한다. 이와 같은 AI 검색 환경에서 등장한 새로운 콘텐츠 최적화 방식이 AEO와 GEO다.

AEO는 검색 결과 상단에서 요약된 답변을 곧바로 제공하기 때문에 소비자는 여러 링크를 오가며 정보를 모으는 수고를 덜고 구매 대상을 훨씬 더 빠르게 좁혀갈 수 있다. 예를 들어, 네이버에 '러닝화 추천'을 검색했을 때 과거에 소비자는 리뷰 블로그와 쇼핑몰을 일일이 방문하며 가격과 성능을 비교해야 했지만, 이제는 검색 결과 상단의 요약 답변에서 주요 추천 브랜드와 특징을 한눈에 파악할 수 있다. 따라서 기업 입장에서 AEO 전략은 소비자들의 효율적인 정보 탐색이 중요한 상황에서 자사의 브랜드가 초기 고려 대상에 포함될 가능성을 결정짓는 중요한 전략적 수단이 될 수 있다.

최근 생성형 AI 플랫폼은 브랜드 인지, 브랜드 비교 중심의 정보 탐색 영역을 넘어, 구매까지 이어지는 소비 여정을 하나의 흐름에 통합하는 방향으로 진화하고 있다. 이와 같은 간소화된 의사결정을 가능하게 하는 비즈니스 모델이 바로 AI 개발 기업 퍼플렉시티가 선보인 '숍 라이크 어 프로(Shop Like a Pro)'다. 해당 솔루션은 GEO를 통해 리뷰, 커뮤니티, 가격 데이터 등 다양한 출처를 종합해 답변을 구성하여 정보 탐색의 효율성을 높여준다. 동시에 페이팔과 같은 결제 솔루션과의 제휴를 통해 원클릭 결제를 가능하게 한다. 이제 소비자 입장에서는 더이상 다른 웹사이트들을 오가며 비교하지 않아도, 정보 탐색과 구매가 하나의 인터페이스에서 완결되는 것이다. 이처럼 생성형 AI는 전통적 검색 엔진의 지위를 위협할 뿐 아니라, 브랜드와 소비자의 만나는 방식을 근본적으로 재편하고 있다.

이커머스로 확장한 퍼플렉시티의
'숍 라이크 어 프로' 솔루션
(출처: 아이보스)

브랜드 접점과 마케팅 KPI의 변화

기존의 SEO 기반 마케팅 관점에서 검색 키워드는 소비자의 의도가 반영된다는 점에서 구매 여정의 단계를 드러내는 중요한 단서였다. 예를 들어, '러닝화 추천'을 검색한 소비자는 아직 브랜드를 탐색하는 단계에 있다고 볼 수 있지만, '나이키 러닝화 할인'을 검색한 소비자는 특정 브랜드를 구매할 가능성이 높다. 이에 기존 검색 환경에서 마케팅 담당자는 검색 키워드 차이에 주목하여 적절한 랜딩 페이지로 연결하고 클릭률과 전환율 같은 지표를 함께 관리함으로써 도달과 유입뿐 아니라 실제 성과까지 극대화해왔다.

그러나 AI 검색 환경에서는 소비자가 여러 링크를 직접 클릭하지 않고, AI가 요약한 답변 상황에서 브랜드를 인식한다. 예를 들어, 오트밀의 구매를 고려하는 소비자가 '오트밀 영양성분'을 검색했을 때 구글 AI 오버뷰 상단에 컬리의 콘텐츠가 자연스럽게 포함되는 경우를 생각해볼 수 있다. 이 과정에서 사용자는 별도의 클릭 없이도 컬리를 신뢰할 수 있는 브랜드 콘텐츠로 인식하게 되며, 소비자와 브랜드가 만나는 접점도 웹사이트가 아닌 AI 답변이 된다. 이는 브랜드 입장에서 기존의 클릭률이나 웹사이트 유입 같은 성과 지표보다, AI 응답에 브랜드가 얼마나 자주, 어떤 의미로 등장하는지가 핵심 성과로 바뀌고 있다는 뜻이다. 기존의 SEO 전략이 트래픽을 성과로 봤다면, AEO와 GEO 전략이 중요한 AI 검색 환경에서는 AI 응답 내 브랜드 점유율이 새로운 핵심 성과 지표(Key Performance Indicator, KPI)가 된다.

그렇다면 AI 검색 환경에서는 브랜드의 KPI를 어떻게 측정해야 할까? 대표적으로 AI의 답변 점유율(Share of Answer)을 생각해볼 수 있다. 이는 검색 마케팅에서 활용되는 검색 점유율(Share of Search) 개념이 AI 환경으로 확장된 것이라 볼 수 있다. 과거에는 얼마나 많은 사람에게 자발적으로 검색되었는지가 브랜드 파워를 진단하는 기준이었다면, 이제는 AI 답변에 얼마나 자주 브랜드가 포함되는지가 주요 성과 기준이 될 수 있다. 이러한 성과 지표의 변화는 성과를 관리하는 방식의 변화로 이어진다. 왜냐하면 AI 검색 환경에서는 기존 검색 환경의 실시간 A/B 테스트를 통한 트래픽 개선이 어렵기 때문이다. 따라서 AI 시대 브랜드는 단기적인 전술보다 장기적으로 반복 인용될 수 있는 콘텐츠 자산을 꾸준하게 축적하는 전략이 중요하다.

컬리의 성공적인 AOE 최적화 (출처: 구글 검색 결과)

실제로 이처럼 변화하는 마케팅 환경에 대응하기 위해 등장한 AI 검색 최적화 솔루션이 있어 주목할 만하다. 대표적으로 AI 검색 솔루션 기업인 프로파운드(Profound)는 챗GPT, 퍼플렉시티, 구글 AI 오버뷰 등 주요 AI 플랫폼에서 브랜드가 얼마나 자주, 어떤 맥락에서 포함되는지를 추적하는 기능을 제공한다. 이를 통해 답변 점유율을 정량화하고, 경쟁사 대비 점유율을 비교할 수 있는 것이 특징이다. 또한 AI가 어떤 출처를 인용하는지 파악해 보완해야 할 정보 단위를 알려주고, 콘텐츠 제작 워크플로와 연동해 측정과 보완의 선순환을 가능하게 한다.

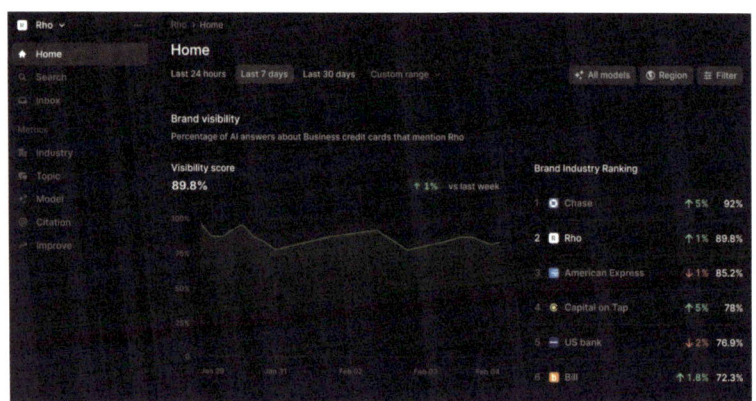

프로파운드 솔루션 (출처: 프로파운드 홈페이지)

AI 시대 브랜드가 점검해야 할 것들

통합적인 브랜드 인지도 관리

지금까지 브랜드 인지도는 소비자를 중심으로 관리되어왔다. 오프라인에서는 '어떤 브랜드가 떠오르는가?'를 묻는 브랜드 회상(Brand Recall) 조사가 대표적이었고 온라인에서는 검색 데이터를 활용한 검색 점유율, 소셜미디어 언급량을 의미하는 버즈량(Share of Voice)이 널리 사용되었다. 이처럼 브랜드가 소비자의 머릿속에 얼마나 자리잡았는지 측정하는 것이 마케팅에서는 항상 중요한 출발점이었다. 그러나 AI 시대에는 소비자 인식뿐 아니라, AI가 브랜드를 '얼마나 자주', 어떤 맥락에서 언급하는지를 알 수 있는 AI의 답변 점유율을 함께 고려해야 한다. 왜냐하면 AI 시대에는 소비자의 구매 행동이 AI와 공유될 수 있기 때문이다.

 2025년 〈하버드 비즈니스 리뷰(HBR)〉가 소개한 마케팅 에이전시 '젤리피시(Jellyfish)'의 분석은, 이제 브랜드 인지도가 소비자뿐 아니라 AI 차원에서도 측정되어야 한다는 것을 명확히 보여준다. 젤리피시는 다양한 산업에서 브랜드가 대규모 언어 모델(Large Language Models, LLM)에 얼마나 자주 언급되는지를 정량화하고, 이를 기존의 인지도 지표와 비교하는 새로운 방법론을 제안했다. 흥미로운 점은 동일한 브랜드라 하더라도 사람들이 인식하는 인지도와 LLM이 보여주는 인지도 사이에 큰 격차가 나타난다는 사실이다. 미국 자동차 시장을 분석한 결과, 브랜드는 사람과 AI의 인지도 수준에 따라 네 가지 유형으로 분류되었다. 사람과 AI 모두에 높은 존재감을 보이는 '사이보그형', AI에서는 강하지만 사람에게는 덜 알려진 'AI 개척자형', 사람들에게는 익숙하지만 AI에는 약한 '하이스트리트 히어로형', 양쪽 모두에서 낮은 '이머전트형'이다. 이러한 분석 결과는 동일한 브랜드라

젤리피시 매트릭스 (출처 : Jellyfish Share of Model, YouGov)

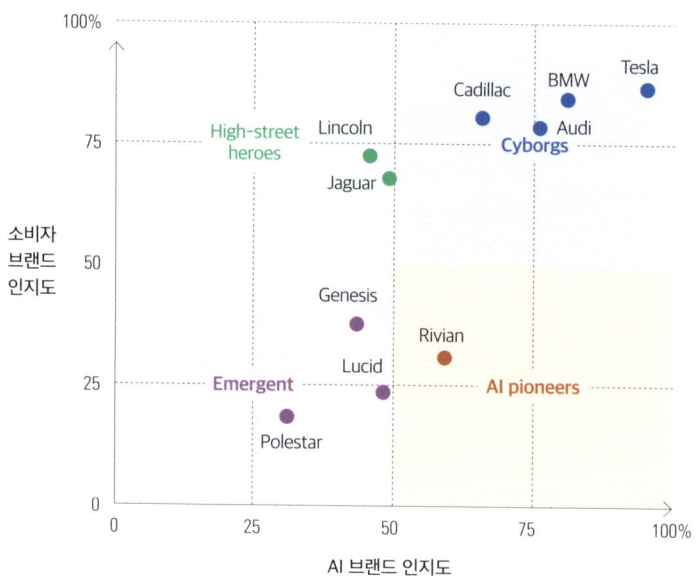

도 AI 인지도와 기존에 중요하게 관리해왔던 실제 시장 점유율 또는 기존의 소비자 인지도 지표는 크게 다를 수 있다는 점을 보여준다. 또한 AI 답변 의존도가 높은 고관여 카테고리에서는 인지도 간극이 특정 브랜드의 구매 고려 대상 포함 여부를 좌우하는 핵심 요인이 될 수 있다는 점을 시사한다.

앞으로 AI와 사람 간에 브랜드 인지도 차이를 극복하는 것은 더 중요한 도전 과제가 될 것이다. 왜냐하면 지금까지는 소비자가 직접 검색을 통해 탐색하고 구매를 결정했지만, 이러한 역할이 점차 AI 에이전트에 위임될 것이기 때문이다. 아무리 사람들에게 브랜드 인지도가 높더라도, AI가 이를 반영하지 못하면 그때부터는 브랜드가 고려 대상에 들어갈 기회조차 사라지게 될 것이다. AI 시대 브랜드 인지도를 통합적으로 관리해야 하는 이유는 바로 여기에 있다.

AI에 인용되기 쉬운 콘텐츠

브랜드가 AI의 응답 속 콘텐츠로 인용되기 위해서는 콘텐츠 자체가 AI가 참고하고 싶은 형태로 설계되어야 한다. AI에 인용되기 위해서는 다음 두 가지를 고려해야 한다. 첫째, 콘텐츠가 AI가 바로 인용할 수 있도록 구조화되는 것이 중요하다. AI는 명확한 질문과 답변 구조를 통해 논리적으로 정보를 구성한다. 따라서 콘텐츠는 자주 묻는 질문에 답하거나, 무언가를 단계별로 설명하거나, 특정 질문에 명확히 응답하는 형식으로 구성되는 것이 인용 확률을 높인다. 또한 AI는 단순한 텍스트가 아니라, 명확한 엔티티*와 구조화된 맥락을 인식하기에 문서에

★

엔티티(Entity) 검색엔진이나 AI가 단순히 단어가 아니라 사람, 브랜드, 제품, 장소처럼 실제로 존재하거나 구분할 수 있는 대상으로 인식하는 단위

스키마 마크업 등을 통해 AI가 쉽게 해석할 수 있는 구조를 갖추는 것이 중요하다.

둘째, AI가 참고하는 다양한 외부 정보 출처에 브랜드가 전략적으로 존재하는 것이 중요하다. 프로파운드의 데이터 분석에 따르면 생성형 AI 플랫폼에 따라 정보를 인용하는 출처가 다른 것으로 나타났다. 대표적으로 AEO 전략이 중심이 되는 구글 AI 오버뷰는 레딧, 유튜브, 링크드인 등 전문가와 이용자가 함께 만들어내는 콘텐츠를 폭넓게 참고한다. 반면에 GEO 전략이 중심이 되는 챗GPT의 경우 위키피디아, 로이터, 포브스처럼 권위 있는 백과사전과 글로벌 미디어를 중심으로 답변을 구성한다. 퍼플렉시티도 유사하게 레딧, 유튜브와 같은 플랫폼을 자주 인용하는 것으로 나타났다. 이는 브랜드가 한정된 정보 출처만 공략하는 것으로는 AI 답변에 폭넓게 인용되기 어렵다는 것을 시사한다. 따라서 AI마다 신뢰하는 정보 출처가 다르기에 브랜드는 권위 있는 공식 자료뿐 아니라 전문가 대화, 소비자 리뷰까지 다양한 정보 출처에 흔적을 남기는 것이 중요하다.

AI 검색 엔진별 주요 정보 인용 비중 (출처: 프로파운드)

챗GPT: TOP10 인용 출처 비중
(2024년 8월~2025년 7월)

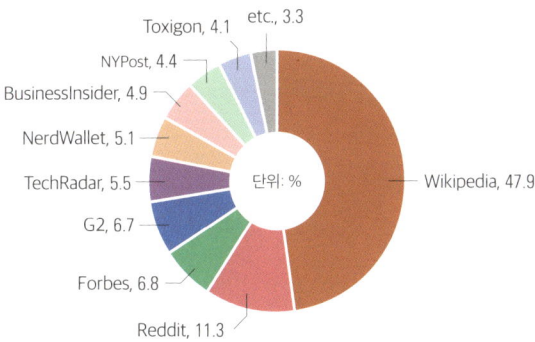

구글 AI 오버뷰: TOP10 인용 출처 비중
(2024년 8월~2025년 7월)

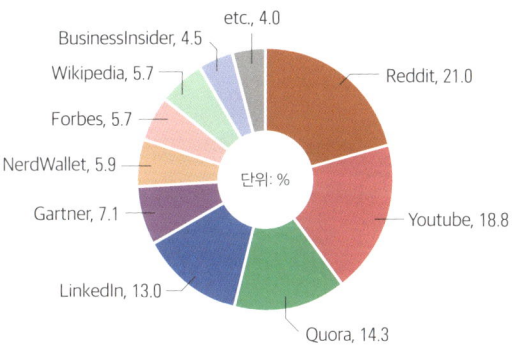

퍼플렉시티: TOP10 인용 출처 비중
(2024년 8월~2025년 7월)

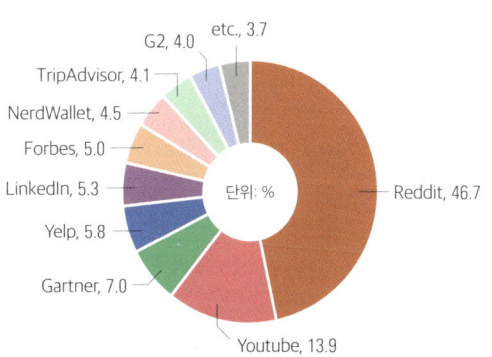

AI 시대 퍼널을 고려한 콘텐츠

짧아진 고객 여정에 체계적으로 설계된 콘텐츠는 초기 인지와 세분화된 질문 맥락에서도 인용될 가능성을 높이며, 나아가 최종적인 구매 전환으로 이어질 확률을 높인다. 그렇다면 AI 시대에 달라진 퍼널을 고려했을 때 콘텐츠는 어떻게 구성되어야 할까?

소비자가 브랜드를 처음 인지하고 비교하는 과정에서 중요한 것은 브랜드의 권위와 경쟁력을 동시에 드러내는 것이다. 공신력 있는 기관 또는 전문 미디어의 보도처럼 객관적이고 신뢰할 수 있는 콘텐츠가 효과적이다. 동시에 소비자의 질문 상황과 부합하는 핵심 기능, 가격, 성능 등의 차이를 수치 또는 통계와 같은 정보로 명확히 보여주고, 특정 맥락에 자사의 브랜드가 더 적합한 이유를 소비자의 리뷰와 같은 형태로 제시하는 것이 필요하다. 이런 권위와 객관성을 갖춘 콘텐츠는 AI에 인용될 확률을 높일 수 있으며, 소비자에게 '믿을 수 있는 브랜드'라는 인상을 제공할 수 있다. 전환 단계에서는 단순히 정보 제공을 넘어 소비자의 최종 선택을 확신으로 이끌어야 한다. AI는 실제 이용자의 경험담, 전문가나 권위 기관의 추천, 인증이나 수치 기반 결과를 신뢰할 수 있는 근거로 활용한다. 여기에 더해 구매 장벽을 낮추는 환불 및 보증 제도, 사후서비스와 같은 명확한 정보는 소비자의 불안을 덜어주며, AI가 '안심할 수 있는 선택지'로 브랜드를 인식하게 하여 인용 확률을 높인다. 결국 전환 단계의 콘텐츠는 소비자 입장에서 '왜 지금 이 브랜드를 선택해야 하는가'라는 질문에 대한 명확한 답을 제공하는 역할을 할 수 있도록 구성되어야 한다.

이러한 전략적 전환을 실질적으로 실행하고 있는 브랜드 중 하나가 글로벌 스킨케어 브랜드 세타필이다. 세타필은 생성형 AI가 브랜드를 정확히 인식하고 신뢰할 수 있도록 제품 설명서부터 전면 재정비했다. '민감한' 혹은 '손상된 피부'에 좋은 화장품 같은, 실제 AI 사용자 질문에 대응하도록 키워드 기반의 언어 구조를 강화하고 임상 근거와 신뢰도 높은 출처를 인용해서 정보의 질을 높였다. 또한 세타필은 콘텐츠 자체만 바꾸는 것이 아니라, AI가 다양한 출처에서 학습할 수 있도록 미디어 전략 전반을 재설계했다. PR 기사, 인플루언서 포스트, 유통 채널 콘텐츠 등 다양한 트리플 미디어* 관점에서 일관된 메시지를 제공하여 브랜드와 특정 키워드 간의 연관성이 AI에 자연스럽게 학습되도록 설계한 것이다. 세타필은 AI의 인용 확률을 높이는 과학적 근거와 다층적 채널 전략이 결합되었기에 AI 환경에서 더욱 신뢰도 높게 인용될 수 있었다.

세타필이 수정한 온라인 제품 설명서
(출처: 세타필 홈페이지)

트리플 미디어 언드 미디어(Earned Media. 언론 보도·SNS 공유 등 자발적 확산), 온드 미디어(Owned Media. 자사 채널·웹사이트 등 직접 보유 매체), 페이드 미디어(Paid Media. 광고·스폰서십 등 유료 매체)를 아우르는 개념

AI 검색이 보편화된 오늘날에는 브랜드와 소비자가 만나는 방식이 근본적으로 달라진다. 과거의 검색 환경에서 SEO 전략이 '노출 경쟁'이었다면, AEO와 GEO는 '응답 경쟁'의 시대를 열고 있다.

AI 검색 환경이라는 새로운 무대는 마케팅의 전통적인 경계마저 흐릿하게 만든다. 기존의 광고와 PR 콘텐츠의 구분은 점차 사라지고, 오직 고객 니즈를 해결하는 신뢰할 만한 브랜드 콘텐츠로 인용될 수 있는지가 더 중요해졌다. AI가 검색의 또다른 주체가 되면서, 브랜드 인지도에 대한 개념도 확장되고 있다. 예전에는 인지도가 소비자의 기억 속 점유율을 의미했다면, 이제는 응답 속에서 얼마나 자주, 어떤 맥락으로 등장하는지가 더 중요한 기준이 된다. 다시 말해 소비자 기억 속 점유율뿐 아니라 AI가 신뢰할 수 있는 답으로 인용하는 빈도가 곧 새로운 인지도의 지표가 되는 것이다.

앞으로 브랜드가 직면할 가장 큰 과제는 사람과 AI 사이의 인지도 격차를 줄이는 일이다. 소비자에게 익숙한 브랜드일지라도, AI가 그 존재를 반영하지 못한다면 고려 대상에 포함될 기회조차 사라질 것이다. 따라서 브랜드 인지도를 인간의 기억과 AI의 응답 속에서 동시에 관리하는 것이 AI 시대의 필수 전략이 될 것이다.

> AI가 탐색과 선택을 대신하는 시대,
> **사람과 AI 사이의 브랜드 인지도 격차**를
> **줄이는 일**은 더 **중요**해질 것이다.

스페셜
리포트

비즈니스 현장의 마케팅 전문가들이 주목한
라이프스타일 인사이트

So Far So Cool 2026:

쿨함에 대하여

2025년 6월, 미국심리학협회는 〈실험심리학 저널(Journal of Experimental Psychology: General)〉에 '쿨한 사람'에 관한 연구 결과를 발표했다. 2018~2022년, 전 세계 12개국 약 6,000명을 대상으로 진행한 조사에서 참여자들은 '쿨한 사람', '쿨하지 않은 사람', '좋은 사람', '좋지 않은 사람'을 각각 떠올린 뒤, 각 인물에 대한 15개 성향을 평가했다. 그 결과, 쿨한 사람은 외향적, 쾌락 지향적, 주도적, 모험적, 개방적, 자율적이라는 공통 성향을 보였다. 이는 친절, 순응, 안정, 성실로 묘사되는 좋은 사람과 일부 겹치지만 동일한 개념은 아닌 것으로 나타났다. 쿨한 사람과 좋은 사람을 구분하는 차별적 핵심 요인은 규범에 매이지 않는 독창성과 꾸며내지 않은 자신감이었다.

이 통찰은 개인을 넘어 산업과 브랜드의 쿨함을 읽는 기준으로 적용된다. 쿨함은 화제성과 주목을 불러일으키고, 신뢰와 선호를 축적해 제품이나 브랜드에 대한 구매 의향으로까지 이어지는 연결 고리로 작동하기 때문이다. 이노션은 2020년부터 '쿨'에 대한 조사를 매년 이어왔으며, 이번 리포트는 그 여섯번째 기록이다. 쿨과 연관된 속성, 인물, 브랜드, 산업을 폭넓게 살피며, 사람들이 쿨을 어떻게 인식하고 무엇을 기대하는지 확인했다. 그리고 이를 바탕으로 쿨함이 내일의 브랜드 경쟁력으로 이어지는 실행 기준을 제시한다.

©Samuel Regan-Asante, Unsplash

'쿨하다'는 것은 어떤 의미일까?

'쿨'에 대한 인식 탐색

2025년 만 15~49세 남녀 1,211명을 대상으로 설문조사를 진행한 결과, 전체 응답자의 78.5%가 '쿨하다'라는 단어를 잘 알고 있다고 답했다. 이는 전년과 거의 동일한 수치로 큰 변화가 없는 것으로 보이나, 연령대별로 나누어 보면 인지도 추이가 다른 양상을 보였다. 전년 대비 1970년대생은 6.0%p, 1980년대생은 3.5%p, 1990년대생은 1.1%p 증가한 반면, 2000년대생은 7.5%p 감소한 것으로 나타나, 연령대별 쿨에 대한 인지도 차이가 벌어진 것을 확인할 수 있다.

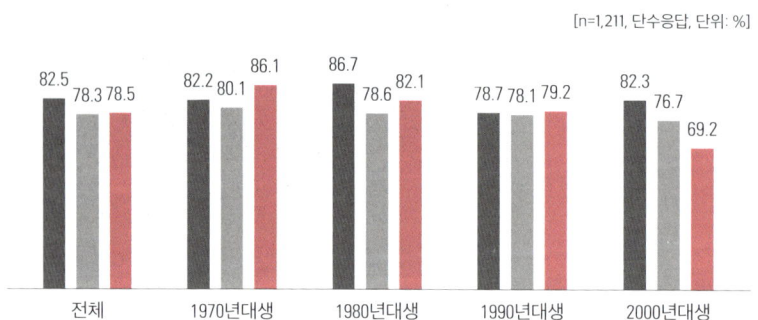

'쿨하다'라는 단어를 알고 계십니까?

사람들은 '쿨하다'라는 단어를 어떤 의미로 받아들이고 있을까? 응답자들은 '솔직한', '신선한', '자유로운'을 가장 먼저 연상했다. 이 결과는 본 조사가 시작된 2020년부터 매년 일관되게 나타나고 있어, 이 세 가지 키워드가 쿨함을 대표하는 이미지로 사람들의 인식에 확고히 자리잡고 있음을 알 수 있다. '자신 있는'이 전년 대비 가장 큰 상승폭을 보이며 그 뒤를 이었고, '가식 없는', '감각 있는', '개성적인'에 대한 응답도 꾸준히 높게 나타났다. 결국, 이 시대가 생각하는 쿨함은 진정성을 바탕으로 신선한 감각과 자유로운 개성을 솔직하고 자신 있게 드러내는 태도를 의미한다.

다음 중 '쿨하다'의 의미에 포함되어 있다고 생각하시는 것을 모두 선택해주세요.

[n=1,211, 복수응답, 단위: %]

	2023		2024		2025		Gap
	%	순위	%	순위	%	순위	(25-24)
솔직한	50.5	1	43.8	1	41.6	1	–
신선한	46.4	3	41.9	3	41.0	2	▲1
자유로운	47.2	2	42.9	2	39.5	3	▼1
자신 있는	42.2	6	36.0	7	38.7	4	▲3
가식 없는	42.5	5	39.4	4	38.5	5	▼1
감각 있는	39.4	7	37.2	6	38.0	6	–
개성적인	43.7	4	37.6	5	37.7	7	▼2
센스 있는	38.2	8	33.7	8	35.3	8	–
트렌디한	38.2	8	32.7	9	35.3	8	▲1
활기 있는	35.3	11	31.1	11	34.1	10	▲1

전 세대에 걸쳐 솔직함, 신선함, 자유로움을 '쿨'과 연관성이 높은 것으로 생각하지만, 연령대별로 그 강도에 차이가 있는 것으로 나타났다. 1990~2000년대생은 이전 세대보다 '자신 있는', '트렌디한'을 쿨과 밀접하게 연결 짓고 있다. 그러한 모습은 특히 2000년대생에게 더 두드러지게 나타나며, 그들은 '세련된' 또한 쿨의 영역에 포함시키고 있는 것으로 나타나, 쿨함에 대한 세대별 인식 차이가 뚜렷하게 드러난다.

연령대별 '쿨하다'의 의미 TOP10

[n=1,211, 복수응답]

순위(TOP10)	1970년대생	1980년대생	1990년대생	2000년대생
1	신선한	솔직한	솔직한	자신 있는
2	가식 없는	자유로운	자신 있는	트렌디한
3	솔직한	신선한	신선한	신선한
4	개성적인	가식 없는	가식 없는	센스 있는
5	감각 있는	자신 있는	감각 있는	세련된
6	자유로운	감각 있는	개성적인	자유로운
7	고정관념이 없는	개성적인	트렌디한	감각 있는
8	자신 있는	활기 있는	자유로운	개성적인
9	활기 있는	소신 있는	활기 있는	가식 없는
10	센스 있는	센스 있는	여유 있는	여유 있는

가장 쿨한 유명인

올해는 누가 쿨 아이콘으로 떠올랐을까? 2025년 조사에서는 이효리가 1위를 차지했다. 오랜 제주 생활을 마치고 서울로 돌아온 이효리에 대한 대중의 관심은 식을 줄 모른다. 본업에 더 집중하고 부지런히 살기 위해 서울로 돌아오게 되었다고 밝힌 그녀는, 서울 복귀 이후 다양한 방송과 유튜브 콘텐츠에 출연하고 여러 브랜드의 광고 모델로 활동하고 있다. 이효리의 새로운 보금자리인 평창동 집과 그녀가 직접 운영하는 요가원 등 그녀의 서울 일상이 연일 화제를 불러일으켰다. 하지만 대중이 그녀에게 쿨함을 느끼는 것은 스타성이나 화제성 때문만은 아니다. 이효리는 서울로의 이사 과정에서 강아지들과 함께 적응하며 겪은 어려움을 털어놓기도 했고, 남편에게 선물로 받은 명품 가방

'쿨한' 유명인(연예인, 스포츠 스타, 유튜버 등)이라고 하면 누가 떠오르십니까?

[n=1,211, 복수응답, 단위: %]

9.1% 이효리　　**5.0%** 김연아　　**4.4%** 손흥민

요가원을 열어
직접 강사로 활약중인
이효리
(출처: 아난다 요가 홈페이지)

프랑스 럭셔리 패션하우스
디올 앰배서더
김연아
(출처: 하퍼스 바자 코리아)

UEFA 유로파리그 우승컵을 든
손흥민
(출처: 손흥민 인스타그램)

과 관련된 에피소드를 이야기하며 인간적인 면모를 대중에게 가감 없이 공유하기도 했다. 또 꾸준하게 유기견 보호소 봉사활동을 이어가고 있으며, 최근에는 자립준비청년을 지원하기 위해 아름다운재단에 기부했다는 소식이 알려지기도 했다. 2025년의 이효리는 그녀가 가진 화려함보다 꾸밈없는 진정성 있는 모습으로 쿨 아이콘의 행보를 이어가고 있다.

2위는 피겨 여왕 김연아가 차지했다. 김연아는 은퇴 이후에도 후배를 위한 멘토, 글로벌 패션브랜드 앰배서더, 사회공헌활동 등 다양한 분야에서 활약을 펼치며, 왕년의 스포츠 스타에 그치지 않고 현재진행형인 쿨 아이콘으로서의 입지와 영향력을 유지하고 있다.

지난해 1위를 차지했던 손흥민이 2025년 조사에서는 3위에 선정되었다. 손흥민은 2025년 5월, UEFA(유럽축구연맹) 유로파리그에서 소속팀 토트넘 홋스퍼 FC의 41년 만의 유럽대회 우승을 이끌며, 10년간 몸담았던 토트넘에서의 선수생활을 아름답게 마무리했다. 이후 8월, 미국 MLS(프로 축구 리그)의 로스앤젤레스 FC로 이적하며 새로운 도전에 나섰고, MLS 역대 최고 이적료라는 기록을 세우며 큰 화제를 모았다. 그의 이적 소식에 현지 팬들은 열광적인 환호를 보냈고, 유니폼 판매량 또한 급증하며 품절 사태를 빚기도 했다. 손흥민은 최고의 순간을 지나 새로운 무대를 선택한 결단력과 그를 뒷받침하는 실력을 보여주며, 세계적인 쿨 아이콘으로서 위상을 이어가는 중이다.

이 외에 지난 5년 동안 쿨한 유명인 TOP3로 뽑혔던 유재석이 올해 4위에 머물렀고, 다양한 예능 출연과 본인 이름을 딴 유튜브 채널을 개설해 '아조씨' 캐릭터로 맹활약중인 추성훈이 5위에 올라와 눈길을 끌었다.

쿨한 브랜드는 무엇이며, 어떤 특징이 있을까?

올해의 쿨한 산업

올해 조사에서도 '패션'이 가장 쿨한 산업으로 뽑혔다. 패션은 예술, 스포츠 등 다양한 분야와 맞닿으며 새로운 트렌드가 시작되는 지점에서 그 어떤 분야보다 빠르게 시대상을 담아내는 역할을 한다. 최근에는 AI 기술이 결합되면서, 패션업계는 생산성 향상, 개인맞춤형 고객 경험 제공, 브랜드와 소비자 관계 개선 등 다양한 분야에서 진보를 이뤄가고 있다.

젠틀몬스터는 AI로 브랜드 정체성을 확장하고 있다. 고객 리뷰와 구매 데이터를 분석해 맞춤형 상품을 추천하고, 얼굴 인식 기반 '퍼스널 핏'과 가상 피팅 시스템으로 새로운 매장 경험을 제공한다. 또 자체 디

다음 각 분야들 중에서 '쿨하다'고 평가할 수 있는 분야를 모두 선택해주세요.

[n=1,211, 복수응답]

순위(TOP10)	2021	2022	2023	2024	2025
1	패션	패션	패션	패션	패션
2	모바일기기	엔터테인먼트	엔터테인먼트	스포츠	스포츠
3	IT산업	모바일기기	스포츠	엔터테인먼트	자동차
4	엔터테인먼트	스포츠	자동차	모바일기기	엔터테인먼트
5	자동차	자동차	모바일기기	자동차	IT산업
6	스포츠	IT산업	IT산업	IT산업	모바일기기
7	가전제품	가전제품	가전제품	가전제품	AI산업*
8	인테리어	인테리어	방송	AI산업*	가전제품
9	화장품	방송	인테리어	방송	식품 음료
10	방송	화장품	식품 음료	화장품	인테리어

*AI산업은 2024년 조사에 신규 추가

자인 시스템 '지니(GENI)'를 통해 과거 인기 제품과 글로벌 트렌드를 학습해 새로운 디자인을 제안하며, 디자이너들의 창의성을 넓히는 도구로 활용하고 있다. 스페인 패션 브랜드 '망고(Mango)'는 생성형 AI 챗봇 '망고 스타일리스트(Mango Stylist)'를 도입해 소비자가 취향을 입력하면 즉시 맞춤형 스타일링을 제안한다. 매장 직원이나 카탈로그에 의존하던 방식과 달리, AI가 개인화된 경험을 제공하며 브랜드와 소비자의 관계를 더욱 밀착시켰다. 구찌는 글로벌 고객 센터에 AI 엔진을 적용해 단순 문의부터 VIP 서비스까지 일관된 맞춤형 응대로 연결하며 '구찌다운' 서비스 품격을 구현했다. 이처럼 패션업계는 AI를 접목하는 다양한 시도를 통해, 대중의 인식 속에 가장 쿨한 산업으로 확고히 자리잡고 있다.

 스포츠는 쿨한 산업 2위를 지키며 식지 않는 인기를 입증하였다. 그 중심에는 '러닝'이 자리한다. 러닝의 인기는 낮은 진입장벽에서 출발한다. 골프나 테니스와 달리 특별한 장비 등을 위한 비용 부담이 적고,

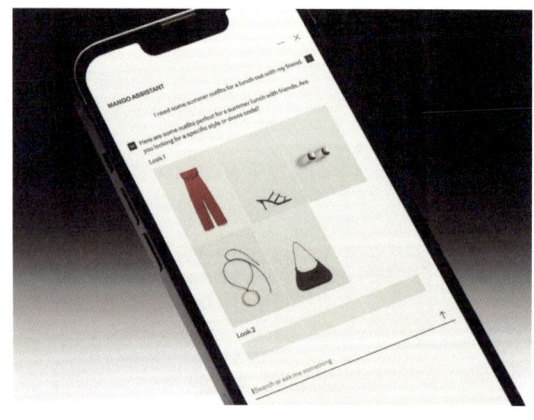

생성형 AI 기반 스타일 추천 챗봇,
망고 스타일리스트
(출처: 망고패션그룹 홈페이지)

시간과 장소 제약도 적어 쉽게 시작할 수 있다는 장점이 있다. 연예인과 인플루언서가 달리는 모습이 소셜미디어에 꾸준히 노출되면서 일반인의 참여 욕구를 키웠고, 함께 달리는 즐거움을 공유하는 러닝 크루 문화가 빠르게 확산됐다. 그 결과, 현재 국내 러닝 인구는 1,000만 명을 넘어선 것으로 추산된다. 러닝의 인기는 소비로 이어져 러닝화, 의류, 웨어러블 기기 등 러닝 용품 시장을 빠르게 키웠고, 인기 모델은 출시 직후 품절되거나 리셀 시장에서 프리미엄이 붙어 거래되는 것이 일상이 되었다. 다양한 브랜드가 러닝 대회를 후원하거나 직접 개최하고, 대회 참가 접수 시작과 동시에 조기 마감되는 사례가 이어지고 있어, 당분간 러닝의 쿨한 인기가 지속될 것으로 보인다.

션, 박보검, 뉴진스 다니엘의 새벽 러닝 인증샷
(출처: 션 인스타그램)

나이키 '애프터 다크 투어 서울 10K'에 참여한 러너들
(출처: Nike Running 인스타그램)

자동차는 쿨한 산업 3위로 부상했다. SDV* 전환이 자동차산업의 쿨한 변화를 이끌고 있다. 과거 자동차가 하드웨어 성능에만 한정된 제품이었다면, SDV는 소프트웨어 업데이트를 통해 주행 보조, 인포테인먼트, 안전 기능까지 끊임없이 개선하고 확장할 수 있게 만들었다. 그 결과 자동차는 단순한 이동수단을 넘어, 스마트폰처럼 지속적으로 진화하는 움직이는 디바이스로 재정의되고 있다. 이러한 변화는 자동차산업을 보수적이고 무거운 이미지에서 벗어나 혁신적이고 미래지향적인 쿨한 산업으로 다시 떠오르게 만들었다.

쿨 브랜드의 기본 조건

지난 몇 년간의 조사 결과를 종합하면, 쿨 브랜드의 핵심 조건은 자기만의 색깔, 자신감, 업계 대표성, 전문성으로 정리된다. 매년 상위권을 차지하는 이 네 가지 속성은 소비자들이 쿨 브랜드로 인정하는 브랜드의 가장 근본적인 요건으로 확고히 자리잡았고, 이번 조사에서도 1위부터 4위까지 차지하며 그 흐름을 이어갔다. 단순히 트렌디하거나 창의적이라는 이유만으로는 쿨함을 설명하기 어려우며, 브랜드 본연의 정체성을 분명히 하면서 업계에서 인정받는 힘이 무엇보다 중요하게 평가되고 있음을 보여준다. 특히 시대적 변화에 앞장서서 자유롭고 열정적인 에너지를 드러내는 브랜드가 점차 주목받고 있는 것으로 나타났다. 결국 쿨 브랜드란, 뚜렷한 정체성과 자신감을 바탕으로 업계에서 전문성과 대표성을 인정받으면서, 새로운 가치를 제시하는 브랜드라 정의할 수 있다.

SDV(Software Defined Vehicle) 자동차의 주행 성능, 편의 기능, 안전 기능, 감성 품질 등 차량의 모든 기능이 소프트웨어에 의해 결정되고 관리되는 차량을 의미

다음 표현을 보시고 동의하는 정도를 점수로 표시해주십시오.

"내가 생각하는 Cool한 브랜드 ___는 ○○하다"

[n=1,211, 단수응답, 단위: TOP2%]

	2023		2024		2025		Gap
	%	순위	%	순위	%	순위	(25-24)
자기만의 색깔이 있는 브랜드다.	80.8	1	81.8	1	78.6	1	–
자신감을 가지고 있는 브랜드다.	80.1	2	79.9	2	75.3	2	–
업계를 대표하는 브랜드다.	78.7	4	77.9	4	75.2	3	▲1
전문성을 갖춘 브랜드다.	79.8	3	79.0	3	74.6	4	▼1
특별한 개성을 가진 브랜드다.	76.0	5	76.7	5	73.1	5	–
트렌드에 맞게 변화할 줄 아는 브랜드다.	75.3	6	75.6	6	73.0	6	–
새로운 트렌드를 이끄는 브랜드다.	74.6	8	73.5	9	72.0	7	▲2
자유로움이 느껴지는 브랜드다.	72.9	11	73.3	10	72.0	8	▲2
열정이 있는 브랜드다.	75.1	7	73.1	11	71.1	9	▲2
소신 있는 브랜드다.	73.3	10	74.1	8	71.1	10	▼2

2025년의 쿨 브랜드

2025년 소비자들은 어떤 브랜드를 쿨한 브랜드로 인식하고 있을까? 조사 결과, 삼성, 애플, 나이키가 쿨 브랜드 TOP3를 굳건히 유지하였다. 그 외에도 상위권 브랜드에 무신사, 아디다스, 유니클로, 자라가 이름을 올리며, 이들의 활약으로 패션업계가 쿨한 산업으로서의 입지를 한층 더 굳혔음을 확인할 수 있었다.

'Cool'하다고 생각하시는 브랜드 1순위를 적어주세요.

[n=1,211, 단수응답]

순위	2023	2024	2025
1	"없음"	"없음"	"없음"
2	SAMSUNG	SAMSUNG	SAMSUNG
3	Apple	Apple	Apple
4	Nike	Nike	Nike
5	LG	MUSINSA	MUSINSA
6	TESLA	LG	Coca-Cola
7	MUSINSA	TESLA	adidas
8	Coca-Cola	Coca-Cola	LG
9	CJ kakao	Google ZARA	UNIQLO
10	오뚜기 adidas	adidas	ZARA

무신사는 지난해에 이어 5위를 지키며 쿨 브랜드 상위권에 안착했다. 2021년 첫 TOP10 진입 이후 꾸준히 순위를 끌어올린 무신사는 이제 쿨 브랜드의 대표주자로 자리매김하고 있다. 옷을 파는 온라인 플랫폼을 넘어 무신사 스탠다드, 뷰티 등 사업 분야를 다각화했으며, 글로벌로 시장을 넓히며 '무신사 유니버스'를 확장하는 중이다. 현재 무신사 글로벌 온라인 스토어는 전 세계 13개국을 대상으로 운영하고 있으며, 해외 오프라인 시장 확대를 위해 '무신사 재팬'에 이어 '무신사 차이나'를 설립하여 중국 시장에 본격 진출했다. 무신사는 2026년 싱가포르와 태국 진출이 예정되어 있으며, 2030년까지는 동남아 주요 시장은 물론 북미 지역까지 오프라인 네트워크를 확대할 계획을 밝혔다. 이런 과감한 행보를 거듭하며 2024년 매출 1조 원을 넘어 흑자 전환에 성공했으며, 현재 기업 상장을 추진하고 있는 가운데, 증권가에서는 무신사의 기업 가치가 10조 원에 육박할 것이라는 예측을 내놓았다. 스니커즈 마니아의 작은 커뮤니티에서 출발해 약 20년 만에 세계

'무신사 도쿄 팝업스토어 2025'를
알리는 도쿄 시부야 중심부의 광고판
(출처: 무신사)

무대에 도전하는 무신사는 K패션을 상징하는 새로운 문화적 아이콘으로 대중의 인식에 자리잡았다.

코카콜라는 2023년과 2024년 연속 8위에 머물렀으나, 이번 조사에서는 6위로 도약하며 주목할 만한 성과를 거뒀다. 이러한 상승의 배경에는 '코크 앤 밀(Coke & Meal)' 캠페인이 핵심적인 역할을 한 것으로 보인다. 캠페인의 일환으로 코카콜라는 한국 최초의 맛집 가이드인 블루리본 서베이와의 협업을 통해, 코카콜라와 잘 어울리는 음식을 맛볼 수 있는 곳, 고객들의 긍정적인 평가가 많은 곳, 식당의 분위기가 편안하고 즐거운 경험을 제공하는 곳이라는 기준에 따라 '레드리본 맛집'을 선정하였다. 맛집 선정에만 그치지 않고, '레드리본 위크'를 개최하여 레드리본 맛집 중 엄선된 9개의 레스토랑에서 제공되는 한정 메

코크 앤 밀 캠페인을 펼친 코카콜라
(출처: 코카콜라 코리아 인스타그램)

뉴를 소비자들이 맛볼 수 있는 기회를 제공했다. 코카콜라는 해방촌 신흥시장과 손잡고 '코카콜라×신흥시장 프로젝트'를 선보이기도 했다. 시장 입구, 골목 간판, 레스토랑 내외관에 코카콜라 브랜딩을 적용해, 소비자들에게 신흥시장 고유의 매력에 코카콜라의 정체성을 자연스럽게 녹여낸 색다른 미색 경험을 선사했다. 코카콜라는 코크 앤 밀 캠페인을 통해 '코카콜라와 함께, 맛있는 마법을 더해요'라는 메시지를 소비자들에게 각인시키는 것과 동시에, 소비자들이 일상에서 브랜드를 체감할 수 있는 접점을 확대하여 쿨 브랜드 상승 효과를 거두었다.

쿨 브랜드 TOP10에는 유니클로가 새롭게 이름을 올린 반면, 테슬라는 순위권 밖으로 밀려났다. 유니클로의 부상은 '디자이너가 다듬은 베이식'의 대중화에서 비롯된다. 안정적인 품질과 합리적 가격을 기반으로, 조너선 앤더슨, 크리스토프 르메르 등 유명 디자이너와의 협업을 통해 하이패션의 감성을 일상복에 자연스럽게 불어넣었고, 실용성과 트렌디함을 동시에 충족시키며 쿨 브랜드로서의 입지를 다졌다. 테슬라는 CEO 일론 머스크의 정치적 발언과 행보 논란에 더해, 자율주행 기술을 실제보다 과장해 홍보했다는 의혹까지 제기되는 등 잇따른 부정적 이슈로 소비자 신뢰가 약화되어 쿨 브랜드로서의 위상이 흔들리는 상황에 놓였다.

연령대별로 살펴보면, 삼성, 애플, 나이키가 공통적으로 TOP3에 오르며, 세대 전반의 보편적인 쿨 브랜드로 자리잡고 있는 것으로 나타났다. 1970~80년대생은 삼성을 가장 쿨한 브랜드로 꼽으며, '국가 대표 브랜드'에 대한 신뢰와 애착이 깊은 것으로 보인다. 반면, 애플의 생태계에 익숙한 디지털 네이티브인 2000년대생은 애플을 삼성보다 더 쿨한 브랜드로 평가하여, 모바일 기기 양대산맥인 두 브랜드에 대한 세대별 인식 차이를 확인할 수 있었다. LG는 1970~80년대생에게는 여전히 쿨 브랜드로 인식되고 있으나, 1990~2000년대생의 관심에서는 멀어진 것으로 나타나, 젊은 소비자층을 겨냥한 브랜드 이미지 재정비가 필요한 시점으로 보인다. 2000년대생은 럭셔리 브랜드인 샤넬과 가성비 브랜드인 다이소를 동시에 쿨 브랜드로 꼽았는데, 이는 선망적 취향과 실질적 효용성이라는 이중 가치 프레임이 적용된 결과로 해석된다.

쿨 브랜드로 꼽힌 브랜드들은 어떤 속성을 가지고 있을까? 상위권에 있는 브랜드를 살펴보면, 명확한 브랜드 아이덴티티, 자신감 있는 태도, 업계를 선도하는 전문성이라는 공통분모를 가지고 있다. 다만 브랜드가 속해 있는 산업의 성격이나 경쟁구도에 따라, 각 브랜드의 차

연령대별 쿨 브랜드

[n=1,211, 단수응답]

순위(TOP10)	1970년대생	1980년대생	1990년대생	2000년대생
1	삼성	삼성	"없음"	"없음"
2	"없음"	"없음"	삼성	나이키
3	나이키	애플	애플	애플
4	애플	나이키	나이키	삼성
5	LG	무신사	무신사	아디다스
6	코카콜라, ZARA, 테슬라	LG	유니클로	코카콜라
7	-	스타벅스	코카콜라	무신사, 샤넬
8	-	ZARA	오비맥주	다이소
9	-	코카콜라, 롯데칠성	테슬라, CJ	-
10	-	아디다스	-	-

*응답자 수가 5명 미만인 브랜드는 분석 내용에서 제외하였음

별적 어필 포인트가 나타나기도 한다. 전자제품 제조사인 삼성, 애플, LG는 공통적으로 업계를 대표하는 전문성을 갖춘 브랜드로 인정받지만, 삼성은 혁신, 스마트함 같은 기능적 이미지가 두드러지는 반면, 애플은 자기만의 개성과 자신감이라는 감성적 이미지를 전면에 내세우고 있다. 흥미로운 사실은 애플과 코카콜라가 유사한 코드로 읽힌다는 점이다. 두 브랜드 모두 아이코닉한 정체성과 감성적 가치를 중심으로 소비자들에게 쿨함을 전달하고 있다. 쿨 브랜드를 바라보는 소비자들은 애플을 동종업계의 삼성보다 이종업계의 코카콜라와 더 가까운 위치에 있다고 느끼는 것이라 해석할 수 있다.

브랜드별 쿨 브랜드 속성

[n=1,211, 단수응답, 단위: TOP2%]

순위 (TOP5)	삼성	애플	LG	코카콜라
1	업계를 대표하는 브랜드다.	전문성을 갖춘 브랜드다.	전문성을 갖춘 브랜드다.	자신감을 가지고 있는 브랜드다.
2	혁신을 추구하는 브랜드다.	업계를 대표하는 브랜드다.	자기만의 색깔이 있는 브랜드다.	자기만의 색깔이 있는 브랜드다.
3	스마트함이 느껴지는 브랜드다.	자기만의 색깔이 있는 브랜드다.	업계를 대표하는 브랜드다.	특별한 개성을 가진 브랜드다.
4	전문성을 갖춘 브랜드다.	자신감을 가지고 있는 브랜드다.	행동과 실천으로 보여주는 브랜드다.	업계를 대표하는 브랜드다.
5	새로운 트렌드를 이끄는 브랜드다.	특별한 개성을 가진 브랜드다.	혁신을 추구하는 브랜드다.	활기가 느껴지는 브랜드다.

브랜드별 쿨 브랜드 속성

[n=1,211, 단수응답, 단위: Top2%]

순위 (TOP5)	나이키	아디다스	무신사	유니클로	ZARA
1	업계를 대표하는 브랜드다.	자유로움이 느껴지는 브랜드다.	자유로움이 느껴지는 브랜드다.	트렌드에 맞게 변화할 줄 아는 브랜드다.	미적인 감각이 있는 브랜드다.
2	자기만의 색깔이 있는 브랜드다.	미적인 감각이 있는 브랜드다.	새로운 트렌드를 이끄는 브랜드다.	업계를 대표하는 브랜드다.	자유로움이 느껴지는 브랜드다.
3	자신감을 가지고 있는 브랜드다.	트렌드에 맞게 변화할 줄 아는 브랜드다.	자기만의 색깔이 있는 브랜드다.	자유로움이 느껴지는 브랜드다.	위트 있는 감각을 가진 브랜드다.
4	트렌드에 맞게 변화할 줄 아는 브랜드다.	자기만의 색깔이 있는 브랜드다.	혁신을 추구하는 브랜드다.	자기만의 색깔이 있는 브랜드다.	자기만의 색깔이 있는 브랜드다.
5	자유로움이 느껴지는 브랜드다.	새로운 트렌드를 이끄는 브랜드다.	트렌드에 맞게 변화할 줄 아는 브랜드다.	고정관념을 벗어날 줄 아는 브랜드다.	특별한 개성을 가진 브랜드다.

　패션업계를 대표하는 쿨 브랜드는 공통적으로 자기만의 색, 자유로움, 트렌드 민감도를 가지고 있다. 이 중 나이키와 유니클로는 '카테고리 대표성'에 강점이 있고, 아디다스와 자라는 '미적 감각'에서 두각을 드러내어, 스포츠패션과 SPA를 대표하는 브랜드 간에도 서로 다른 차별적 포인트가 있음을 확인할 수 있었다. 결국 쿨 브랜드의 기본 조건이 같아도, 어떤 요소를 더 강조하느냐에 따라 소비자가 받아들이는 이미지의 결이 다르게 나뉘는 것이다.

쿨 브랜드 정의

소비자들이 정의하는 쿨 브랜드는 어떤 모습일까? 수년간의 조사 결과를 종합하면, 매력적으로 느껴지는 브랜드가 곧 쿨 브랜드라는 인식이 가장 강하게 나타난다. 여기에 더해, 많은 사람의 시선을 모으고 신뢰를 쌓아 결국 구매로 이어지게 하는 브랜드를 쿨 브랜드라고 인식한다. 즉, 브랜드의 매력도, 주목도, 신뢰도, 구입 의향을 모두 포괄하는 지표가 바로 브랜드 쿨 지수다. 전 연령에 걸쳐 '매력'을 쿨 브랜드를 정의하는 최우선 요소로 지목하고 있지만, 1970~80년대생은 계속 구입하고 사용하고 싶은 브랜드라는 지속 구매 의향을, 1990년대와 2000년대생은 주목을 받는 브랜드라는 존재감에 더 큰 비중을 두는 것으로 나타났다.

연령대별 쿨 브랜드 정의

[n=1,211, 단수응답, 단위: TOP2%]

순위(TOP5)	1970년대생	1980년대생	1990년대생	2000년대생
1	매력적인 브랜드다.	매력적인 브랜드다.	매력적인 브랜드다.	매력적인 브랜드다.
2	계속 구입하고 사용하고 싶은 브랜드다.	계속 구입하고 사용하고 싶은 브랜드다.	주목을 받는 브랜드다.	주목을 받는 브랜드다.
3	신뢰가 가는 브랜드다.	신뢰가 가는 브랜드다	신뢰가 가는 브랜드다	계속 구입하고 사용하고 싶은 브랜드다.
4	주목을 받는 브랜드다.	주목을 받는 브랜드다.	계속 구입하고 사용하고 싶은 브랜드다.	신뢰가 가는 브랜드다.
5	다른 브랜드보다 조금 더 비싸더라도 구입하고 싶은 브랜드다.	나에게 어울리는 브랜드다.	다른 브랜드보다 조금 더 비싸더라도 구입하고 싶은 브랜드다.	남들에게 자랑하고 싶은 브랜드다.

다음 표현을 보시고 동의하는 정도를 점수로 표시해주십시오.

"내가 생각하는 Cool한 브랜드 ___는 ○○하다"

[n=1,211, 단수응답, 단위: TOP2%]

	2023		2024		2025		Gap
	%	순위	%	순위	%	순위	(25-24)
매력적인 브랜드다.	74.8	1	72.1	1	70.0	1	–
주목을 받는 브랜드다.	71.8	3	71.3	2	67.8	2	–
신뢰가 가는 브랜드다.	70.9	4	67.5	4	66.6	3	▲1
계속 구입하고 사용하고 싶은 브랜드다.	72.4	2	69.2	3	66.3	4	▼1
다른 브랜드보다 조금 더 비싸더라도 구입하고 싶은 브랜드다.	64.0	5	61.9	5	57.3	5	–
나에게 어울리는 브랜드다.	61.5	6	60.2	6	56.9	6	–
내가 선망하는 브랜드다.	60.0	7	60.2	6	56.3	7	▼1
남들에게 자랑하고 싶은 브랜드다.	58.1	8	58.5	8	56.0	8	–
해당 브랜드의 제품이나 서비스를 가진 사람이 부러운 브랜드다.	56.9	9	56.1	9	55.2	9	–
나를 표현해주는 브랜드다.	54.7	10	55.3	10	52.5	10	–

'쿨'은 시대와 맥락에 따라 유동적으로 달라지는 성질을 지닌다. 한 시기에 매력적이었던 것이 곧 평범해지고 새로운 요소가 쿨의 의미를 채우기도 한다. 이런 이유로 쿨이 무엇이라고 한 문장으로 정의하기는 여전히 어려운 일이지만, 이번 연구를 통해 그 윤곽은 한층 더 선명해졌다.

사람들이 '쿨'을 떠올릴 때 가장 먼저 연상하는 이미지는 솔직함, 신선함, 자유로움이었다. 쿨 아이콘으로 꼽힌 인물들은 각자의 분야에서 거둔 성과를 넘어, 그 안에 담긴 일관성 있고 진정성이 느껴지는 태도로 많은 사람의 지지를 얻었다. 산업 차원에서 볼 때는 끊임없이 새로움을 추구하고 혁신을 멈추지 않는 분야가 쿨한 산업으로 인식되었다. 변화를 두려워하지 않고 기술과 문화를 과감히 결합하는 분야일수록 대중에게 새로운 영감을 주며 쿨을 선도할 수 있다. 브랜드에는 한층 더 엄격한 기준이 적용된다. 업계를 대표할 만한 전문성과 영향력을 바탕으로 명확한 정체성을 세우고, 시의성 있는 시도를 지속하며, 소비자와 만나는 모든 접점에서 일관되고 긍정적인 경험을 제공할 때 비로소 쿨 브랜드로 소비자들의 인정과 선택을 받게 된다.

지난 수년간 진행해온 조사 결과에서, 쿨이 담고 있는 모습은 큰 틀에서 흔들리지 않았다. 하지만 쿨은 변화를 추구하는 본연의 속성에 따라 조금씩 계속 변화할 것이다. 이노션은 앞으로도 변화하는 트렌드를 면밀히 관찰하고, 그 속에서 브랜드와 시장의 성장을 견인할 수 있는 쿨의 새로운 모습을 계속해서 발굴할 것이다.

부록

SPACE TREND

: 공간 경험의 미래

■ SPACE TREND ■

2025년, 공간은 브랜드의 언어이자 무대가 되었다. 오프라인 공간에서 제품은 더이상 선반 위에만 진열되지 않으며 빛과 소리, 온도와 냄새가 맞물린 하나의 장면에 놓인다. 사람들은 그 속으로 걸어들어가, 손끝으로 브랜드를 감각하고 의도된 동선에 따라 이야기를 체험한다.

공간 마케팅은 이제 단순한 유행에 머물지 않는다. 패션과 F&B, 자동차와 게임 등 다양한 산업의 브랜드가 소비자에게 잊히지 않는 경험을 전달하기 위해 마케팅 전략을 고도화하고 있다. 그리고 그 경험은 공간 밖에서도 오래 살아남아, 사람들에게 무수히 회자된다.

국내에서만 1년에 약 1,300건 이상의 마케팅 공간이 열리는 시대, 지금 공간 마케팅은 양적인 팽창을 넘어 질적인 재편의 시기에 놓여 있다. 어떤 브랜드 공간은 새로운 가능성을 실험하며 시장을 한발 앞서나가고, 반대로 어떤 공간은 여전히 낡은 공식을 답습하다 사라지기도 한다. 변화는 이미 시작되었고, 그 속도는 생각보다 빠르다.

이러한 변화의 물살에 휩쓸리지 않기 위해서는, 현재의 흐름을 읽고 변화의 방향성을 예측해야만 한다. 그리하여 2024년 하반기부터 2025년 상반기까지 총 1,309건의 국내 공간 마케팅 사례를 수집했다. 팝업스토어, 플래그십 스토어, 브랜드 전시까지 모든 형태의 경험 공간을 망라했으며, 그중 600건 이상은 직접 방문해 현장에서 관찰하고, 체험하고, 분석했다. 더불어 이 변화를 체계적으로 파악하고 미래를 예측하기 위해, 공간의 네 가지 핵심 관점에서 이야기를 풀어가보려 한다.

공간을 바라보는 네 가지 관점

첫째 장소의 관점이다. '어디서' 경험이 일어나는가? 공간 마케팅의 중심이자 지금 가장 핫한 지역인 성수의 현재와 미래, 다시 새롭게 주목받고 있는 외면받던 공간들의 새로운 쓰임을 탐구했다.

둘째 형태의 관점이다. '어떤 형태로' 공간이 구성되는가? 기능과 목적에 따라 달라지는 공간의 형태를 관찰하고, 경험 위주로 형태가 재편되는 공간의 운영 방식을 관찰했다.

셋째 의미의 관점이다. '무엇을' 전달하고자 하는가? 공간 마케팅의 콘텐츠 경험 방식 및 메시지 전달 방식의 변화를 통해 방문자들이 기대하는 경험이 무엇인지 분석했다.

넷째 환경의 관점이다. '어떻게' 공간을 만드는가? 팝업스토어의 수만큼이나 파편화되고 있는 마케팅 공간의 주제와 산업 고도화로 인한 공간 마케팅 업계 전체의 생태계 변화를 추적했다.

각 관점에서 현재 확산되고 있는 트렌드를 발견했으며, 이를 통해 공간 마케팅의 미래를 예측했다. 이 미래는 앞선 질문에 대한 답이며, 향후 공간 마케팅이 나아갈 방향성이 될 것이다.

지금 우리는 공간 마케팅 역사상 가장 흥미로운 전환기를 살고 있다. 브랜드 중심에서 개인 중심으로, 물리적 공간에서 경험 중심으로, 대중성에서 개별성으로, 이 모든 변화가 동시에 일어나고 있다. 따라서 오늘날 공간 마케팅의 트렌드를 짚어보고, 앞으로 우리가 마주하게 될 새로운 형태의 공간들과 그 속에서 벌어질 변화의 모습을 구체적으로 그려보고자 한다. 이제 공간 마케팅 트렌드, 그 너머의 미래를 고민해볼 시점이다.

Chapter 1 장소:
성수는 앞으로도 핫플레이스일까

경험 공간을 여는 장소의 인식 변화

성수는 현재 브랜드 공간 마케팅의 '메인 무대'로 작동하고 있다. 이노션 트렌드인사이트팀이 2024년 7월부터 2025년 6월까지 집계한 팝업스토어 데이터에 의하면, 백화점 팝업스토어를 제외하고, 서울 내에서 열린 팝업스토어 중 약 47.5%가 성수에서 열렸다. '성수에서 팝업스토어를 열었다'는 사실만으로도 브랜드에 큰 화제성과 대세감을 안겨주는 인식이 있기 때문이다. 성수는 이제 MZ세대에게 '팝업 놀이동산' 같은 장소로 여겨지며, 브랜드에게는 노출의 허브로 기능한다.

하지만 수많은 팝업이 동시다발적으로 오픈하며 기존 핫플레이스인 성수에 대한 감흥이 약화되고 있다. 브랜드들은 화려한 외관을 선보이는 데 경쟁적으로 뛰어들고, 더 많은 사람을 모객하려고 시끄럽게 소리친다. 성수가 핫한 것은 여전하지만, 성수에 방문하는 사람들은 이러한 분위기에 점차 지쳐가고 있다.

이로 인해 소비자는 공간의 의외성과 신선함, 몰입도에 주목하기 시작했다. 성수 외 상권은 이에 호응하여 은밀하고 깊이 있는 체험을 제공하는 방향으로 진화하고 있으며, 그동안 관심받지 못하던 공간에 새로운 쓰임새를 주어 신선함을 선사하는 시도가 관찰된다. 성수는 계속 핫한 가운데, 경험 공간을 여는 장소가 더욱 다채로워지고 있다.

경험 공간 무대의 이분화

'핫'플레이스 성수와 '딥'플레이스 비(非)성수

성수는 전형적인 핫플레이스의 감성을 보유하고 있다. 항상 새롭고, 변화하며, 유행에 뒤처지는 것에 대한 사람들의 불안감을 자극해 대중을 움직인다. 얕지만 넓은 노출을 원하고 대세감이 중요한 브랜드가 성수에 플래그십 스토어나 팝업스토어를 오픈한다. 성수를 찾는 방문객과 브랜드의 이러한 특성은, 소비 트렌드에 민감하고 변화 속도가 빠른 성수만의 분위기를 자연스럽게 만들어냈다.

반면 북촌, 익선동, 종로 같은 곳에서 느껴지는 감성은 사뭇 다르다. 이곳을 찾는 방문객은 주로 대세감과 화려함보다 공간 하나하나의 느낌을 보고 방문하는 경향이 짙다. 이에 트렌디한 노출을 원하는 브랜드보다 깊은 몰입과 스토리 전달을 지향하는 브랜드가 이곳에 모인다. 성수 대비 비(非)성수는 '느린 호흡의 취향을 쌓아가는 장소'라는 점에서 본질적인 차이가 있다.

핫플레이스와 딥플레이스의 특성 비교

구분	핫플레이스	딥플레이스
장소 예시	성수, 더현대 서울	북촌, 익선, 종로, 비수도권 등
브랜드 유형	얕고 넓은 노출, 대세감을 지향하는 브랜드	브랜드에 대한 깊은 몰입을 지향하는 브랜드
목적	트렌디한 노출, 강력한 소셜미디어 파급력	브랜드 정체성 전달, 내면적 경험
공간 활용 방식	대중 밀집 공간, 메인 스트리트	대규모 유휴공간, 주택가 등
고객 반응 기대	"봤다"는 인증, 대중적 인지도	"느꼈다"는 공감, 브랜드 몰입
콘텐츠 특성	포토존, 컬래버레이션, 상품 중심 전시	스토리텔링, 감각적 체험, 브랜드 스토리
전략 키워드	#이슈화 #유입 #빠른반응	#몰입감 #정체성 #느린경험

색다른 감성을 제공하는 딥플레이스, 북촌

핫플레이스 성수에서의 공간 운영으로 브랜드 세계관의 완성도를 높이기에는 분명한 한계가 존재한다. 그렇기 때문에 특정 장소가 가진 분위기와 상징성을 브랜드 세계관 안에 적극적으로 녹여내고자 하는 일부 브랜드들은 성수가 아닌 다른 지역으로 눈을 돌리고 있다.

가장 주목할 만한 곳은 북촌이다. 북촌은 새로운 뷰티·패션 트렌드의 중심지로, 전통적인 한옥의 미와 현대적 체험을 곁들인 정적이고 독특한 분위기를 앞세운다. 2021년 설화수, 2022년 논픽션, 2023년 탬버린즈가 북촌에 들어섰고 최근에는 글로벌 향수 브랜드 르 라보가 입성하였다. '르 라보 북촌 한옥'은 르 라보가 뉴욕, 상하이, 교토에 이어 전 세계 네번째로 선보이는 플래그십 스토어다. 르 라보는 나무, 돌 등 한옥의 전통 소재를 재해석하여 르 라보만의 감성을 담았다. 특히 후각을 자극하는 원료 체험 공간을 마련해, 한국적 공간에서 마주하는 르 라보의 이국적인 향을 차분한 분위기에서 몰입감 있게 느끼도록 하였다.

르 라보 북촌 한옥 (출처: 르 라보 홈페이지)

뉴발란스 런 허브 북촌점 (출처: 뉴발란스)

패션업계 역시 북촌을 주목하고 있다. 2024년 오픈한 '아디다스 북촌헤리티지스토어'의 뒤를 이어, 최근 뉴발란스가 한옥이 밀집된 북촌과 경복궁 사이의 한적한 곳에 러닝 체험형 매장인 '뉴발란스 런 허브 북촌점'을 오픈하였다. 이곳에서는 방문객에게 러닝화와 러닝복을 대여해줌으로써 경복궁, 광화문 등 가장 한국적인 곳에서 즐기는 이색적인 러닝 경험을 통해 제품 체험과 브랜드 이미지 제고를 동시에 겨냥하고 있다.

오늘의집 역시 판매보다 경험이 우선시되는, 첫 오프라인 쇼룸의 장소로 북촌을 선택했다. 쇼룸의 이름은 '오프하우스(offhouse)'로, 앱 장바구니 속 상품을 직접 경험해볼 수 있는 곳이라는 의미를 담았다. 온라인에 담아둔 취향을 오프라인으로 연결해 브랜드 경험을 확장한 설계가 돋보이는 공간이다. 특히 오프하우스의 2층에 위치한 스타일링 스튜디오는 오늘의집 오리지널 가구 브랜드인 '레이어'와 리빙 셀렉트숍 '바이너리샵'의 제품들을 활용해, 쇼룸 공간을 30평대 아파트처럼 꾸며놓았다. 더불어 3층 크리에이터스 아틀리에는 오늘의집 인기 크리에이터 6인이 그들의 취향과 감각을 담은 공간으로 구성했다. 이처럼 브랜드의 감도와 취향을 보여주기 위한 조화로운 공간으로 핫플레이스 성수를 택하기보다 딥플레이스 북촌을 택한 점이 주목할 만하다.

르 라보와 뉴발란스, 오늘의집의 사례에서 알 수 있듯이, 성수의 과도한 상업적 분위기와 공간 포화를 피하고자 하는 브랜드에 북촌은 특별한 공간감을 부여하고, 그만의 분위기에 브랜드 스토리텔링을 녹이기 적합한 장소로 여겨진다.

오늘의집의 오프하우스
(출처: 오늘의집)

낙원상가에서 지방 골목까지

그 밖에 북촌 주변 지역인 익선동, 가회동, 부암동도 주목할 만하다. 더 나아가서는 특유의 생기발랄함이나 날것 그대로의 매력을 살릴 수 있는 각종 시장, 아예 서울을 벗어난 지방 소도시의 생경한 상권이 브랜드의 새로운 무대로 조금씩 소비되고 있다.

스킨케어 및 향수 브랜드 '이솝'은 부암동의 한옥에서 '어보브 어스, 스테오라(Above Us, Steorra)' 팝업스토어를 열었다. 해당 행사는 동명의 향수 출시를 기념하기 위한 것으로, 이름처럼 방문객이 하늘 위 별빛을 오감으로 느낄 수 있도록 기획되었다. 이를 위해 팝업스토어와는 거리가 먼 고즈넉한 부암동 골목 속 고택이 그 무대로 선택되었으며 전시, 시 낭독, 시향 등의 체험은 장소의 분위기와 어우러져 깊은 여운을 남겼다.

부암동에서 진행한 Above Us, Steorra 팝업스토어 (출처: 이솝)

낙원상가에서 진행한 메이커스 마크 독주 페스티벌
(출처: 메이커스 마크 인스타그램)

2021년 독주 캠페인*을 시작하고, 이를 음악적 해석과 결합해 공연 라인업과 위스키, 칵테일 등 다양한 콘텐츠로 구현해온 '메이커스 마크'의 사례도 흥미롭다. 메이커스 마크는 2022년 삼각지 액자거리, 2023년 을지로 인쇄골목, 2024년 이태원에 이어 2025년에는 종로3가 낙원상가에 팝업스토어를 오픈하였는데, 이 공간은 파리 물랑루즈 콘셉트의 아티스트 공연과 바텐더 칵테일 쇼를 경험할 수 있는, 마치 영화 속 한 장면에 들어간 듯한 공간이었다. 독주 라이브, 독주 스튜디오, 독주 타운 등 일관된 브랜드 철학을 늘 새로운 공간 콘셉트로 변주하여 의외성 있는 장소를 선택해온 메이커스 마크의 마케팅은, 소비자가 다음 행선지를 궁금하게 만들며 브랜드만의 독특한 팬덤을 형성해나가고 있다.

반드시 치열한 서울만이 정답은 아니다. 군산, 경주, 전주 등을 찾는 브랜드의 사례도 새롭다. 동서식품은 군산 월명동 로컬 상점 다섯 곳을 포함하는 상권 전체를 맥심의 브랜드 무대로 활용하여 '맥심골목' 팝업을 선보였다. 맥심네컷, 맥심슈퍼, 맥심부동산, 맥심방앗간 등 지역의 소소한 골목상권을 충분히 활용하여 브랜드 세계관을 풍성하게 펼쳐냈다. 맥심이 군산 다음으로 찾은 도시는 경주다. 경주 교촌마을 인근 한옥에서 열린 '맥심가옥' 팝업스토어는 한옥 마당에 가득 퍼지는 커피 향 속에서 브랜드 스토리와 전통 공간의 감성을 함께 즐길 수 있는 이색적 경험을 선사했다.

군산에서 진행한 맥심골목 팝업스토어
(출처: 동서식품)

★ **독주 캠페인** 남의 시선을 의식하지 않고 자신의 길을 걸어가는 장인정신을 의미하는 '독주', 이를 다양한 콘셉트의 팝업스토어로 구현하고 있는 메이커스 마크의 국내 캠페인

장소의 감성은, 그 장소를 찾는 방문객의 성향과도 이어진다. 이에 이노션 인사이트 전략본부는 핫플레이스와 딥플레이스를 찾는 MZ 방문객을 직접 만나고 관찰하여, 지역별 페르소나를 도출했다. 핫플레이스 성수를 찾는 페르소나는 '소셜 팝(SOCIAL POP)'이다. 관심사는 패션과 팝업스토어이며, 유행에 매우 민감하여 소셜미디어에 높은 몰입도를 보인다. 반면 딥플레이스 북촌, 익선 등을 찾는 페르소나는 '컬처 힙스터(CULTURE HIPSTER)'다. 관심사는 아트, 사진, 음반 등이며, 영감을 받을 수 있는 콘텐츠를 항상 갈망하는 성향이 있다. 더불어 문화예술적인 체험과 오래된 것이 힙하다는 생각을 한다. 소셜 팝이 화려하고 놀라움을 주는 공간을 선호한다면, 컬처 힙스터는 문화적 자극을 주는 공간을 선호한다.

핫플레이스와 딥플레이스의 페르소나 비교

구분	핫플레이스	딥플레이스
MZ 페르소나	소셜 팝(SOCIAL POP)	컬처 힙스터(CULTURE HIPSTER)
관심	패션, 팝업스토어, 유행 아이템	아트, 사진, 아날로그 음반
특징	• 신상 정보와 유행에 민감하게 반응 • 빠르게 소비하고 다음 유행으로 이동	• 깊이 있는 콘텐츠를 탐색 • 'OLD IS NEW HIP' 인식을 바탕으로 문화적 가치 재발견을 즐김 • 조용히 몰입하고 기록·수집하며 경험을 내재화
공간 취향	• 시각적 임팩트가 크고 사진·영상 촬영에 최적화된 환경 선호 • 브랜드를 직관적으로 체험할 수 있는 팝업스토어	• 전시, 소규모 공연 등 사유와 감상을 자극하는 환경 선호 • 오래된 건물을 리모델링한 공간이나 지역 고유의 스토리가 담긴 장소
장소 추구미	무신사 스토어 성수 대림창고, 포인트오브뷰 서울, 탬버린즈 플래그십 스토어	푸투라서울, 통의동 보안여관, 피크닉(piknic), 청운문학도서관

외면받던 공간의 새로운 정의

공간에 적용되는 데페이즈망

성수나 북촌 같은 곳은 이미 상권으로 알려져 있지만, 아직 상권으로 발전하지 않은 일상적인 공간에서도 새로운 시도가 이어지고 있다. 최근 공간의 화제성이 다한 곳에 색다른 경험 콘텐츠를 만들어내는 변화의 움직임이 눈에 띈다. 데페이즈망★ 기법이 공간 마케팅에도 활용되고 있는 것이다. 익숙한 장소에 전혀 예상치 못한 콘셉트를 등장시키거나, 무심히 지나치던 자투리 공간에 팝업스토어를 열어 방문자를 놀라게 한다. 이런 연출 뒤에는 낯선 장소와 오브제의 조합 등을 통해 강렬한 자극과 기억에 남는 경험을 제공하려는 기획자의 의도가 숨어 있다.

데페이즈망의 공간 적용 예시

구분	공간의 목적성 변경	틈새 공간, 유휴공간 활용
입지	영화관, 상가, 공장 등	에스컬레이터 사이 공간, 주차장, 벙커, 폐가 등
기존 인식	기능은 있으나 노후하거나 진부한 공간	기능과 존재감이 없던 비가시적 공간
목적	소비자에게 공간 방문의 새로운 목적 부여	이전에 없던 공간 활용으로 놀라움 제공
공간 전략	익숙한 공간을 낯설게 하기	보이지 않던 공간을 감각화하기

★ 데페이즈망(Dépaysement) 초현실주의 화가 르네 마그리트가 자주 사용한 기법으로, 어떤 물건을 맥락과는 상관없는 이질적 환경으로 옮겨서 본래의 성격을 지우고 물체끼리의 기이한 만남 등을 연출하여 강한 충격 효과를 노리는 것

공간 리폼으로 주목도 제고

데페이즈망을 가장 잘 활용한 사례는, 팬데믹 이후 급격히 떨어진 매출로 공간에 새로운 쓰임새를 강구한 멀티플렉스 영화관이다. 멀티플렉스 영화관의 가장 큰 장점은 강렬한 사운드, 3면 스크린, 높은 층고 등을 꼽을 수 있다. 이 점을 잘 활용하여 CGV는 야구 직관 티케팅에 실패한 팬들을 위한 자리를 마련했다. 영화 상영 수준의 몰입감 있는 디스플레이와 사운드 효과를 야구 관람에 적극 활용하여, 마치 현장에 있는 듯한 기분을 선사했다. 그뿐 아니라, 영화관의 높은 층고와 넓은 면적을 활용하여 숏 게임 골프 스튜디오, 실내 아이스링크, 클라이밍장 등으로 변신시키는 파격적인 시도를 계속하고 있다.

CGV의 SCREENX 야구 중계
(출처: CGV)

상영관을 아이스링크로 바꾼
메가아이스박스
(출처: 메가아이스박스 인스타그램)

90년 된 제일은행 옛 본점의 복원에 10년간 공을 들여 복합문화공간으로 탄생시킨 '신세계백화점 본점 더 헤리티지'의 사례 역시 주목할 만하다. 역사적 공간을 현대적으로 재해석해 1, 2층에는 샤넬 매장을 입점시키고 4, 5층은 한국의 문화와 상업사를 체험할 수 있는 '더 헤리티지 뮤지엄'으로 구성하였다. 고풍스러운 외관과 편의성이 조화된 공간설계는 과거와 현재의 아름다움을 공존시키며, 이색적인 공간에서 전시, 팝업, 카페 등 감성적인 콘텐츠를 즐기려는 방문객의 관심을 끌고 있다.

이처럼 익숙한 장소가 낯설게 변모하는 순간, 소비자는 공간 자체에서 감각적 즐거움과 호기심을 느낀다. 그 경험은 단순한 방문을 넘어 브랜드의 정체성을 오래도록 기억하게 하는 힘으로 작용한다.

틈새 공간과 유휴공간만이 줄 수 있는 WOW 효과

기존에는 전혀 주목받지 못하고 스쳐지나가던 공간, 즉 자투리 틈새 공간이나 유휴공간을 적극적으로 활용하는 시도도 다양하게 관찰되고 있다. 외면받던 공간이 기획자의 시선에서 새롭게 정의되고 있는 것이다.

도시 개발 이슈로 아예 사라져버릴 장소를 발굴하여 새로운 용도로 활용한 사례로는, 최근 밴드 '솔루션스'가 철거를 앞둔 재건축 아파트를 600석 규모의 대형 콘서트장으로 꾸민 사례가 있다. 베란다를 무대로 삼고, 주차장을 객석으로 변신시킨 독특한 구성은 특별한 경험으로 받아들여지며 다양한 소셜미디어 채널에 회자되었다. 아파트 외벽 전체를 활용하여 선보인 미디어 파사드와 같은 조명 연출은, 용도를 다한 장소가 빛과

신세계백화점 본점 더 헤리티지
(출처: 신세계백화점)

사운드로 강렬하게 재해석되는 실험적 경험을 남겼다. 앞으로 사라질 곳이기 때문에, 관객들은 분필로 아파트 곳곳에 자유롭게 낙서를 남기는 등 이곳만이 줄 수 있는 특별한 경험을 할 수 있어 매우 이색적이었다는 평을 남겼다.

영화관으로 향하는 에스컬레이터 사이의 쓸모없는 공간을 영화 속 공간으로 변신시킨 〈에이리언: 로물루스〉의 영화 홍보 팝업 사례도 주목할 만하다. 좁고 긴 공간 형태의 특성을 잘 살려 영화의 배경이 되는 우주기지 '로물루스'에 들어가 실제 에이리언을 만나는 듯한 착각을 불러일으켰다. 타임머신을 타고 이동한 듯한 공간이 주는 의외성과 몰입감으로 방문자의 주목도를 제고한 사례다.

재개발을 앞둔 철거 직전의 아파트와 에스컬레이터 사이의 버려진 공간에 드라마틱한 용도를 부여함으로써 보이지 않던 공간이 감각적으로 살아났다. 기획자는 투입 비용 대비 화제성 측면에서 일석이조의 효과를 얻을 수 있었을 것이다. 우리 주변에 기능과 존재감이 없는, 아무도 주목하지 않는 공간을 더 소중히 관찰해야 하는 이유다.

재건축 아파트에서 열린
솔루션스 콘서트
(출처: 솔루션스 인스타그램)

영화 〈에이리언: 로물루스〉 팝업
(출처: 월트디즈니컴퍼니코리아)

장소의 미래:
Deeperent Venue, 핫플의 판단 기준이 재정의된다

'디퍼런트 베뉴(Deeperent Venue)'란 '깊은(Deep)'과 '다른(Different)'을 조합한 합성어와 '장소(Venue)'가 합쳐진 말로, 단순 방문자수보다 얼마나 깊은 인상과 차별화된 경험을 제공하느냐가 장소를 정의하는 새로운 기준이 된다는 것을 의미한다.

핫플레이스로서 성수의 위상은 당분간 유지되겠지만, 그 전형성과 반복성에 따른 피로감이 서서히 감지되고 있다. 사람들은 더이상 익숙한 포토존과 브랜드 팝업스토어만으로는 만족하지 않는다. 이제 공간의 가치는 물리적 특성에서 벗어나, 경험의 깊이와 정서적 몰입을 중심으로 재정의되고 있다. 이에 따라 공감과 상상력을 자극하는 장소가 새로운 주목을 받는다.

브랜드는 이러한 전환에 대응해 기존의 팝업스토어 성지인 성수를 벗어나 더 다양한 장소를 탐색하고 있다. 특히 비(非)성수 상권이나 그간 주목받지 않았던 공간이 새로운 실험의 무대가 되고 있다. 화제성이 소진된 공간 혹은 유동인구조차 없던 장소에 의외의 콘텐츠를 기획함으로써 '예상 밖의 놀라움'을 만들어내는 시도가 늘어나고 있는 것이다.

이제 마케팅에 적합한 장소란 단순히 사람이 많이 몰리는 곳이 아니다. '왜 여기에?'라는 의문을 불러일으킬 만큼 파격적이고 이질적인 공간을 활용함으로써 소비자의 감각을 흔들어야 한다. 전례없는 공간을 통해 장소 그 자체가 메시지가 되는 마케팅이 요구되는 시대다.

하지만 이런 의외성과 신선함을 모두 갖춘 장소를 찾는 일은 쉽지 않다. 이에 자금력과 기획 역량을 갖춘 브랜드라면, 현실에 존재하지 않는 장소를 직접 '창조'하는 방식으로 나아갈 것이다. 예컨대 도심의 유휴 부지를 일시적으로 재구성하거나, 비상업적 공간을 브랜드 콘셉트에 맞게 재해석해 새로운 장소를 만들어내는 전략이 가능하다. 이처럼 물리적 제약을 뛰어넘는 공간 연출은 소비자에게 강력한 인상을 남기며, 브랜드의 상상력과 정체성을 강하게 각인시킬 수 있다.

결국 마케터에게는 장소의 '발견'이 아닌 장소의 '발명'이 요구되는 시기다. 공간 마케팅은 더이상 부동산적 관점이 아닌, 세계관과 상상력으로 완성되는 창작의 영역으로 확장되고 있다.

Chapter 2 형태:
팝업 공간은 어떤 형태로 진화할까

경험 공간의 구성과 운영 형태의 변화

공간을 바라보는 시선이 달라지고 있다. 이제 공간은 단순한 물리적 장소를 넘어, 브랜드가 전달하고자 하는 메시지와 경험을 입체적으로 담아내는 매개체로 기능한다. 소비자의 감정에 깊이 스며들고 브랜드의 가치를 효과적으로 전달하기 위해, 공간은 점점 더 유연하고 복합적인 방식으로 활용된다.

팝업스토어는 이러한 흐름의 선봉에 있다. 모든 기능을 하나의 공간에 담거나, 소비자의 방문을 수동적으로 기다리던 방식은 더이상 유효하지 않다. 오늘날의 공간은 목적에 따라 세분화되고, 필요에 따라 이동하며, 소비자의 일상에 자연스럽게 녹아든다. '어디에 있느냐'보다 '어떤 경험을 주느냐'가 중요해진 시대가 찾아온 것이다. 공간 마케팅은 기능과 동선은 물론, 감정적 몰입까지 고려하여 세심하게 설계되어야 한다.

공간의 역할이 새롭게 정의되는 지금, 공간은 어떤 형태로 진화할 수 있을까? 어디까지 다채롭게 확장되며 새로운 경험을 만들어낼 수 있을까? 이 변화 속에서, 공간의 물리적 구조가 진화하는 모습과 그에 따라 경험이 확장되는 무한한 가능성에 주목할 필요가 있다.

목적에 따른 공간 분리

여기선 즐기고, 저기선 사세요

성수를 대표하는 XYZ SEOUL, 엠엠성수, 피치스 도원 같은 대형 팝업 임대공간은 높은 인지도와 방문율 덕분에 이미 2026년까지 예약이 꽉 찼을 정도로 임대 경쟁이 치열하다. 이에 브랜드들은 같은 예산이라면 임대 기간을 늘리기보다 대관료를 줄이고 체험의 퀄리티를 높이는 데 집중하고 있다. 이러한 흐름 속에서 한 공간에 모든 기능을 몰아넣는 대신, 여러 곳의 소형 공간을 동시에 혹은 순차적으로 운영하는 전략이 확산되고 있다. 브랜드는 고액의 임대료 부담을 분산시킬 수 있고, 고객은 서로 다른 공간을 오가며 다채로운 접점을 경험함으로써 단일 공간에 머무는 제한적 체험보다 더 길고 풍부한 고객 여정을 체험하게 된다.

과거에는 플래그십 스토어 한 곳에서 체험과 구매를 모두 해결하는 것이 일반적이었다. 그러나 이러한 방식은 한정된 범위에서만 경험을 제공할 수 있어 대형 설치물이나 몰입형 콘텐츠를 충분히 담아내기 어려웠다. 최근에는 이러한 한계를 극복하기 위해 기능 자체를 분리하는 방식이 자리잡고 있다. 팝업 공간은 감각적인 경험, 포토존, 이벤트 등을 통해 브랜드 무드를 극대화하는 데 집중하고, 실제 구매는 별도의 매장이나 온라인 채널로 연결한다. 결과적으로 공간 운영은 물리적 분산과 기능적 분리를 동시에 활용하는 새로운 공간 형태로 진화하며, 브랜드는 소비자에게 더욱 다층적이고 입체적인 여정을 제공하고 있다.

이 전략은 특히 경험 중심 소비성향이 강한 잘파세대에게 효과적이다. 그들은 단순한 구매 경험보다 완성도 높은 콘텐츠와 몰입력 있는 경험을 중시하며, 브랜드 세계관에 충분히 빠져든 뒤 구매를 결정하는 경향이 있다. 브랜드 입장에서도 구매를 재촉하기보다 브랜드와 시간을 보내게 하는 것이 충성도를 높이는 길임을 잘 알고 있다. 결국 공간별로 명확한 목적을 부여하는 전략은 브랜드에는 효율적 리소스 활용의 방식이자, 고객에게는 최적화된 여정을 제공하는 스마트한 공간 형태로 자리매김하고 있다.

분리된 공간이 만드는 더 깊은 몰입

플래그십 스토어는 브랜드의 상징적인 거점이지만, 안정적인 매출 확보가 중요하기에 실험적 시도가 어렵다. 매장 운영 규칙, 인테리어, 기존 고객 동선 등 제약이 많기 때문에 파격적인 연출이나 새로운 시도를 제한할 수밖에 없다. 반면, 팝업스토어는 보다 과감하게 브랜드 아이덴티티를 드러내고 풍부한 스토리텔링을 구현할 수 있는 공간으로 활용이 가능하다.

이러한 이유로 최근 많은 브랜드가 하나의 대형 공간에 기능을 집약하기보다 목적에 따라 소형 공간을 분리해 운영하는 방식을 택하고 있다. 예를 들어, 신제품 홍보를 위한 체험과 실제 구매 공간을 별도로 운영하면, 고객은 한쪽에서 음악·향·조명 등 브랜드의 멀티센서리(Multi-Sensory) 콘텐츠를 즐기고, 다른 한쪽에서 빠르고 쾌적하게 구매를 진행할 수 있다. 이런 구조는 체험에 집중하는 순간과 구매를 결정하는 순간을 분리하며, 각 단계의 몰입도와 효율을 높인다. 서로 다른 기능을 맡은 소형 공간들이 연결되면서, 고객은 구매와 경험을 오가며 더 깊이 빠져드는 '브랜드 여행'을 시작하게 된다.

국내 디자이너 브랜드 '스탠드오일'은 이러한 전략을 효과적으로 구현한 브랜드 중 하나다. 스탠드오일이 2023년 성수에 오픈한 플래그십 스토어는 1층을 브랜드 콘셉트를 체험하는 공간, 2층을 제품 구매 공간으로 구성해 '팝-래그십'★ 이라는 하이브리드 모델을 선보였다. 이후 2024년 말부터는 체험과 구매 기능을 완전히 분리해, 고객 몰입도를 높이는 공간 설계를 시도했다. 2025년 4월에는 새로운 슈즈 컬렉션 홍보를 위해 '스탠드오일 슈즈 팝업'을 열어, 방문객이 2025 S/S 신제품을 다양한 방식으로 착용해볼 수 있도록 구성했다. 이 공간에서는 제품 착화만 가능하며, 실제 구매는 맞은편 플래그십 스토어에서 이루어지도록 설계해 고객 여정을 명확히 구분했다.

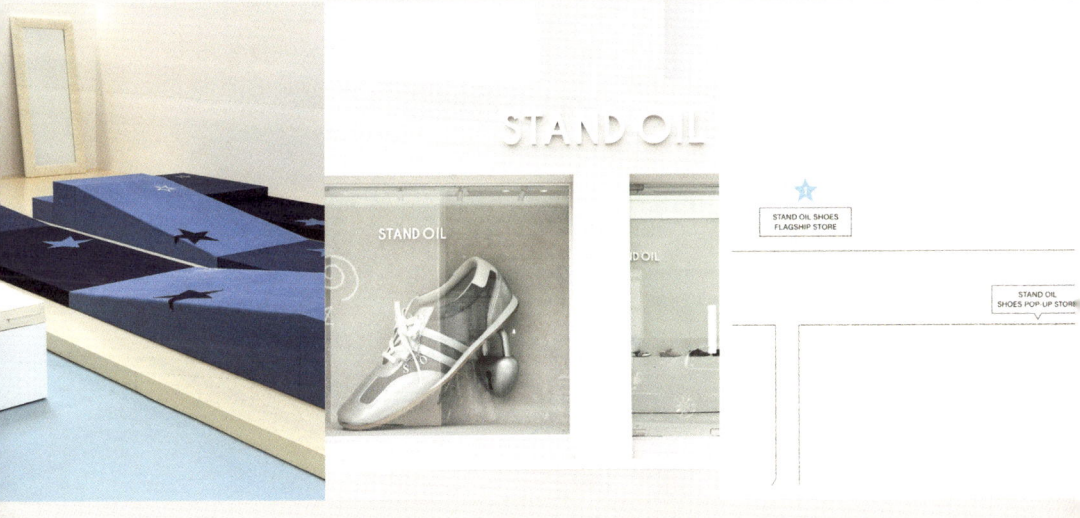

스탠드오일 슈즈 팝업스토어와 플래그십 스토어
(출처: 스탠드오일 인스타그램)

★ **팝-래그십 스토어(Poplagship Store)** 전통적인 플래그십 스토어와 팝업스토어의 장점을 결합한 새로운 유형의 매장으로, 브랜드의 핵심 메시지와 정체성을 전달하는 강력한 통일감을 유지하되, 팝업스토어처럼 짧은 기간 동안 테마를 자주 변경하고 리모델링을 통해 다양한 경험을 제공하는 공간

뷰티 브랜드 '아이소이' 또한 리뉴얼된 신제품 로즈세럼의 새로운 경험을 제공하고자, 분리형 공간 전략을 적극 활용했다. 2025년 4월, 리뉴얼된 로즈세럼의 론칭을 준비하는 과정에서 플래그십 스토어 근처 독립 공간을 별도로 대관해 '아이소이 잡티로즈쎄럼 실' 팝업을 운영한 것이다. '비밀 연구실'과 '메인 전시존'으로 구성된 몰입형 체험 공간으로, 제품의 콘셉트를 보다 입체적으로 전달하기 위해 지하 1층까지 활용한 구조로 기획되었다. 해당 공간에서는 제품을 따로 판매하지 않았으며, 오로지 새로워진 로즈세럼의 성분을 연구해보는 콘텐츠로만 가득 채워졌다. 특히 스탬프 투어의 마지막 스탬프는 근처에 있는 아이소이 매장에 직접 방문해야만 확인할 수 있도록 설계해, 팝업스토어와 성수 직영매장 간의 유기적인 동선을 자연스럽게 유도했다.

코스메틱 브랜드 '탬버린즈'의 사례 역시 주목할 만하다. 탬버린즈는 성수 플래그십 스토어에서 신제품 홍보부터 캠페인까지 모든 과정을 진행해왔다. 2025년 3월 보타리(BOTTARI) 컬렉션 출시 당시에는 기존 매장 내부에 글로벌 아티스트 듀오 'A.A.무라카미'와 협업한 대형 버섯 오브제를 설치하고, 이를 중심으로 캠페인을 전개했다. 그러나 같은 해 6월 출시된 블루히노키(BLUE HINOKI) 컬렉션은 약 1.1km 떨어진, 도보 16분 거리의 별도 공간을 마련해 선보였다. 기존 플래그십 스토어에서도 신제품을 만날 수 있었지만, 핵심 콘텐츠와 브랜드 내러티브를 온전히 경험하려면 반드시 해당 팝업 공간을 방문해야 했다.

이번 팝업은 2019 베니스 비엔날레에서 황금사자상을 수상한 '선앤씨(Sun & Sea)' 팀을 단독 초청해, 새로운 여름 향수 컬렉션의 몽환적이고 청량한 분위기를 오페라 공연으로 구현했다. 무대는 해변의 모래사장으로 꾸며졌고, 관객은 위층에서 내려다보는 '태양의 시선'이라는 독특한 시점에서 공연을 감상했다. 공간·음악·향기가 어우러진 그곳에서 오페라의 서사가 한층 풍부해지며 관객의 몰입감은 최고조에 달했다. 이러한 감각적인 경험 속에서 신제품 블루히노키가 지닌 매력은 더욱 선명하게 드러났고, 브랜드 메시지를 강렬하게 각인시켰다.

아이소이 잡티로즈쎄럼실 팝업스토어 입구
(출처: @sooweet_days 네이버 블로그)

아이소이 잡티로즈쎄럼실 럭키스탬프
(출처: @wiz_js 네이버 블로그)

아이소이 직영매장과 잡티로즈쎄럼실
위치 (출처: 네이버 지도)

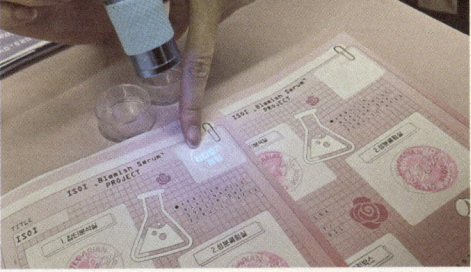

탬버린즈 성수 플래그십 스토어
(출처: 하퍼스 바자 코리아 홈페이지)

탬버린즈 블루히노키 팝업스토어와 Sun & Sea 오페라 현장
(출처: 탬버린즈 홈페이지)

고객을 찾아 이동하는 공간

고정에서 이동으로, 공간 마케팅의 진화

오픈만 하면 팝업스토어에 사람이 알아서 밀려 들어오던 시절은 옛말이다. 이제는 성수에서 비싼 임대료를 지불한 팝업이라도 워크인 고객이 충분하지 않을 수도 있다. 그들은 보다 특별하고 몰입감 있는 브랜드 경험을 원한다.

기존 팝업스토어는 특정 장소에 고정되어 고객의 방문을 기다리는 수동적인 형태였기에, 유동인구가 제한되고 브랜드와 고객 간 접점도 한정적일 수밖에 없었다. 이에 브랜드는 다양한 공간을 찾아가 인상적인 퍼포먼스를 곁들이는 '무빙 팝업'을 전략으로 채택하고 있다. 거리, 지역상권, 페스티벌, 공공장소 등 다양한 공간을 무대로 삼고, 한자리에 머무르지 않고 능동적으로 이동한다. 이를 통해 고객은 일상에서 예기치 않게 브랜드를 만나는 즐거움을 얻고, 브랜드는 다양한 장소에서 고객과 직접 소통하며 지역 특성에 맞춘 차별화된 마케팅이 가능하다. 더불어 여러 곳을 순회해 브랜드를 노출할 수 있어 자연스러운 화제성과 효율성을 동시에 확보할 수 있다. 이제 공간 마케팅은 공간, 정확히는 '부동산'에 얽매이지 않는다. 고객이 있는 거리와 장소가 곧 브랜드 경험의 무대가 되고 있다.

길거리에서 고객을 찾아 나선 브랜드들

길거리로 나서는 마케팅은 오래전부터 존재했다. 그러나 오늘날 주목받는 무빙 팝업은 과거 주(酒)류 브랜드가 번화가에서 진행하던 시음행사나 대학 캠퍼스에서 열리던 전형적인 오프라인 이벤트와는 성격이 다르다. 당시 시음행사는 유동인구가 많은 술집이나 강남·홍대·이태원 등 번화가를 찾아가 간단한 시음을 제공하고 소규모 경품 이벤트를 곁들이는 방식이 일반적이었다. 사람들에게 부담없이 제품을 맛보게 하고 브랜드를 알리는 데에는 효과적이었지만, 공간 연출이나 경험 설계 측면에서는 한계가 뚜렷했다. 반면 최근의 무빙 팝업은 장소만 옮겨다니는 수준을 넘어, 공간과 사람, 상황을 능동적으로 연결하며 고유한 이야기와 경험을 만들어낸다. 예측 불가능한 장소 선정, 즉흥성과 우연성, 주변 상권과의 연계, 이전에는 보지 못했던 신선한 퍼포먼스까지 결합돼 브랜드에 생동감을 불어넣고 있다.

이러한 새로운 접근에서 브랜드는 매장이 아닌 길거리를 브랜드의 캠페인과 커뮤니케이션 거점으로 활용한다. 근처에 브랜드의 전용공간이 없는 상태에서도 거리나 지역 상점 등 일상적인 공간을 팝업 무대로 활용할 수 있다. 한편, 플래그십 스토어나 상설매장 같은 고정된 거점 공간을 유지하면서 외부로 이벤트를 확장하는 길거리 거점 확장형 방식을 선택하기도 한다. 매장에서 진행할 수 있는 콘텐츠를 거리로 가져와 브랜드 경험을 확장하고, 게릴라성 이벤트로 자극된 호기심이 다시 매장 방문으로 이어지는 선순환이

삼양식품의 맵탱 비빔면 '출동 후레시맵' 팝업
(출처: @ideot_solution 인스타그램 / @popup_gaza 네이버 블로그 / @toal7272 네이버 블로그)

만들어진다.

삼양식품은 '맵탱 쿨스파이시 비빔면(맵탱 비빔면)' 홍보를 위해 한여름 전국 9개 도시를 순회하는 무빙 팝업을 선보였다. 민트색 유니폼을 입은 '후레시맵 요원'들이 거리에 나와 파라솔을 펼치고 시민들에게 그늘을 제공하는 퍼포먼스를 진행했다. 별도의 전용 공간 없이도, 그들이 파라솔을 세운 곳이 곧 팝업 공간으로 변모했다. 시각적으로 이색적이고, 여름철 '시원함'이라는 메시지가 직관적으로 전달되는 이 장면은 소셜미디어를 통해 빠르게 확산됐다. 자연스러운 바이럴을 통해 소비자들에게 신선하고 젊은 브랜드 이미지를 각인시키는 데 성공했다.

비타민 브랜드 '리즈랩'은 성수동 일대의 8개 카페와 인근 거리를 배경으로 '딜리버리 보이'를 찾아 떠나는 퀘스트형 팝업 '리즈 딜리버리 위크(Leeds Delivery Week)'를 선보였다. 이 팝업은 고객들이 성수 거리를 걷고 카페를 방문하며 자연스럽게 브랜드 철학과 제품을 체험할 수 있도록 구성됐다. 특히, 평소 감사한 마음을 전하고 싶던 사람에게 엽서를 직접 작성한 후 현장의 딜리버리 보이에게 전달하면, 수신자에게 엽서와 제품이 함께 배송되는 특별 이벤트를 진행했다. 이는 단순한 체험을 넘어 진심어린 마음 전달과 연결이라는 '딜리버리' 콘셉트를 더 돋보이게 하였다. 일상 공간 곳곳을 무대로 하는 무빙 팝업의 특성을 잘 활용해 브랜드와 소비자 간 교감과 경험의 밀도를 높인 대표적인 사례다.

리즈랩의 리즈 딜리버리 위크 팝업
(출처: 리즈랩 인스타그램)

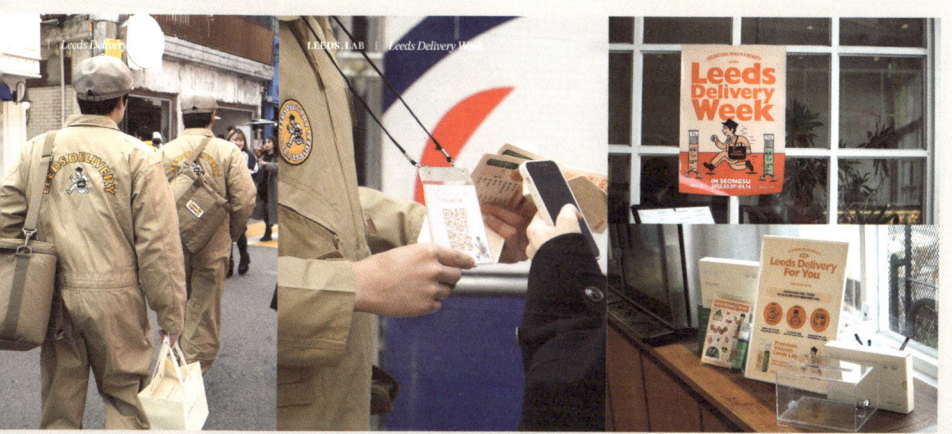

오피스 가구 브랜드 '퍼시스'는 직장인의 일상과 성장을 응원하는 '베터 미 앳 오피스 (Better ME@office)' 캠페인의 일환으로, '걸어다니는 오피스 밈' 이벤트를 기획했다. 2025년 7월 오둥이 캐릭터가 여의도역, 강남역, 가산디지털단지역, 종로 청계천 등 직장 밀집 지역 9곳을 누비며 '왜 이렇게 사람이 어두워… 혹시 회사 같은 거 다녀?', '아, 회사 가기 싫다'와 같은 밈이 적힌 말풍선을 들고 다녔다. 지나가는 사람들의 눈길을 끄는 말풍선 문구는 퍼시스의 캠페인 메시지에 주목하도록 유도했다. 출근시간에는 오둥이가 캐릭터 명함을 배포하고, 점심 또는 퇴근 시간에는 직장인 인증 후 참여 가능한 럭키드로우 이벤트를 진행했다. 친근한 캐릭터와 공감 메시지를 통해 직장인의 일상에 웃음을 더하고, 퍼시스 브랜드 경험이 긍정적으로 확장됐다.

한편, 뷰티 브랜드 '삐아'는 첫 플래그십 스토어 '삐아 인 성수(BBIA IN SEONGSU)' 오픈과 브랜드 탄생 21주년을 기념하여 '레드:버스데이(RED:BIRTHDAY)' 팝업 행사를 진행하며, 매장 안팎을 넘나드는 다양한 길거리 콘텐츠를 선보였다. 성수동 일대에서 '틴트맨의 파우치 습격' 이벤트를 진행해, 캐릭터가 거리를 활보하며 지나가는 이들의 파우치 속 삐아 제품을 찾아내는 즉석 인터랙션을 유도했다. 또한 성수 곳곳에 부착된 포스터 쿠폰을 매장에 가져오면 제품을 증정하는 게릴라 이벤트도 운영했다. 해당 이벤트는 매장 내에서도 가능했지만, 이를 거리로 옮김으로써 참여 허들을 낮추고 지역 주민 및 방문객과의 접점을 확장했다. 플래그십 스토어라는 정적인 공간에 머무르지 않고, 성수라는 지역 특성을 적극적으로 활용해 물리적 한계를 넘어선 브랜드 경험을 제공한 것이다.

퍼시스의 걸어다니는 오피스 밈 이벤트
(출처: 퍼시스 인스타그램)

삐아의 레드:버스데이 팝업 중 틴트맨의 파우치 습격 이벤트
(출처: 삐아 인스타그램)

형태의 미래:
Meta-Format, 공간의 형태 개념이 확장된다

기존의 형태를 초월한 공간, 즉 '탈공간(Meta-Format)'은 고정된 물리적 장소가 아니라 유동적이고 확장적인 형태의 공간을 의미하며, 향후 마케팅 공간의 새로운 형태를 정의하는 용어가 될 것이다. 그에 따라 브랜드 공간은 탈공간 특성을 바탕으로 고객이 원하는 경험·상황·취향에 맞춰 자유자재로 변형되고 새로운 역할을 부여받게 된다.

고정된 장소에서 고객을 기다리는 브랜드 공간의 시대는 끝났다. 이제 공간은 브랜드가 직접 움직이며 고객의 삶으로 파고드는 전략적 수단이다. 상황에 따라 공간에 역할을 부여하는 분리형 공간의 정교한 고객 여정 설계나, 일상에서 우연한 만남을 유도하는 무빙 팝업이 이를 보여주는 대표적 사례다. 결국 브랜드가 채워야 할 것은 공간이 아니라 경험이며, 브랜드가 움직일 때 고객의 감정과 기억도 함께 움직인다.

이처럼 다채롭게 변화하는 공간은 브랜드와 고객 사이의 경계를 허문다. 매장이나 쇼룸을 넘어 도시와 가상공간까지 확장하며, 고객의 상황과 취향에 맞춰 자유롭게 변주된다. 일상의 모든 장소가 곧 브랜드 경험의 새로운 무대가 되고, 공간은 브랜드와 고객이 함께 만들어가는 무한한 가능성의 장(場)으로 진화한다.

이를테면, 도시 전체를 무대로 삼는 대규모 캠페인을 준비할 수 있다. 다리·광장·빌딩 외벽이 조명과 미디어 파사드로 연결되며, 도시는 하나의 거대한 무대가 된다. 무대의 중심에는 브랜드의 제품이 놓이고, 제품이 공개되는 순간 도시의 빛과 장치가 이에 맞춰 반응하며 이목을 집중시킨다. 하나의 퍼포먼스처럼 새로운 경험과 감동을 선사하며, 지켜보는 시민들까지 자연스럽게 관객으로 끌어들일 수 있다. 즉, 브랜드는 도시·기술·사람을 연결해 몰입형 경험을 제공하는 것도 가능해진다.

공간은 더이상 주인공이 아니다. 그저 경험을 위한 수단일 뿐이다. 브랜드가 양질의 경험만 제공할 수 있다면, 그 장소가 매장이든, 전시장이든, 길거리든 중요하지 않다. 앞으로의 공간은 메타-포머티브(Meta-Formative)하게 변화해야 하며, 고객의 경험을 극대화할 수 있는 모든 수단과 기술을 동원해야 한다.

Chapter 3 의미:
방문자는 공간에서 무엇을 보기를 원할까

경험 공간이 전하는 메시지의 변화

공간 마케팅이 진화하면서 방문자가 공간에 기대하는 바도 근본적으로 달라지고 있다. 과거의 브랜드 공간은 기업이 전하고자 하는 메시지를 감상하는 수동적 장이었다. 대형 스크린, 브랜드 로고, 시각적으로 인상적인 구조물로 채워진 공간에서 사람들은 제품 정보와 이미지를 일방적으로 받아들이는 관람자에 머물렀다.

그러나 최근 변화는 이러한 패러다임을 완전히 뒤집고 있다. 변화의 핵심은 방문자의 역할 전환이다. 오늘날 사람들은 관람자를 넘어 이야기의 일부로 참여하며 경험을 주도하는 주체가 되길 원한다. 즉 공간에 머무는 것에 그치지 않고, 그 안에서 의미를 만들고 역할을 수행한다. 그리고 느낀 감정을 브랜드와 공유한다.

방탈출 게임, 추리 콘텐츠, 인터랙티브 전시 등 서사 중심 콘텐츠의 인기는 이를 잘 보여준다. 전국적으로 수백 개가 운영되고 있는 방탈출 카페는 젊은 세대의 대표 놀이문화로 자리잡았고, 추리 콘텐츠는 드라마·게임·체험형 이벤트로 확산되고 있다. 국립현대미술관과 동대문디자인플라자(DDP) 같은 주요 문화 공간도 관람객 참여형 전시를 늘려가고 있다. 사람들은 수동적인 관찰자가 아니라 도전 과제를 풀고, 미션을 수행하며, 창작이나 퍼포먼스를 직접 경험하는 능동적 주체가 되길 원한다. 이들에게 공간은 도전, 성취, 몰입의 장이어야 한다. 따라서 지금 공간 마케팅이 던져야 할 질문은 "방문자는 공간에서 무엇을 보길 원하는가?"가 아니라, "방문자는 공간에서 어떤 이야기를 체험하고 싶은가?"다.

몰입형 서사로 확장되는 브랜드 경험

감정과 이야기가 축적되는 공간, 몰입형 서사의 부상

공간은 이제 제품이나 이미지를 '보여주는' 무대를 넘어, 이야기를 '경험하는' 장으로 진화했다. 브랜드는 방문자에게 일방적으로 메시지를 전달하는 대신, 공간 속에서 감정의 여정을 거치고 스스로 이야기의 흐름을 완성하도록 유도한다.

몰입형 콘텐츠는 본래 공연·미디어 아트·게임에서 발전한 형식이지만, 이제는 브랜드 커뮤니케이션 전략으로 적극 활용되고 있다. 소비자는 더이상 스토리의 '관객'이 아니라, 스토리 속에 '사는(living)' 경험자가 되길 원한다. 단순한 메시지 전달을 넘어, 감정을 불러일으키고 체험을 통해 브랜드 가치를 내면화하는 방식을 선호한다.

이러한 변화의 흐름은 '스토리텔링'을 넘어 '스토리리빙(Story-Living)'으로 나타난다. 경험자는 이야기 안에서 역할을 부여받고, 선택을 통해 플롯을 전개하며, 물리적 움직임으로 내러티브를 구성한다. 공간은 하나의 이야기 구조로 작동하며, 브랜드는 이를 통해 방문자와 깊은 감정적 유대를 형성한다.

'보는' 전시에서 '사는' 체험으로: 브랜드 공간의 새로운 진화

감정을 중심으로 한 서사 구조는 이제 전시 연출을 넘어 방문자의 행동과 움직임까지 통합한 총체적 체험으로 확장되고 있다. 브랜드는 이러한 흐름 속에서 몰입형 인터랙션을 설계하며, 오프라인 공간에 자사의 세계관을 실체화한다.

삼성화재의 '드림시어터' 팝업은 이러한 원리를 효과적으로 보여준다. '지키다 일상, 꿈꾸다 그 이상'이라는 브랜드 아이덴티티를 기반으로, 방문자가 직접 연극의 주인공이 되어 3막으로 구성된 이야기를 체험하도록 설계했다. 1막 '나만의 공간'에서는 일상에서 마주하는 당황스러운 순간을 해결하는 연극형 방탈출을, 2막 '알바생활'에서는 편의점 아르바이트생이 되어 미션을 수행하는 경험을, 3막 '밀리언 셀럽'에서는 퀴즈에 참여해 시드 머니를 획득하며 도전과 성취를 느끼는 순간을 제공했다. 각 막에서 방문자는 실제 배우와 상호작용하며 위기 상황에 맞닥뜨리고, 찬스 카드를 사용해 문제를 해결한다. 눈에 보이지 않는 보험의 가치를 일상의 위기 대응이라는 구체적 체험으로 구현한

삼성화재의 드림시어터 팝업
(출처: 스위트스팟 홈페이지)

것이다. 보험이라는 단어를 직접 언급하지 않아도, 방문자는 상황 속에서 자연스럽게 대비의 필요성을 체득하고, 브랜드 메시지는 설명이 아닌 경험을 통해 각인된다.

'쿠키런: 바삭한 탈출' 팝업을 살펴보면, 캐릭터를 전시하는 것에 그치지 않고 방문자가 쿠키 캐릭터가 되어 마녀의 성을 탈출하는 플레이어로 직접 행동한다. 각 구역은 게임 속 레벨처럼 단계별 난이도와 스토리를 제공해, 방문자는 자신이 게임 속 주인공이 된 듯한 몰입감을 느낀다. 이 과정에서 브랜드는 팬덤의 몰입을 강화하고, 방문자의 정체성을 브랜드 세계관과 감정적으로 연결 짓는다.

디즈니플러스 오리지널 시리즈 <나인 퍼즐>과 방탈출 카페 '리얼월드'의 협업으로 탄생한 '나인퍼즐 & 리얼월드' 팝업 또한 주목할 만하다. 방문자는 탐정이 되어 직접 수사를 펼치고, 이야기를 따라가며 사건의 결말에 도달한다. 콘텐츠 소비에서 벗어나, 방문자가 스스로 이야기의 완성자가 되는 구조는 브랜드 경험을 더욱 깊고 개인적인 기억으로 남게 만든다. 이처럼 몰입형 서사는 브랜드 공간을 단지 '보는' 장소가 아니라, 이야기 속에서 '살아보는' 체험의 장으로 변화시키며, 감정과 기억이 축적되는 정서적 플랫폼으로 작동하게 한다.

'쿠키런: 바삭한 탈출' 팝업
지혜의 길 체험존
(출처: 지디넷 홈페이지)

나인 퍼즐 & 리얼월드 팝업
(출처: 팝가)

공간을 따라 축적되는 브랜드 세계관

단발성 이벤트에서 시리즈형 서사로 진화

브랜드 경험 공간은 더이상 단 한 번의 방문으로 끝나지 않는다. 과거의 팝업 트렌드가 일회성 관심을 모으는 데 주력했다면, 최근에는 하나의 세계관을 시간과 장소를 달리해 반복적으로 펼치는 '시리즈형 팝업'이 새로운 흐름으로 자리잡고 있다. 이는 브랜드 메시지를 깊이 있게 전달하고, 장기적인 관계를 형성할 수 있는 토대를 만든다.

애니메이션 캐릭터 '보노보노' 팝업 시리즈가 대표적 사례다. 2024년 잠실에서 열린 '안녕! 보노보노, 조개를 찾아줘' 팝업은 보노보노가 친구들과 함께 사라진 조개를 찾아 떠나는 여행 이야기로 구성되었다. 팝업이 끝난 후에도 유튜브 콘텐츠를 통해 서사는 계속 이어졌고, 2025년 여의도에서는 '안녕! 보노보노, 소원의 숲'이라는 새로운 테마로 확장되었다.

두 팝업을 자연스럽게 연결하기 위한 특별한 장치가 있다. 바로 FOOH★를 통해 보노보노가 잠실에서 조개를 발견한 뒤 열기구를 타고 여의도 '소원의 숲'으로 떠나는 여정을 실감나게 보여준 것이다. 방문자들은 이전 팝업의 기억을 간직한 채 새로운 이야기 속으로 자연스럽게 빨려들어간다. 캐릭터 체험을 넘어, 하나의 연결된 세계관 속에서 방문자 스스로가 이야기의 일부가 되는 경험을 만들어낸 것이다. 이어 롯데월드 부산에서 열린 '보노보노 여름방학' 팝업은 포토존과 공연, 퀴즈형 미션을 결합해 '여름방학 체험

★　**FOOH(Fake Out Of Home)** 기존 옥외광고(Out-Of-Home, OOH)에 '가짜'를 뜻하는 'Fake'를 붙여 만든 합성어로, 실제로 존재하는 장소에 컴퓨터그래픽을 합성해 현실처럼 보이게 만든 초현실적인 광고 기법

안녕! 보노보노, 소원의 숲 팝업
(출처: 스위트스팟 홈페이지)

안녕! 보노보노, 조개를 찾아줘 팝업
(출처: 스위트스팟 홈페이지)

활동' 같은 재미를 선사하며 또다른 이야기를 이어갔다. 장소와 계절에 따라 변화하는 무대를 통해 보노보노의 여정은 점차 확장되고, 팬들은 매번 새로운 공간에서 이전 이야기와 연결된 경험을 이어가게 된다.

시리즈형 공간의 힘은 다음 편에 대한 기대감 조성에 있다. 방문자들은 다음에는 어떤 이야기가 펼쳐질지, 이전 경험과 어떻게 연결될지 궁금해하며 브랜드의 팬이 된다. 단발적 소비가 아닌 지속적인 관계로 전환되는 것이다.

공간 자체가 시리즈가 되는 시대

이처럼 시리즈형 브랜드 공간은 다시 찾아오는 팝업을 넘어, 서사적 흐름과 감정적 관계가 축적되는 구조로 진화하고 있다. 브랜드는 시즌이나 공간마다 다른 테마를 제시하면서도, 그 안에 일관된 세계관 요소들을 녹여낸다. 이렇게 설계된 공간은 일회성으로 소비되지 않고 방문자 스스로가 브랜드의 세계를 '정주행'하도록 만든다.

안녕! 보노보노, 소원의 숲 티저 FOOH
(출처: @popspot_world 인스타그램)

가나 초콜릿의 시리즈형 공간 운영은 식품 브랜드의 성공 모델을 제시한다. 2024년 3월 성수동에서 열린 '가나 초콜릿 하우스'는 32종의 디저트와 계절 테마 공간, 커피 페어링 바를 갖춘 대형 팝업으로 화제가 되었다. 제품 홍보를 넘어 초콜릿을 프리미엄 디저트 경험으로 재해석한 이 팝업은 팝업 성공 사례의 대표주자로 회자되고 있다. 2025년 4월에는 잠실에서 '아뜰리에 가나: since 1975' 전시를 열어 브랜드 경험의 지평을 넓혔다. 가나 초콜릿 출시 50주년을 기념해 5인의 현대미술 작가가 참여한 이 전시는 작품과 초콜릿을 결합해 브랜드 헤리티지를 예술적으로 재해석했다. 초콜릿을 '맛보는' 경험에서 '문화적으로 향유하는' 경험으로 브랜드 정체성을 확장한 것이다. 각기 다른 테마와 공간 속에서도 '감각적이고 문화적인 초콜릿 브랜드'라는 일관된 메시지가 유지되며, 소비자는 가나를 과자 브랜드를 뛰어넘는 라이프스타일 브랜드로 인식하게 되었다.

가나 초콜릿 하우스 팝업
(출처: 헤이팝 홈페이지)

'아뜰리에 가나: since 1975' 전시
(출처: 롯데뮤지엄)

소주 브랜드 '새로'는 '동굴'과 '도원'이라는 두 가지 테마를 축으로, 지역과 계절에 따라 차별화된 공간 경험을 선보여왔다. 첫 시도는 도심 한복판에 비밀스럽게 숨겨진 듯한 '새로 02-57 동굴' 팝업이었다. 2023년 9월에 열린 이곳은 일상에서 우연히 발견한 비밀 아지트처럼, 브랜드의 개성을 직관적으로 느낄 수 있는 무대였다. 이후 새로는 전국을 순회하며 각 도시의 분위기와 문화적 특색을 반영한 팝업을 운영하고, 지역마다 다른 감각과 이야기를 제공했다. 2025년 3월에는 여기에 다이닝 요소를 결합해 경험의 깊이를 더했다. '새로도원' 팝업스토어에서는 떡갈비, 감태김밥 등 네 가지 한식 메뉴와 새로를 곁들여, 맛과 공간이 함께 어우러지는 복합적인 체험을 완성했다.

오늘날의 팝업스토어 방문자는 한 번의 경험으로 브랜드와의 관계를 닫지 않는다. 그들은 브랜드가 펼치는 이야기를 이어서 보고, 다음 장면을 기대하며 스스로 참여하는 팬이자 이야기 속 인물에 가깝다. 팝업, 전시, 이벤트 등으로 반복적으로 마련되는 접점들은 이들을 브랜드 세계로 더 깊숙이 끌어들이고, 정서적인 유대감을 형성한다. 방문자에게 공간은 그저 머무는 장소가 아니라, 감정과 기억이 쌓이는 이야기의 한 장면이 된다. 브랜드는 이러한 장면을 설계하고 이어붙이며, 오래 지속될 수 있는 관계의 서사를 만들어간다.

새로 02-57 동굴 팝업
(출처: 롯데 공식블로그)

새로도원 팝업
(출처: 롯데칠성음료)

의미의 미래:
Space Catharsis, 서사 공간이 정서적 잔상을 남긴다

'스페이스 카타르시스(Space Catharsis)'는 공간이 물리적 경험의 장을 넘어 정서적 반응을 유도하고 감정을 축적하는 서사적 구조로 작동하는 현상을 지칭한다. 방문자는 공간에서 시간을 보내는 것을 넘어, 그 안에서 이야기의 흐름을 따라 감정을 겪고, 해소하고, 때로는 여운을 남긴 채 빠져나온다. 이러한 공간은 단편적인 감각적 자극을 넘어 내면의 움직임을 만들어내는 정서적 무대로 작동하며, 브랜드는 그 감정의 궤적 위에 흔적을 남긴다. 방문자가 주인공이 되는 내러티브 팝업과 브랜드 서사를 연속적으로 축적하는 N차 팝업이 맞물리면서, 장기적 공간 서사 경험을 통한 감동과 여운이 브랜드 경험의 핵심가치가 된다.

체험형 공간의 설계는 방문자의 감정 곡선을 계획하는 데서 출발한다. 공간은 '무대'가 아닌 '극'이며, 방문자는 선택과 행동으로 이야기를 전개하고 스스로 주인공이 된다. 기억에 오래 남는 감동과 여운은 치밀하게 짜인 서사와 공간에 불어넣은 섬세한 설계에서 비롯된다.

국내 SF 작가 김초엽이 아이돌 세계관에 생명을 불어넣거나, 방탈출 카페 테마 작가 '령'이 팬덤을 만든 것처럼, 브랜드 경험에서도 공간 경험의 플롯을 설계하고 방문자가 몰입하도록 돕는 '스토리 라이터(Story-Writer)'의 역할은 더욱 중요해질 것이다. 또한, 방문자는 단발적 소비자가 아니라 브랜드의 이야기를 함께 따라가는 팬이자 주인공으로서의 역할이 더욱 강화될 것이다. 공간은 그들의 감정과 기억이 축적되는 장면이며, 브랜드는 그 안에서 지속가능한 감정적 관계를 설계해야 한다.

예컨대 브랜드와 추리소설가가 협업해 몰입형 이벤트를 기획한다면, 방문자는 단서와 퀴즈를 따라 장소를 순차적으로 이동하며 이야기의 결말을 추리하는 경험을 할 수 있을 것이다. 소설 속 장면을 구현한 공간에서 단서를 발견하고 결말에 도달하는 과정은 단순한 체험을 넘어, 브랜드와 이야기를 함께 완성해가는 참여로 확장된다. 나아가 후일담을 나누는 사후 이벤트까지 이어진다면, 재방문과 깊은 몰입을 동시에 유도할 수 있을 것이다.

머지않아 브랜드 공간은 단순한 무대를 넘어, 사람들이 웃고 놀고 감동하며 이야기를 공유하는 '이야기의 장'이 될 것이다. 그때 핵심은 매력적인 서사가 있는지, 서사에 맞게 공간을 설계했는지 그리고 함께할 스토리 라이터를 얼마나 잘 찾아냈는지가 될 것이다.

Chapter 4 환경:
공간 마케팅은 앞으로 어떻게 변화할까

경험 공간을 여는 산업과 참여자의 인식 변화

공간 마케팅 산업이 고도화되면서, 이를 둘러싼 환경 또한 빠른 속도로 변화하고 있다. 과거에는 이러한 마케팅 공간이 주로 대기업이나 유명 브랜드의 전유물처럼 여겨졌다면, 이제는 보다 많은 주체가 자유롭게 참여할 수 있는 무대가 되고 있다. 이는 마케팅 공간이 특정한 메시지를 일방적으로 전달하는 곳을 넘어, 다양한 사람과 문화가 교차하는 열린 플랫폼으로 진화하고 있음을 의미한다. 말 그대로 공간이 '브랜드의 무대'에서 '모두의 이야기장'으로 바뀌고 있는 것이다.

그동안 대중의 관심을 끌어온 팝업스토어, 전시 공간, 플래그십 스토어 등은 한때 비슷비슷한 형식과 구성으로 운영되어, 획일성에서 벗어나기 어려웠다. 하지만 지금은 그 형식이 점차 해체되고, 소비자의 취향과 관심사에 맞춰 더 세분화되며, 강한 개성을 담은 경험을 제공하는 방향으로 변화하고 있다. 과거에는 '볼거리' 중심이었다면, 이제는 '참여하고 체험하며 기억에 남는 경험'을 제공하는 것이 필수가 되었다. 이는 오늘날 소비자가 단순한 상품 구매자가 아니라, 적극적인 경험의 참여자이자 브랜드 스토리의 공동 창작자로 자리매김하고 있음을 보여준다.

소비 트렌드가 빠르게 변화하고 경험 공간의 기획과 실행 과정 자체가 다양해지면서, 업계 생태계 구조도 달라지고 있다. '주최자는 누가 될 수 있는가', '공간은 어떻게 기획되어야 하는가', '어떤 방식으로 운영하고 평가해야 하는가'와 같은 질문이 새롭게 대두되고 있다. 예전에는 답이 비교적 명확했던 '누가'와 '어떻게'의 문제도, 이제는 훨씬 더 복합적이고 유연한 해답이 필요해졌다.

지금 우리는, 변화하는 환경과 참여자들의 인식 속에서 공간 마케팅의 새로운 흐름을 면밀히 읽어내고, 그 속에서 미래를 향한 방향성을 짚어보아야 한다.

소비자의 취향이 곧 팝업이 되는 시대

다종다양한 주제의 공간화

팝업스토어는 브랜드 메시지를 전달하는 수단을 넘어, 젊은 세대에게 색다른 경험을 제공하는 오프라인 놀이터로 진화하고 있다. 이에 브랜드는 보다 차별화된 경험 제공에 대해 고민하게 되었으며, 스토리, 체험 방식 등 팝업스토어의 여러 요소에서 변화를 모색하고 있다. 그중 방문 전부터 사람들의 관심을 모으고 이슈를 불러일으킬 수 있는 요소는 단연 '색다른 주제'다. 수많은 팝업스토어와 콘텐츠에 익숙해진 소비자는 단순히 브랜드 및 제품을 위한 팝업스토어를 더이상 새롭게 생각하지 않는다. 역사적 인물부터 동물, 애니메이션, 종교, 학문 등 기존에 공간 마케팅의 주제로 다뤄지지 않았던 예상 밖의 소재가 공간과 만날 때 그들은 낯선 재미를 느끼고 호응한다. 더불어 젊은 세대의 취향은 날이 갈수록 파편화되어 기존에는 별것 아니게 여겨지던 것들 혹은 소수만이 즐기던 것들 또한 하나의 장르와 취향으로 대우받으며 공간 마케팅의 주제로 인기를 얻고 있다.

잘나가는 대형 브랜드만 주목을 받는 공식은 공간 마케팅 세계에서 이미 깨졌다. 1년에 약 1,300개의 팝업스토어가 열리는 시대에 의외성을 줄 수 있는 주제와 콘셉트만이 소비자의 마음을 사로잡는다.

소비자의 좁은 취향을 파고드는 팝업의 대중적 인기

페르소나 밀착형 공간*에서는 주제 선정의 기준을 대중성에 두지 않는다. 오히려 기존의 대다수 취향과 어긋나거나 비주류로 여겨지는 요소일지라도, 그것이 특정한 페르소나와 깊이 연결되어 있다면 충분히 핵심 주제가 된다. 소수의 취미, 독특한 세계관, 한정된 문화 코드 등 어떠한 취향이든 스토리화될 수 있으며, 이러한 개성 있는 주제는 자연스럽게 그 취향을 공유하는 팬층을 공간으로 불러모은다.

★　**페르소나 밀착형 공간** 특정 집단이나 유형(페르소나)의 취향, 관심사, 라이프스타일을 테마 및 콘셉트 등에 밀도 있게 반영한 공간

인벤타리오: 2025 문구 페어
(출처: 29CM)

흥미로운 점은, 이렇게 한정적인 팬층을 겨냥한 공간이 오히려 팬을 넘어 일반 대중까지 발걸음을 옮기게 한다는 것이다. 평소 접하기 어려운 새로운 주제나 독특한 분위기는 사람들의 호기심을 자극하고, 한 번쯤 경험해보고 싶은 장소로 만들기 때문이다. 특히 소셜미디어를 통해 유행이 실시간으로 확산되는 요즘, 이색적이고 신선한 주제의 공간은 빠른 속도로 입소문을 타며 더욱 많은 사람의 방문을 유도한다.

라이프스타일 온라인 플랫폼 '29CM'는 감도 깊은 취향 셀렉트숍을 표방하며, 패션뿐 아니라 가전기기·인테리어 소품·주방용품·문구류 등 다양한 카테고리를 '취향의 세계'로 편입해 큐레이션한다. 제품 하나하나가 지닌 미감과 사용 경험, 그리고 그것들이 만들어내는 정서를 스토리와 함께 제안하는 방식이다.

이러한 29CM가 문구 편집숍 '포인트오브뷰'와 손잡고 선보인 '인벤타리오: 2025 문구 페어'는, 특정 취향에 밀착한 콘셉트가 어떻게 대중적 화제성을 획득하는지 보여주는 대표적인 사례다. 과거에는 단순 학용품으로 여겨지던 문구류가 이제는 하나의 수집 취향이자 팬덤을 형성하는 카테고리로 자리잡았고, '문구인'이라 불리는 팬이자 소비자들은 종이 질감, 펜촉의 느낌, 디자인의 디테일 같은 요소에까지 깊게 몰입했다. 해당 행사는 그들에게 최적화된 공간 경험을 제공했으며, 이는 현장에서의 몰입감과 함께 소셜미디어를 통해 생생한 후기로 전해졌다.

주목할 점은, 이러한 '취향 종속형 공간'이 특정 팬층을 넘어 일반 대중의 호기심까지 자극했다는 것이다. 얼리버드 티켓 판매가 시작된 2025년 2월 초부터 행사 개최 시기였던 2025년 4월까지, 29CM 앱 내 '문구 페어' 관련 검색량은 약 10만 건에 달했고, 행사 기간 5일 동안 약 2만 5,000명이 방문했다. 작은 지우개, 색연필, 메모지 같은 물건들이 누군가에겐 취향을 드러내는 아이템으로, 또다른 누군가에겐 새롭고 의외인 경험으로 다가가 대형 흥행을 만든 것이다.

레이싱 만화 〈이니셜D〉 또한 연재 30주년을 맞아 국내 패션 브랜드 '시리즈'와 함께 컬래버레이션 팝업스토어를 선보였다. 〈이니셜D〉는 애니메이션 방영 당시 국내에서 폭넓은 대중성을 확보하지는 못했지만, 독특한 세계관과 레이싱 감성으로 두터운 코어 팬층을 형성한 작품이다. 팝업스토어 내부는 대형 만화책 오브제, 직접 플레이할 수 있는 〈이니셜D〉 게임, 만화 속 상징적 장소인 두부 가게를 재현한 공간과 F&B 등의 콘텐츠로 구성되어 팬들에게 강한 몰입감을 제공했다. 특히 입구에는 전설적인 클래식 카 '토요타 AE86'이 전시되어 있었는데, 이는 단순한 장식물이 아닌 해당 작품과 레이싱 문화의 상징과도 같은 존재로, 오픈 전부터 큰 화제를 모았다. 또한 현장에서는 시리즈와 〈이니셜D〉가 협업해 제작한 한정판 의류와 액세서리, 레이싱 감성을 담은 다양한 굿즈가 판매돼 팬들의 소장 욕구를 자극했다.

〈이니셜D〉 팝업
(출처: 무신사 홈페이지)

〈이니셜D〉와 시리즈의 팝업스토어는 만화 팬에 국한되지 않고 AE86의 실물을 보기 위해 방문한 자동차 마니아와 새로운 공간 경험을 찾는 일반 고객까지 폭넓게 아우르는 브랜드 경험의 장이 됐다. 즉, 코어 팬덤의 깊이 있는 취향 위에 대중의 호기심 요소를 더한 전략이 시너지를 낸 셈이다. 그 결과, 팝업스토어는 마지막 주말 이틀간 약 2만 5,000명의 방문객을 기록하며 성황리에 마무리됐다. 해당 사례는 특정 취향을 정밀하게 겨냥한 공간이 그 주제의 스토리성과 상징물을 통해 관심과 화제성을 팬덤 바깥의 대중에게까지 확장할 수 있다는 가능성을 잘 보여준다.

소수의 관심사로 여겨지던 게임 역시 이제는 어엿한 인기 팝업스토어의 주요 테마로 발전했다. 게임 팝업은 팬들의 몰입감을 높이기 위해 게임 속 세계관과 분위기를 공간에 사실적으로 재현하며, 체험형 콘텐츠와 한정판 굿즈를 결합하여 '게임 밖에서 만나는 게임'을 구현한다. 이 같은 높은 완성도와 공간 기획력은 게임 팬은 물론, 게임을 하지 않는 대중까지 방문하게 만드는 강한 매력으로 이어진다. 이러한 흐름 속에서 게임 브랜드에 팝업스토어는 팬층과 대중 모두에게 브랜드의 매력을 전달하는 강력한 마케팅 채널이 되고 있다.

일례로 게임 '배틀그라운드'의 제작사인 '크래프톤'은 여러 차례의 팝업스토어 흥행 경험을 바탕으로 성수동 중심부에 게임 팝업 전용 공간을 마련해 운영하고 있다. 2025년 5월, 이곳에서 열린 '모배 7주년 생일파티' 팝업스토어는 게임 '배틀그라운드 모바일' 출시 7주년을 기념해 기획됐다. 이 공간은 게임 속 대표 장소와 아이템, 미션 등을 생생하게 구현했고, 현장 한정 미니 게임과 기념 굿즈 판매가 더해져 방문객에게 마치 게임 속 세계에 들어온 듯한 경험을 제공했다. 이에 따라 운영 기간에 게임 팬과 일반 관람객을 합쳐 일평균 약 500명이 방문했으며, 주말에는 외국인과 가족 단위 관광객의 발길이 끊이지 않았다.

모배 7주년 생일파티 팝업
(출처: 크래프톤)

해당 팝업스토어는 소수 취향으로 여겨지던 게임 테마의 공간이, 특유의 완성도와 몰입감을 바탕으로 게임 팬뿐 아니라 일반 대중에게까지 확장된 문화 경험을 제공하는 플랫폼으로 자리잡았음을 보여주는 대표적 예시다.

클릭 몇 번으로 지구 반대편의 소식까지 접할 수 있는 요즘 세대에게 익숙한 콘셉트의 공간은 따분하게 느껴질 뿐이다. 반대로 다소 생소하거나 예상을 벗어난 테마는 그들의 호기심을 불러일으키고, 일상에서는 경험하기 어려운 새로운 자극을 제공한다. 결국 페르소나 밀착형 공간은 취향 기반의 깊은 몰입과 대중의 호기심이라는 두 가지 동력으로 다수의 주목도를 확보할 수 있는 강력한 무기가 된다.

더욱 쉽고 간편해지는 공간 마케팅

공간 마케팅의 판도를 바꾸는 플랫폼의 등장

팝업스토어의 인기가 폭발적으로 성장하면서, 공간 마케팅의 A부터 Z까지를 한 번에 담당하는 토털 솔루션 플랫폼이 속속 등장하고 있다. 과거의 팝업스토어는 반드시 물리적 공간 확보를 전제로 했기 때문에, 모든 기획 과정이 공간 대관에서 시작될 수밖에 없었다. 기획자는 브랜드 콘셉트와 메시지에 적합한 장소를 물색하기 위해 여러 장소의 조건과 비용을 비교 분석해야 했고, 이를 위해 방대한 공간 풀(Pool)을 보유한 부동산 중개 플랫폼을 적극적으로 활용했다.

이런 플랫폼은 수많은 팝업스토어의 기획부터 종료까지의 과정을 가장 가까이에서 지켜보면서, 공간 매칭을 넘어 기획·시공·운영 전반에 걸친 노하우를 자연스럽게 내재화했다. 부동산을 연결하는 서비스에서 출발했지만, 자체적으로 확보한 공간 자산과 협력 네트워크를 기반으로 '공간 마케팅 토털 솔루션' 기업으로 업종을 확장하게 된 것이다.

이는 브랜드 입장에서 매우 매력적인 변화다. 실제로 팝업 기획 예산에서 가장 큰 비중을 차지하는 항목은 임대료다. 또한 브랜드의 핵심 메시지와 톤 앤 매너를 모두 담아낼 수 있는 '완벽한 공간'을 찾는 일은 생각보다 훨씬 어렵다. 따라서 비용과 공간 적합성이라는 두 가지 문제를 우선적으로 해결해주는 플랫폼의 존재는 기획자와 마케터 입장에서 반가울 수밖에 없다.

여기에 더해, 과거에는 전문 기획사, 시공사, 운영 대행사 등에 각각 의뢰해야만 했던 세부 작업들을 하나의 플랫폼에서 원스톱으로 처리할 수 있게 되면서, 브랜드는 시간과 비용을 모두 절약할 수 있게 되었다. 팝업스토어가 단기성 이벤트가 아니라 전략적 마케팅 수단으로 자리잡고 있는 지금, 기획부터 실행·운영까지 전 과정을 통합 지원하는 공간 마케팅 플랫폼은 브랜드에 더할 나위 없는 파트너이자 선택지로 자리매김하고 있다.

기획부터 실행까지, 팝업 솔루션을 제공하는 전문 플랫폼들

여러 공간에서 다양한 브랜드와 팝업스토어를 진행하며 축적한 포트폴리오를 바탕으로, 공간 마케팅 전문 플랫폼들은 이제 팝업스토어의 성공 시나리오까지 제공하고 있다. 이에 더해 팝업스토어 운영을 효율화할 수 있도록 모듈화된 공간 및 콘텐츠를 제공하고 있으며, 브랜드 콘셉트와 테마에 맞춰 커스터마이징도 지원한다. 또한 대규모 팝업 행사에서부터 소규모 체험형 부스에 이르기까지 다양한 예산 조건과 목표에 맞춘 구성안을 제안해, 마케터가 팝업 진행 초기 단계에서 겪는 부담을 크게 줄여주고 있다.

성수에서 공간을 운영하는 '프로젝트 렌트'와 팝업스토어 및 부동산 전문 기업 '스위트 스팟' 등의 플랫폼은, 최근 급증하는 브랜드 팝업 수요에 맞춰 공간 중개를 넘어 행사 운영 및 온라인 홍보와 같은 보다 진화한 마케팅 파트너의 역할을 수행하고 있다. 이들은 각각의 방식으로 공간 마케팅을 준비하는 브랜드에 맞춤형 공간 제안과 실행의 편의성을 제공하며, 다양한 업무를 유연하게 지원한다. 이와 같은 전문 플랫폼의 등장은 공간 마케팅의 진입장벽을 낮추고, 다채로운 브랜드 경험이 수월하게 구현될 수 있도록 산업의 기반을 넓히는 데 기여하고 있다.

이들의 통합 서비스는 단순히 브랜드나 마케팅 담당자의 필요에만 기반한 것은 아니다.

모든 단계를 하나의 회사에서 일괄적으로 진행할 경우, 플랫폼 또한 진행 과정에서 발생할 수 있는 변수를 보다 효과적으로 통제할 수 있다는 이점을 가진다. 이를 통해 불필요한 커뮤니케이션 및 각 업체에 지불해야 했던 수수료, 변칙적으로 발생하는 추가 비용 등을 줄일 수 있어 프로젝트 진행이 한층 효율적으로 이뤄지게 된다. 결과적으로, 팝업 플랫폼의 서비스는 브랜드와 플랫폼 양측 모두에 편리하고 안정적인 팝업 운영 환경을 제공하는 구조다.

프로젝트 렌트가 보유한 팝업 공간 'R Space'
(출처: 프로젝트 렌트 인스타그램)

스위트스팟이 제공하는 공간 마케팅 서비스
(출처: 스위트스팟 홈페이지)

환경의 미래:
Me-Event Era,
이제 개인이 경험 공간을 기획하기 시작한다

'미 이벤트 에라(Me-Event Era)'는 '나(Me)'와 '이벤트(Event)', '시대(Era)'를 조합한 합성어로, 개인 이벤트의 시대, 곧 소비자가 경험 공간의 기획자가 되는 시대를 의미한다. 소비자가 만든 공간에서는 개인의 개성과 라이프스타일이 경험 전체를 이끌며, 주최자와 브랜드의 협업을 통해 더욱 풍부한 콘텐츠 또한 제공이 가능하다.

토털 솔루션 플랫폼의 고도화는 팝업스토어의 진입장벽을 더욱더 극적으로 낮출 것이다. 팝업스토어를 여는 비용과 과정은 점점 더 효율적인 방식으로 최적화되며, 이제는 브랜드 차원이 아닌 누구나 쉽게 기획하고 실행할 수 있는 완벽한 모듈형 팝업스토어 서비스의 등장까지 예상된다. 한편 취향의 콘텐츠화라는 인식 변화를 기반으로 팝업스토어의 주제 또한 더욱 파편화되며 개인의 취향과 정체성, 소소한 일상까지도 주제가 되고 공감을 얻을 수 있는 시대가 도래했다.

두 흐름이 맞물리며 앞으로의 경험 공간은 브랜드를 위한 마케팅 수단을 넘어 '개인의 서사'를 담는 공간으로 확장될 것이다. 친구의 생일을 기념하거나 반려동물과의 추억을 공유하고, 같은 취향으로 연결된 소모임의 정체성을 공간화하는 등 개인이 자신의 관심사를 하나의 팝업스토어로서 기획·실행하는 시대 또한 머지않았다.

이처럼 공간 기획 및 운영 주체의 권력이 분산되고 생산자와 소비자의 경계가 열어진다면, 브랜드에는 매력적인 취향을 가진 개인이 여는 오프라인 이벤트에 참여하는 편이 팝업스토어를 직접 여는 것보다 나은 대안이 될 수 있다. 불특정 다수를 대상으로 하는 기존의 브랜드 팝업스토어보다, 명확한 취향과 공통의 관심사 아래 한 공간에 모일 소비자를 타깃으로 하여 이벤트를 진행하는 것이 브랜드를 어필하는 데 보다 효과적일 수 있기 때문이다.

예를 들어, 유명 패션 인플루언서가 자신의 생일을 기념하기 위해 팝업스토어를 직접 기획해 여는 상황을 상상해보자. 이 행사에는 인플루언서의 주변 지인, 그의 취향을 따르는 팬들, 패션 종사자들이 초청되거나 방문할 것이며, 패션 및 라이프스타일 브랜드에는 명확한 타깃 고객이 모이는 기회의 장이 될 것이다. 더불어 인플루언서가 자신의 이벤트를 위해 협업 브랜드를 직접 큐레이션했다면, 행사에 참여한 브랜드는 그의 취향을 신뢰하는 사람들에게 자연스럽게 호감을 얻을 수 있다. 따라서 소비자가 기획자가 되는 미래의 공간 마케팅 환경에서, 브랜드는 기민하게 레이더를 켜고 브랜드와 결이 맞는 매력적인 개인을 탐색하며, 그들과 적극적으로 협업할 기회를 만들어가야 한다.

SPACE TREND

식상함을 넘어서기 위해,
브랜드를 실감하기 위해

사람들은 왜 귀한 주말에 시간을 들여 브랜드 공간에 방문할까? 좁은 골목길, 불편한 줄 서기, 번거롭게 샘플과 판촉물을 들고 다니는 것을 감수하며 사람들이 브랜드 공간을 찾는 이유는 브랜드의 철학과 문화를 실감하는 재미를 느낄 수 있는 몇 안 되는 방법이기 때문이다. 오프라인 쇼핑의 필요성이 실종된 시대에, 브랜드 공간은 '굳이' 어딘가에 방문해야 할 재미를 제공한다.

하지만 1년간 1,300건 이상의 마케팅 공간이 열리는 지금, 고객이 브랜드 공간에 방문했다는 것만으로 브랜드를 실감하고 재미를 느꼈다고 자신할 수 있을까? 고객이 느끼는 재미의 기준은 점점 높아지기에, 브랜드는 완전히 몰입하는 경험을 주어야만 고객의 기억에 남을 것이다.

공간 마케팅은 더이상 고정된 공식을 따르지 않는다. 많은 브랜드가 장소, 형태, 의미, 환경 등 여러 관점에서 새로운 접근을 계속해서 시도하며 진화하고 있기에, 그 흐름 속에서 여덟 가지 트렌드를 읽을 수 있었다. 이를 바탕으로 우리는 공간 마케팅이 나아갈 네 가지 미래 지형을 그려보았다. 이 변화들은 어느새 우리의 일상에 스며들어 예상보다 빠르게 현실이 될지도 모른다. 지금 우리가 목격하는 실험들은 머지않아 공간 마케팅의 새로운 표준이 될 것이다.

질문	현재 트렌드	미래 예측	
장소 성수는 앞으로도 핫플레이스일까	**경험 공간의 무대가 이분화된다** '핫'플레이스 성수, '딥'플레이스 非성수로 이분화 **외면받던 공간을 다시 주목한다** 기존 공간을 리폼하여 방문자 주목도를 제고	**DEEPERENT VENUE** 성수는 핫플 위상 유지, 경험의 깊이 중시 경향으로 인해 딥플이 핫플만큼 주목	• 성수의 뻔한 경험을 벗어나자. • 기획자는 브랜드에 대한 더 깊은 이야기를 할 수 있는 장소를 찾아 차별적인 메시지를 전달해야 한다.
형태 팝업 공간은 어떤 형태로 진화할까	**목적에 따라 공간을 분리한다** 한 공간에서 제공하던 기능을 분리하여 경험 몰입도 증대 **고객을 찾아 공간이 이동한다** 고객이 있는 곳으로 이동해 경험 공간을 구성	**META-FORMAT** 물리적, 지리적 의미의 '탈공간화'를 이룬 경험 공간으로 진화	• 공간은 경험의 수단일 뿐이다. • 기획자는 유연하게 공간을 활용하고, 다른 마케팅활동과 연계하여 경험을 구성하는 능력이 요구된다.
의미 방문자는 공간에서 무엇을 보기를 원할까	**경험 공간의 서사성이 주목받는다** 방문자가 이동·탐색하는 '몰입형 경험'을 선호 **브랜드 팝업의 스토리가 연결된다** 연속성을 보유한 팝업을 기획하는 브랜드 증가	**SPACE CATHARSIS** 장기적 서사 경험을 통한 감동과 여운 기대	• 기획자는 공간 연출자를 넘어 방문자의 감동과 여운을 이끌어낼 수 있는 스토리 라이터이자 세계관 설계자가 되어야 한다.
환경 공간 마케팅은 앞으로 어떻게 변화할까	**소비자의 취향이 곧 팝업이 된다** 대중적이지 않은 구체적인 관심사 공유 이벤트 각광 **팝업의 오픈이 간편하고 쉬워진다** 전문 플랫폼이 팝업의 기획부터 운영까지 전 과정을 소화	**ME-EVENT ERA** 브랜드가 아닌 개인도 경험 공간을 열 수 있도록 대중의 관심과 산업 여건이 이동	• 이제는 매력적인 개인의 시대다. • 기획자는 트렌드를 이끄는 개인의 이벤트를 탐색하고 적극 참여할 필요가 있다.

친절한 트렌드 뒷담화 2026
마케팅 전문가들이 주목한 라이프스타일 인사이트

초판 1쇄 인쇄 2025년 10월 17일
초판 1쇄 발행 2025년 10월 27일

지은이 이노션 인사이트전략본부
　　　　김나연 김태원 류현준 황선영 이인 천민철 유영이 이지희 김열매 신용비 박창기
　　　　문경환 신채영 이우빈 김우리 송정훈 임경환 송설인 주윤지 이영서 박예림

편집 정소리 이고호 이원주　**디자인** 디자인판　**마케팅** 김다정 박재원
브랜딩 함유지 박민재 이송이 박다솔 조다현 김하연 이준희 복다은
저작권 박지영 형소진 주은수 오서영 조경은
제작 강신은 김동욱 이순호　**제작처** 천광인쇄사

펴낸곳 (주)교유당　**펴낸이** 신정민
출판등록 2019년 5월 24일 제406-2019-000052호

주소 10881 경기도 파주시 회동길 210
전화 031.955.8891(마케팅) 031.955.2692(편집) 031.955.8855(팩스)
전자우편 gyoyudang@munhak.com

홈페이지 www.gyoyudang.com
인스타그램 @thinkgoods　**트위터** @think_paper　**페이스북** @thinkgoods

ISBN 979-11-94523-91-8　03320

* 싱긋은 (주)교유당의 교양 브랜드입니다.
　이 책의 판권은 지은이와 (주)교유당에 있습니다.
　이 책 내용의 전부 또는 일부를 재사용하려면 반드시 양측의 서면 동의를 받아야 합니다.